江蘇省地方志編纂委員會辦公室組編
主編 程
執行主編 張

江南通志

第八册

選舉志（一）

鳳凰出版社

第八册目録

選舉志（二）……五六二七
進士　第一百十九卷至第一百二十四卷……五六二七
舉人　第一百二十五卷至第一百三十四卷……五九九〇

江南通志卷一百十九

選舉志

杜佑有言：「行教化在乎設職官，設職官在乎審官才，審官才在乎精選舉。」選舉之法，三代以德行、道藝。自漢以來，多以文藝取之，然鄉舉里選之不行，因乎風俗；明試以功之古制，亦先敷奏。故唐宋諸人屢議改易，卒仍舊格，其間得人，往往稱盛。

我朝文教誕敷，闢門取士，特以闡聖教、宗儒學、黜浮華、敦本實爲先，所以辨論官才、崇興教化之原在此矣。

首進士，天子親策試賜之者也。次舉人，鄉國所賓貢也。次薦辟，網羅遺逸，昔之制舉，今之曠典也。而貢監附焉。爲類三，爲卷十有九，述《選舉志》第七。

進士 一

《禮・王制》：「造士之秀者，升諸司馬，曰進士。」先儒謂：「司馬，政官。」以其可使從政也。歷秀士、選士、俊士、造士四級，而後得至，蓋所以待之重矣。其論而升之，惟其賢、惟其能也。

自漢爲禮官甲科，射策、對策、經義、時議，皆試以文辭。故隋設進士科，唐、宋因之。熙寧間，士各占治經試大義，次兼經論策，又制策親試，始與前明取進士約略相類。

本朝因明舊制。近復分直省與計偕之數，臨期奏請定額。於是瀕海邊陬之士，駢聯參南省之選，而江南之數爲尤多也。

隋

大業

張損之　吴縣人。

唐

貞觀

上官儀 揚州人。　來濟 揚州人。

永徽

高智周 晉陵人。

調露

馬懷素 丹徒人。

神龍

許景先 義興人。　吴少微 歙縣人。

開元

王昌齡 江寧人。

丁仙芝 潤州人。

蔡希寂 潤州人。

陶翰 潤州人。

張暈 潤州人。

申堂構 丹徒人。

劉太真 宣城人。

沈郡 南陵人。

天寶

歸崇敬 吴縣人。

蔣洌 義興人。

權皋

皇甫冉

許恩 江寧人。

蔡希周 潤州人。

儲光羲 潤州人。

蕭穎士 潤州人。

談戭 丹陽人。

程諫 休寧人。

張喬 南陵人。

錢起 吴縣人。

蔣涣 義興人。

皇甫曾

包佶

包何

至德

顧況　吴縣人。

廣德

孫革　上元人。

大(歷)〔曆〕

冷朝陽　上元人。

顧少連　吴縣人。

歸登　長洲人。

奚陟　揚州人。

王建　潁州人。

陳潤　吴縣人。

楊凝　吴縣人。

陸贄　蘇州人。

張維儉　當塗人。

陳商　繁昌人。

建中

陳羽 上元人。

李鄘 揚州人。

貞元

麴信陵 吴縣人。

陸亘 吴縣人。

張平叔 吴縣人。

湯賚 丹陽人。

張籍 和州人。

元和

陸暢 吴縣人。

施肩吾 武進人。

權璩 潤州人。

于公異 吴縣人。

錢徽 吴縣人。

張貞甫 吴縣人。

沈傳師 吴縣人。

羅立言 宣城人。

歸融 長洲人。

李紳 潤州人。

王起 江都人。

王炎 江都人。

王播 江都人。

費冠卿 青陽人。

長慶

顧師邕 吳縣人。

太和

畢諴 吳縣人。

許渾 丹陽人。

開成

陸瓌 吳縣人。

沈樞 吳縣人。

楊假 吳縣人。

歸仁晦 長洲人。

喻鳧 義興人。

會昌

胡悅 句容人。

項斯 江寧人。

楊嚴 吴縣人。
沈詢 吴縣人。
顧非態 吴縣人。
趙嘏 山陽人。
王鐸 江都人。
孟遲 青陽人。

大中

楊乘 吴縣人。
歸仁翰 長洲人。
蔣曙 義興人。
駱用錫 南陵人。
李磎 江都人。
許棠 涇縣人。

楊收 吴縣人。
談銖 吴縣人。
張黯 吴縣人。
盧嗣立 秋浦人。
王鄂 當塗人。

畢紹顔 吴縣人。
蔣伸 義興人。
李備 南陵人。
汪遵 涇縣人。
張原祕 滁州人。

咸通

翁彦樞 吴縣人。

楊昭業 吴縣人。

歸仁紹 長洲人。

歸仁澤 長洲人。

胡學 婺源人。

武瓘 秋浦人。

顧雲 秋浦人。

王季文 青陽人。

周繇 建德人。

崔璐

乾符

楊涉 吴縣人。

康駢 秋浦人。

廣明

錢珝 吴縣人。

楊鉅 吴縣人。

中和

楊注 吴縣人。

光啓

陸扆　吳縣人。

大順

吳仁璧　長洲人。

杜荀鶴　石埭人。

景福

歸藹　長洲人。

乾寧

楊鏻　吳縣人。

殷文圭　秋浦人。

顧在鎔　吳縣人。

汪極　歙縣人。

張路斯　潁上人。

伍唐珪　秋浦人。

光化

曹松　舒州人。

天復

王希羽　歙縣人。

天祐

楊凝式　吴縣人。

歸係　長洲人。

附年分無考者

(邳)[丘]爲　吴縣人。

楊發　吴縣人。

崇穎　吴縣人。

陸參　吴縣人。

崔庸　吴縣人。

李赤　吴縣人。

徐世業　吴縣人。

張誠　吴縣人。

畢知顏　吴縣人。

顏　萱　吴縣人。

司馬都　吴縣人。

張　浤　吴縣人。

歸仁憲　長洲人。

陸　器　常熟人，狀元。

王　式　江都人。

徐仲源　舒州人。

邢文偉　全椒人。

五代　梁

蕭　立　蘭陵人。

晋

周　穀　潁州人。

鄭　璧　吴縣人。

莊　布　吴縣人。

陸賓虞　長洲人。

歸　修　長洲人。

李　邕　江都人。

郭弘霸　舒州人。

沈佳期　廬州人。

南唐

盧郢　江寧人，狀元。

舒雅　歙縣人。

吕文仲　歙縣人。

查陶　休寧人。

胡昌翼　婺源人。

(邱)〔丘〕旭　宣城人。

伍喬　貴池人，狀元。

湯悦　貴池人。

湯净　貴池人。

楊文郁　貴池人。

宋

乾德

宋維　武進人。

宋絳　武進人。

周絳　溧陽人。

太平興國

洪湛　上元人。

張觀　武進人。

張　秉　歙縣人。

李含章　宣城人。

包令儀　合肥人。

牛　冕　徐州人。

雍　熙

查　盛　泰州人。

端　拱

龔　識　蘇州人。

周歸貞　泰州人。

舒　雄　歙縣人。

俞獻可　歙縣人。

梅　詢　宣城人。

謝　泌　歙縣人。

馬　亮　合肥人。

姚　鉉　合肥人。

淩　策　涇縣人。

查拱之　泰州人。

查　道　如皋人。

李　照　歙縣人。

楊國華　宣城人。

高惠連　宣城人。

淳化

劉少逸 長洲人。

丁謂 吴縣人。

謝濤 吴縣人。

龔緯 昆山人。

周嘉貞 泰州人。

查拱辰 泰州人。

至道

翟驤 江都人。

咸平

李諶 蘇州人。

胡堯佐 吴縣人。

鄭爲 吴縣人。

錢昆 長洲人。

淩咸 吴縣人。

陸元圭 吴縣人。

葛昭華 江陰人。

許南史 祁門人。

譚應 蘇州人。

許洞 吴縣人。

龔紀 吴縣人。

龔會元　崑山人。
李　起　武進人。
盛　賁　武進人。
沈　緘　江陰人。
陳　亞　江都人。
周安貞　泰州人。
俞獻卿　歙縣人。
聶致堯　歙縣人。
程賓王　歙縣人。
徐　起　無爲人。

景　德

張處仁　武進人。
胡　晏　武進人。
閔惟慶　歙縣人。
劉　懃　涇縣人。

許　式　常熟人。
丁咸亨　武進人。
王　盤　武進人。
葛　宫　江陰人。
陳知微　高郵人。
鄭　載　吴江人。
吕士元　歙縣人。
方仲詢　歙縣人。
盛　京　銅陵人。

錢　治　武進人。
張　收　武進人。
洪　融　歙縣人。
劉　湜　涇縣人。

大中祥符

謝　絳　吴江人。
范　巨　吴縣人。
范仲淹　蘇州人。
林咸德　蘇州人。
王　簡　武進人。
張　鑄　武進人。
王　樞　武進人。
韋　陡　丹徒人。
顧　祥　金壇人。
方仲兮　歙縣人。
聶冠卿　歙縣人。
胡　濟　婺源人。
汪　昊　績溪人。
柯茂先　建德人。

唐　儼　吴縣人。
胡獻卿　長洲人。
富　嚴　蘇州人。
孫　岳　嘉定人。
强　弼　武進人。
李仲偃　武進人。
吴遵路　丹徒人。
邵　飾　丹陽人。
方　溥　歙縣人。
俞希甫　歙縣人。
程　琳　休寧人。
許　俞　黟縣人。
盛　度　銅陵人。
柯光祖　建德人。

柯文虎　建德人。
陳堯卿　高郵人。
張晶之　滁州人。

天禧

錢象先　吴縣人。
吕謂　華亭人。
錢尚　武進人。
邵梁　宜興人。
魏平仲　歙縣人。
張齊　宣城人。

天聖

吴感　吴縣人。
范琪　吴縣人。
元絳　長洲人。

郭維　當塗人。
徐越　無爲人。
徐象賢　全椒人。

鄭修　長洲人。
徐天錫　武進人。
蔣堂　宜興人。
仲簡　江都人。
汪震　婺源人。

鄭條　吴縣人。
葉清臣　長洲人。
范師道　長洲人。

林茂先　長洲人。
鄭　戩　昆山人。
李　瑀　吴江人。
朱公綽　蘇州人。
陸　咸　武進人。
孫彛甫　武進人。
曹　平　武進人。
陳　萬　武進人。
林　瞻　武進人。
錢　節　鎮江人。
邵仲宣　丹徒人。
刁　約　丹陽人。
沈　播　儀真人。
張象中　江都人。
張宗古　江都人。
閔從周　歙縣人。

林襲明　長洲人。
陳之武　常熟人。
龔宗元　嘉定人。
吕　詢　華亭人。
胡　宿　武進人。
華　參　武進人。
張大昜　武進人。
馮　璪　武進人。
季　緘　武進人。
刁　繹　丹徒人。
邵景宣　丹徒人。
陳　烈　常州人。
孫　錫　儀真人。
張宗彛　江都人。
吴　及　通州人。
聶世卿　黟縣人。

呂　淵　黟縣人。
孫　扶　黟縣人。
楊　璵　宣城人。
施元長　宣城人。
槐　京　青陽人。
齊天覺　青陽人。
馬仲甫　合肥人。

景　祐

程師孟　吴縣人。
祝熙載　吴縣人。
李　琪　吴縣人。
陸徽之　常熟人。
呂　評　華亭人。
丁宗臣　武進人。
許上善　武進人。

(邱)〔丘〕濬　黟縣人。
程　揆　黟縣人。
楊鼎臣　宣城人。
槐　奕　青陽人。
包　拯　廬州人。
茹孝標　舒城人。

鄭　戩　吴縣人。
龔　沂　吴縣人。
許　式　常熟人。
陸　景　常熟人。
馬元康　武進人。
丁寶臣　武進人。
程昌言　武進人。

王景芬 武進人。
蕭傳 武進人。
孫及甫 武進人。
傅儀 儀真人。
俞希元 歙縣人。
曹矩 休寧人。
俞琳 績溪人。
湯景仁 廣德人。
徐綬 合肥人。
陸隨 無爲人。
徐允升 滁州人。

寶元

鄭戡 吴縣人。
陸絳 常熟人。
陳之奇 蘇州人。

孫中孚 武進人。
陳錫 武進人。
胡意 武進人。
王維熙 如皋人。
張僉 休寧人。
奚舜卿 黟縣人。
喻琳 宣城人。
陳南 廣德人。
楊察 合肥人。
翟受中 無爲人。
張巖 滁州人。

張詵 吴縣人。
鄭君平 嘉定人。
潘好禮 武進人。

陳　元　武進人。
孫獻臣　武進人。
徐良佐　武進人。
裴若訥　武進人。
沈　遵　江陰人。
陳汝奭　丹徒人。
陳　浚　丹陽人。
丁　竦　丹陽人。
吕　溱　歙縣人，狀元。《江都志》：一稱江都人。
汪信臣　婺源人。
周孟陽　泰州人。
程　珪　祁門人。
俞希孟　歙縣人。
孫　抗　黟縣人。
汪　澄　婺源人。
程　説　祁門人。
郭　經　太平人。

慶(歷)〔曆〕

李　琮　江寧人。
張　識　江寧人。
張　諮　上元人。
仇　著　六合人。
許　奇　吴縣人。
黄　頌　吴縣人。
崇大年　吴縣人。
謝景初　吴縣人。
鄭方平　吴縣人。
孫　規　長洲人。

范鈞 長洲人。
陳舜俞 華亭人。
孫奕 武進人。
李鈞 武進人。
朱誥 武進人。
葛武 武進人。
孫昌齡 武進人。
張天經 武進人。
胡宗陽 武進人。
施肅 武進人。
嚴君貺 武進人。
章嶙 鎮江人。
郭震 鎮江人。
邵泌 鎮江人。
王存 鎮江人。
洪洞 丹徒人。

李瑜 吴江人。
胡宗堯 武進人。
胡縝 武進人。
陳傅 武進人。
張次立 武進人。
張瑗 武進人。
胡朝宗 武進人。
陸起 武進人。
張著 武進人。
虞太微 武進人。
王翔 武進人。
諸葛賡 鎮江人。
蘇頌 鎮江人。
張奕 鎮江人。
譚爨 鎮江人。
張倜 丹徒人。

柳　涚　丹徒人。
蔡　�御　丹徒人。
張次山　通州人。
周　忻　儀真人。
張康侯　儀真人。
吴　彧　儀真人。
周　濤　泰州人。
李　洙　泰州人。
周定辭　泰州人。
潘希甫　泰州人。
王　琪　安慶人。
汪宗顔　婺源人。
江　牧　婺源人。
胡仁昉　婺源人。
馮　式　祁門人。
孫　適　黟縣人。

張知章　丹徒人。
姚原道　通州人。
張日用　通州人。
汪　泌　儀真人。
李　宫　儀真人。
孫　觀　高郵人。
朱　鉉　泰州人。
朱　岦　泰州人。
潘及甫　泰州人。
胡志康　如皋人。
王　珪　安慶人。
董　安　婺源人。
張蒼舒　婺源人。
汪師道　婺源人。
孫　挺　黟縣人。
陳　遇　績溪人。

王知微　宣城人。
汪　齊　旌德人。
郭祥正　當塗人。
雙　漸　廬江人。
鍾離瑾　合肥人。
朱定國　無爲人。
李仙芝　無爲人。
朱　畧　和州人。

皇祐

侍其瑋　吴縣人。
李　川　吴縣人。
李庭芝　吴縣人。
郭鼎臣　吴縣人。
范純仁　吴縣人。
鄭汝平　吴縣人。

劉　琦　涇縣人。
周景臣　太平人。
王　逢　當塗人。
楊　寘　合肥人。
朱國富　無爲人。
徐　紘　無爲人。
楊　遇　無爲人。
陳之祥　吴縣人。
郎　淑　吴縣人。
支　詠　吴縣人。
錢　藻　吴縣人。
滕　甫　吴縣人。
錢　深　長洲人。

張　僑　常熟人。
陳之元　吴江人。
范世景　蘇州人。
錢公輔　武進人。
施　辨　武進人。
潘與稽　武進人。
余康使　武進人。
李宗孟　武進人。
奚若冲　武進人。
張天占　武進人。
朱伯玉　武進人。
陳　齊　武進人。
姚　闢　鎮江人。
雷　豫　鎮江人。
朱明之　江都人。
孫　洙　儀真人。

李庭芳　吴江人。
李　育　蘇州人。
朱　何　蘇州人。
潘龍禮　武進人。
裴若水　武進人。
王彝直　武進人。
錢公瑾　武進人。
宣　闐　武進人。
邵叔庠　武進人。
陳大順　武進人。
强相如　武進人。
曹　振　武進人。
顧　方　鎮江人。
豐有章　丹徒人。
征　復　儀真人。
劉　傑　儀真人。

孫元常 儀真人。
徐純 儀真人。
秦觀 高郵人。
桑景舒 高郵人。
李況 泰州人。
查塾 泰州人。
舒介夫 徽州人。
王汝舟 婺源人。
汪師熊 婺源人。
楊辯 南陵人。
羅彦輔 當塗人。
徐總 無爲人。
陸毋必 無爲人。
張君奭 無爲人。
湯延年 無爲人。
何朋 和州人。

呂開 儀真人。
沈叔通 儀真人。
孫覺 高郵人。
孟演 泰州人。
周涣 泰州人。
胡志中 泰州人。
聶武仲 婺源人。
汪轂 婺源人。
胡宏 績溪人。
郭緡 當塗人。
石禹勤 蕪湖人。
張贊禹 無爲人。
秦中 無爲人。
沈文通 和州人。
張獻民 和州人。
姚祐 武進人。

陳　亢　吳縣人。

嘉祐

朱長文　吳縣人。
鄭彝甫　吳縣人。
李逢原　吳縣人。
陳之方　吳縣人。
黄　顔　吳縣人。
陸元長　長洲人。
林　咼　常熟人。
吕　全　華亭人。
朱伯虎　華亭人。
朱　鞏　華亭人。
孫　雲　武進人。
嚴　勛　武進人。
張　思　武進人。

張天材　華亭人。

王純臣　吳縣人。
丁　偃　吳縣人。
張　詢　吳縣人。
郭　附　吳縣人。
程　寬　吳縣人。
淩民瞻　長洲人。
沈　括　吳江人。
郟　亶　華亭人。
戴顯甫　華亭人。
胡憲臣　武進人。
蘇舜舉　武進人。
丁　鷺　武進人。
胡信臣　武進人。

胡象德　武進人。
張　臣　武進人。
李　鉞　武進人。
孫　授　武進人。
胡宗師　武進人。
孫　開　武進人。
惲　文　武進人。
王澤民　武進人。
李　鎮　武進人。
葛中復　武進人。
錢　覬　無錫人。
李　喬　江陰人。
葛汝平　江陰人。
葛　密　江陰人。
曹　棐　江陰人。
虞大寧　宜興人。

姚仲容　武進人。
胡宗愈　武進人。
丁　瀣　武進人。
胡宗哲　武進人。
李　玨　武進人。
孫庭筠　武進人。
邵　光　武進人。
沈　兑　武進人。
袁　默　無錫人。
蔣之奇　無錫人。
沈　遵　江陰人。
葛敏求　江陰人。
杜　昱　江陰人。
苗　穎　江陰人。
虞大徵　宜興人。
單　錫　宜興人。

虞大熙　宜興人。
單　鍔　宜興人。
蔣　津　常州人。
佘　中　常州人，狀元。
邵　剛　常州人，解元、會元。
陳龍輔　鎮江人。
刁　璹　鎮江人。
楊　照　鎮江人。
周伯玉　鎮江人。
俞希旦　丹徒人。
傅　繹　儀真人。
吴　岐　高郵人。
王彭年　泰州人。
李去僞　泰州人。
王　靚　如皋人。
俞希旦　歙縣人。

黄肇中　宜興人。
蔣之美　常州人。
邵　潛　常州人。
邵　材　常州人。
邵　衡　鎮江人。
姚　震　鎮江人。
洪民師　鎮江人。
姚　存　鎮江人。
姚夢升　金壇人。
征　賁　儀真人。
周定民　泰州人。
上官經　泰州人。
王　觀　如皋人。
俞叔良　歙縣人。
胡彭年　績溪人。
汪　琪　績溪人。

汪琛 績溪人。
王淑 績溪人。
汪激 績溪人。
顔孝初 宣城人。
劉玘 涇縣人。
左彦武 涇縣人。
方淳 旌德人。
賈易 無爲人。
張璪 全椒人。
高鏄 和州人。
張景温 和州人。

治平

張敦 常熟人。
張僅 吴縣人。
孫載 昆山人。

汪汲 績溪人。
王知章 宣城人。
章國光 宣城人。
汪汾 涇縣人。
鍾清卿 旌德人。
張毅 太平人。
徐徽 全椒人。
耿憲 和州人。
齊湛 和州人。
張偉節 和州人。
胡舜元 銅陵人。
吴純閲 吴縣人。
李博文 吴縣人。
朱伯熊 華亭人。

董　乂　華亭人。
李宗古　武進人。
陳　毅　武進人。
胡宗炎　武進人。
孫庭臣　武進人。
張　舉　武進人。
黄　轍　武進人。
盧　約　武進人。
葉安節　武進人。
胡宗厚　武進人。
沈　元　武進人。
張　璘　武進人。
淩　浩　無錫人。
邵　彦　丹徒人。
徐　積　淮安人。
喬執中　高郵人。

馮　震　武進人。
沈　充　武進人。
陳　需　武進人。
胡崇回　武進人。
馬　隆　武進人。
李公弼　武進人。
鄭　佾　武進人。
黄　遠　武進人。
張景修　武進人。
沈師中　武進人。
黄康民　武進人。
胡　遡　武進人。
張　盤　宜興人。
張行古　丹陽人。
沈季長　儀真人。
孫　覽　高郵人。

孫　升　高郵人。
周　注　泰州人。
李去非　泰州人。
陳　良　江都人。
潘　頴　泰興人。
俞師錫　歙縣人。
朱　粹　宣城人。
鄧　醇　歙縣人。

熙寧

葉祖洽　上元人，狀元。
巫　鉞　江寧人。
潘温之　江寧人。
鄭安平　吴縣人。
徐彦孚　吴縣人。
朱　昢　吴縣人。

閻　木　高郵人。
王松年　泰州人。
查應辰　泰州人。
陳景山　揚州人。
張　逢　婺源人。
汪適正　婺源人。
萬公奭　宣城人。
(邱)〔丘〕與　和州人。
楊之道　江寧人。
江適道　江寧人。
淩民節　長洲人。
郁　澄　吴縣人。
鄭　伸　吴縣人。
黄汝平　吴縣人。

梅灝 吴縣人。
張元素 吴縣人。
郭際 吴縣人。
林植 長洲人。
張顔 常熟人。
龔程 蘇州人。
黄彦 蘇州人。
李撰 華亭人。
蕭喁 武進人。
鄧棐 武進人。
朱旦 武進人。
章甫 武進人。
劉籲 武進人。
林辟非 武進人。
應昭式 武進人。
陳楚材 武進人。

孫冲 吴縣人。
張元弼 吴縣人。
顔襄 吴縣人。
范世亮 長洲人。
林程 蘇州人。
黄頡 蘇州人。
吕公美 華亭人。
吕奎 華亭人。
史邈 武進人。
莊誼 武進人。
方次夔 武進人。
吕俱 武進人。
范子淵 武進人。
張修 武進人。
應亞 武進人。
胡知默 武進人。

許　彦　武進人。
王　昕　武進人。
汪　茂　婺源人。
遜　迪　黟縣人。
汪　鴻　祁門人。
洪中孚　休寧人。
張世望　武進人。
張　與　武進人。
沈　通　武進人。
張　常　武進人。
陳亨甫　武進人。
邵　如　武進人。
施天倪　武進人。
游　勛　武進人。
許　通　武進人。
霍漢英　武進人。

張　敷　武進人。
周昌諤　武進人。
孫　遇　黟縣人。
孫　冲　黟縣人。
陳　綣　徽州人。
陳之邵　武進人。
吴　彦　武進人。
李　莊　武進人。
張　昱　武進人。
華　棣　武進人。
陶　兑　武進人。
蔡　淵　武進人。
祖　洽　武進人。
吕　适　武進人。
李　端　武進人。
方　穀　武進人。

邵權　武進人。
周鎮　武進人。
祖理　武進人。
朱師古　武進人。
丁綖　武進人。
虞防　武進人。
邵樞　武進人。
惠敷　武進人。
周明之　武進人。
翟思　丹陽人。
邵龥　鎮江人。
孔端彦　鎮江人。
秦定　高郵人。
蘇績　儀真人。
張汝賢　儀真人。
周裕　泰州人。

吴翊　武進人。
紀孫永　武進人。
俞讜　武進人。
吴亶　武進人。
陸元光　武進人。
顧林宗　武進人。
虞蕡　武進人。
李彦武　武進人。
沈復　武進人。
顧章　鎮江人。
紀孫求　鎮江人。
顧林宗　鎮江人。
潘晬　泰興人。
沈銖　儀真人。
汪餗　儀真人。
周穜　泰州人。

周　祕　泰州人。
王之純　泰州人。
潘　覬　泰州人。
劉　拯　南陵人。
汪　沇　旌德人。
徐　勣　南陵人。
朱　素　宣城人。
周邦嗣　宣城人。
董　必　南陵人。
王　平　寧國人。
沈　憑　廣德人。
檀　固　建德人。
張　崇　繁昌人。
宋景詹　太平人。
胡　勣　太平人。
張安國　無爲人。

周　秩　泰州人。
耿　純　泰州人。
張康伯　揚州人。
劉　讀　涇縣人。
劉非熊　涇縣人。
蔣　愷　旌德人。
王　鑒　宣城人。
王　薦　宣城人。
趙　企　南陵人。
舒升中　旌德人。
李　植　建德人。
沈　冲　廣德人。
徐　遘　繁昌人。
俞仲翁　太平人。
胡　兢　無爲人。
王　回　潁州人。

吴蔚　全椒人。
王夬　和州人。
耿樞　和州人。

元豐

孟醇　吴縣人。
沈彦升　吴縣人。
周何　吴縣人。
錢㼽　吴縣人。
林師醇　蘇州人。
柳廷俊　華亭人。
陳廓　武進人。
吴儔　武進人。
黄因　武進人。
强俶　武進人。
錢義　武進人。

吴革　全椒人。
陸子堅　和州人。
姜子克　和州人。

黄懿彦　吴縣人。
黄從周　吴縣人。
章衍之　吴縣人。
林种　長洲人。
嚴君鄰　常熟人。
章粹　華亭人。
陳至　武進人。
華申甫　武進人。
胡覲臣　武進人。
王涣之　武進人。
秦元亨　武進人。

陳嘉言　武進人。
莊徽　武進人。
周諶　武進人。
李特　武進人。
李詩　武進人。
薛開宗　武進人。
胡安節　婺源人。
聶循矩　婺源人。
謝翶　吴縣人。
孫逖　黟縣人。
奚伸　黟縣人。
孫适　黟縣人。
奚戩　黟縣人。
程書言　祁門人。
沈光遠　武進人。
鄒浩　武進人。

胡端修　武進人。
張彦輔　武進人。
邵叶　武進人。
劉鋭　武進人。
淩伯雄　武進人。
方邵　婺源人。
俞應之　婺源人。
胡鋐　婺源人。
顔長民　吴縣人。
奚羣　黟縣人。
曹嗕　黟縣人。
江霖　黟縣人。
俞易直　歙縣人。
鮑天一　歙縣人。
沈潛　武進人。
余幹　武進人。

暨　陶　武進人。
陸元成　武進人。
紀　霖　武進人。
丁元賓　武進人。
胡達适　武進人。
張國輔　武進人。
周　本　武進人。
虞　芮　武進人。
張大年　武進人。
姚　祐　武進人。
秦希甫　吴縣人。
吕　衮　武進人。
陳　敏　無錫人。
葛　光　江陰人。
沈　禋　無錫人。
李　夔　無錫人。

葉安節　武進人。
黄　深　武進人。
孫昌期　武進人。
秦宗臣　武進人。
强　佐　武進人。
强　翊　武進人。
馬　衷　武進人。
皇甫漢傑　武進人。
苗　兼　武進人。
周天倪　武進人。
張　穀　武進人。
方　蓁　武進人。
蔣天麟　宜興人。
沈　初　無錫人。
費　古　無錫人。
袁　點　無錫人。

葛書思　江陰人。
葛書舉　江陰人。
蔣猷　鎮江人。
詹輔　鎮江人。
陳度　金壇人。
張康國　揚州人。
周重　泰州人。
張諤　吴縣人。
姜獵　泰興人。
晏拯　儀真人。
郭思　儀真人。
董志　宣城人。
王籍　宣城人。
朱中行　南陵人。
舒彥中　旌德人。
盛昌孫　銅陵人。

蔣静　江陰人。
葛思漸　鎮江人。
儲公桓　鎮江人。
張君胄　金壇人。
蔡肇　丹陽人。
周貞　泰州人。
沈彥昇　泰州人。
潘頡　泰興人。
潘頤　泰興人。
艾早　儀真人。
桑正國　高郵人。
王彥至　宣城人。
楊誼　南陵人。
汪澥　旌德人。
嚴華　建德人。
郭蒙正　太平人。

儲景文　太平人。
胡　庶　廣德人。
楊　汲　無爲人。
胡　銑　無爲人。
阮美成　舒城人。
吴　朋　全椒人。

元祐

李　回　江寧人。
李元中　安慶人。
潘　絳　溧陽人。
范敦樂　吴縣人。
李博喻　吴縣人。
陳　序　吴縣人。
嚴　適　吴縣人。
施　遠　吴縣人。

陳舜諮　廣德人。
魏　彦　無爲人。
王澤之　無爲人。
侯　綬　無爲人。
吴　玗　全椒人。
吴　並　全椒人。

李公麟　安慶人。
李亮工　安慶人。
丁　覯　蘇州人。
周　沔　吴縣人。
陳　傑　吴縣人。
孫　實　吴縣人。
陳　噩　吴縣人。
黄　策　吴縣人。

林虞　吴縣人。
程騫　蘇州人。
張徽言　華亭人。
朱之純　華亭人。
杜之邵　常州人。
嚴敦　武進人。
唐公綽　武進人。
邵傅　武進人。
胡從易　武進人。
鄭倞　武進人。
蔣琳　武進人。
鄒起　武進人。
范桓　武進人。
楊植　武進人。
張大忠　鎮江人。
高述　鎮江人。

魏志　吴縣人。
吕益柔　華亭人。
高開　華亭人。
朱紱　華亭人。
張大忠　常州人。
沈濟　武進人。
傅紳　武進人。
俞園　武進人。
朱衮　武進人。
胡充　武進人。
王安民　武進人。
薛開明　武進人。
强璿　武進人。
黄中美　武進人。
沈濟　鎮江人。
丁權　鎮江人。

褚庭堅　鎮江人。
蘇象先　鎮江人。
周日康　鎮江人。
宗　澤　鎮江人。
史　聲　泰州人。
陳　林　儀真人。
沈伯皋　儀真人。
馬永逸　高郵人。
金天禄　休寧人。
張大亨　婺源人。
方　點　宣城人。
陳　琉　無爲人。
李公寅　舒城人。
黄　琮　和州人。
淩天鈞　涇縣人。
(邱)〔丘〕鄘　和州人。

姚　純　鎮江人。
張　愨　鎮江人。
蔣　琳　鎮江人。
王資深　淮安人。
陳　端　泰州人。
張汝明　儀真人。
秦　覯　高郵人。
張堯臣　高郵人。
程望之　婺源人。
汪　奕　績溪人。
鍾　鏜　銅陵人。
李公權　舒城人。
輔　璋　無爲人。
劉　摭　南陵人。
張元達　宣城人。
劉　盤　和州人。

紹聖

許之美 江寧人。
陳彦和 吴縣人。
富鈞 吴縣人。
富洵 吴縣人。
林慮 蘇州人。
孫穆 武進人。
楊嶠 武進人。
霍旟 武進人。
江滋 武進人。
華仲平 武進人。
王瞻 武進人。
王岡 無錫人。
慕容彦達 宜興人。
蔣圓 宜興人。

胡安平 吴縣人。
林稹 吴縣人。
郁師醇 吴縣人。
胡浹 吴縣人。
蔣安上 武進人。
魏憲 武進人。
胡聿 武進人。
焦大雅 武進人。
沈積中 武進人。
胡文修 武進人。
許德之 無錫人。
蔣楷 宜興人。
郭三益 宜興人。
蔣莘 宜興人。

蔣之武　宜興人。
余　京　宜興人。
惠桑民　宜興人。
葛師望　江陰人。
葛　皞　江陰人。
陳　彦　高郵人。
聶　份　儀真人。
李　彬　泰州人。
張知常　泰州人。
俞授能　通州人。
胡　紹　婺源人。
胡　汲　婺源人。
汪　路　婺源人。
孫　畧　婺源人。
黄德明　黟縣人。
王舜舉　祁門人。

時　彦　宜興人。
張　潨　宜興人。
葛勝仲　江陰人。
葛長卿　江陰人。
葛　豸　江陰人。
桑觀國　高郵人。
李延光　儀真人。
郭　觀　泰州人。
郭元瑜　泰州人。
王　悰　婺源人。
滕　申　婺源人。
胡　伸　婺源人。
王　慥　婺源人。
程　詵　績溪人。
汪　愷　婺源人。
奚知常　黟縣人。

項　範　婺源人。
徐　迪　繁昌人。
章元佐　宣城人。
褚　英　繁昌人。
陳時敏　廣德人。
石　烝　蕪湖人。
傅　格　宣城人。
舒燊中　旌德人。
柳廷傑　華亭人。
呂　桓　華亭人。

元符

顧　植　吴縣人。
張公厚　吴縣人。
張　漸　吴縣人。
劉彥敦　吴縣人。
方　振　吴縣人。
陶　擴　吴縣人。
徐端行　吴縣人。
季端淑　武進人。
唐顧言　武進人。
蘇昌時　武進人。
孫志康　武進人。
陳　輹　武進人。
庴　洞　武進人。
詹　折　武進人。
余　裒　武進人。
虞　蕃　武進人。
唐彥光　武進人。
華　鎮　武進人。

王　周　無錫人。
尤　輝　無錫人。
王　諶　泰州人。
方　洙　婺源人。
方　勃　婺源人。
黄天衢　祁門人。
程　邁　黟縣人。
李　權　黟縣人。
翟汝文　鎮江人。

崇寧

刁　湜　江寧人。
朱　昇　江寧人。
秦　濟　江寧人。
刁　湛　上元人。
孫　陶　吴縣人。

沈　揚　無錫人。
張　績　儀真人。
淩唐佐　休寧人。
周　穗　婺源人。
汪汝賢　婺源人。
吴　源　祁門人。
汪舜昭　黟縣人。
鄭　均　無爲人。
陳　城　鎮江人。

余　栗　江寧人。
蔡敦禮　江寧人。
侍其瑀　江寧人。
黄正彦　吴縣人。
黄昌衡　吴縣人。

崔百勝 吴縣人。
褚 覃 吴縣人。
李彌大 吴縣人。
陶 振 吴縣人。
龔 況 華亭人。
朱 紘 華亭人。
張 甸 華亭人。
霍端友 常州人。
胡交修 常州人。
張 守 常州人。
丁 彬 常州人。
胡唐老 常州人。
沈 暐 常州人。
錢遠猷 常州人。
成 己 常州人。
邵 哲 常州人。

黄昌朝 吴縣人。
楊懿卿 吴縣人。
邊知章 吴縣人。
范 聞 吴縣人。
程元允 華亭人。
王 篪 華亭人。
吕少蒙 華亭人。
季端彦 常州人。
李熙靖 常州人。
李 充 常州人。
胡世將 常州人。
苗安世 常州人。
潘 兑 常州人。
曾 晏 常州人。
張彦直 常州人。
吴 遷 常州人。

李好古　常州人。
高志行　常州人。
張汝舟　常州人。
陳時舉　常州人。
唐元衡　常州人。
淩　翺　常州人。
袁　植　武進人。
孫　達　無錫人。
唐作求　無錫人。
洪　遇　丹徒人。
曹　文　鎮江人。
劉　將　丹徒人。
艾　晟　儀真人。
蔡　凝　儀真人，狀元。
徐天啓　儀真人。
王　雲　江都人。

吴　懋　常州人。
吴　愈　常州人。
霍　箹　常州人。
申　甫　常州人。
沈時中　常州人。
施　坰　常州人。
孫　近　武進人。
李　謨　無錫人。
洪　遘　丹徒人。
紀　叙　鎮江人。
王資深　鎮江人。
沈　思　儀真人。
林思明　儀真人。
張　布　儀真人。
黄　量　儀真人。
李　儔　泰州人。

鄭　球　泰州人。
李直中　泰州人。
汪　藻　婺源人。
金　黨　婺源人。
汪致平　婺源人。
胡剛中　祁門人。
汪舜中　祁門人。
汪叔詹　歙縣人。
曹　文　黟縣人。
葛　致　績溪人。
湯純臣　太平人。
章　偉　南陵人。
宋惠直　當塗人。
胡　仔　當塗人。
笪　敏　太平人。
曲全昌　和州人。

王　濤　泰州人。
呂之才　泰州人。
胡　侔　婺源人。
汪次言　婺源人。
金　器　婺源人。
汪伯彥　祁門人。
閔師文　歙縣人。
崔耀卿　歙縣人。
汪天麟　績溪人。
郝　隆　宣城人。
李　侗　宣城人。
汪思問　旌德人。
趙　滋　太平人。
李　承　廣德人。
張大任　和州人。
朱　勣　和州人。

吴　兹　全椒人。

徐　敷　全俶人。

大　觀

朱　發　吴縣人。

王　棠　吴縣人。

鄭聖任　吴縣人。

朝　思　吴縣人。

李彌遜　吴縣人。

單思淵　吴縣人。

(邱)〔丘〕敷　常熟人。

柳　約　華亭人。

陳之元　華亭人。

衛上達　華亭人。

段　拂　江寧人。

張　昭　華亭人。

朱天任　江寧人。

錢時敏　江寧人。

黄子服　華亭人。

霍　迪　江寧人。

張　宰　武進人。

錢　耜　武進人。

張　宇　武進人。

盧　察　武進人。

張　寀　武進人。

陳　倜　武進人。

孫　覿　武進人。

沈禹卿　武進人。

范　越　武進人。

孫　棋　武進人。

孫　杞　武進人。
邵邦達　武進人。
王　玘　武進人。
郭去病　武進人。
道大亨　武進人。
丁宗旦　武進人。
李尚行　無錫人。
錢　紳　無錫人。
袁正功　無錫人。
費　介　無錫人。
惠　需　宜興人。
紀　交　丹陽人。
姚　瞉　華亭人。
莊必强　金壇人。
丁　騆　武進人。
許元宗　武進人。

强公桓　武進人。
朱康侯　武進人。
李端方　武進人。
王彦偁　武進人。
徐　漸　武進人。
沈松年　無錫人。
費　肅　無錫人。
李端行　無錫人。
李　綱　無錫人。
吴秀實　武進人。
惠安民　宜興人。
鄧　翰　鎮江人。
王　瀓　金壇人。
范　振　武進人。
莊安常　武進人。
楊　栝　武進人。

孫　畋　武進人。
許端夫　武進人。
吴　傚　武進人。
許知微　武進人。
吴福時　武進人。
王　楊　武進人。
嚴　燈　武進人。
蔣用行　武進人。
趙　倫　高郵人，狀元。
吴　敏　儀真人。
徐天民　儀真人。
李　概　泰州人。
何　昂　休寧人。
汪中和　休寧人。
汪知言　歙縣人。
張　洪　婺源人。

淩伯玉　武進人。
孫　時　武進人。
李僧淪　武進人。
常　因　武進人。
潘　佸　武進人。
張　文　武進人。
孫　畸　武進人。
孫安民　武進人。
馬永卿　高郵人。
劉大中　儀真人。
姜　索　泰州人。
吴安仁　泰州人。
吴敦復　休寧人。
汪希旦　歙縣人。
張　坦　歙縣人。
汪　澈　婺源人。

胡多聞 祁門人。
胡舜陟 績溪人。
章 履 南陵人。
劉亢宗 涇縣人。
吳民瞻 太平人。
徐 源 太平人。
倪 濤 廣德人。
王彥成 全椒人。
王 冕 和州人。

政和

范 同 江寧人。
徐時升 江寧人。
朱端彥 江寧人。
俞 迎 上元人。
吳 栗 望江人。

蘇 俟 祁門人。
李唐傑 宣城人。
章 夏 寧國人。
檀 倬 建德人。
楊 通 太平人。
夏迪簡 廣德人。
王 儔 廣德人。
王言恭 全椒人。
杜 圻 和州人。

朱 霑 江寧人。
刁 謂 江寧人。
隕 鶚 上元人。
吳少明 宿松人。
阮晉卿 桐城人。

尹民瞻　宿松人。
林　閎　常熟人。
王　闈　吴江人。
糜　鍇　昆山人。
王　裳　太倉人。
方純彦　吴縣人。
林　摯　吴縣人。
葉高節　吴縣人。
錢當時　吴縣人。
葉　嶷　吴縣人。
錢觀復　蘇州人。
黄　鎮　華亭人。
衛　開　華亭人。
張汝能　武進人。
張　炎　武進人。
李僧石　武進人。

陳　迹　吴江人。
顔　爲　吴縣人。
朱　翌　安慶人。
陳起宗　太倉人。
黄　偉　太倉人。
唐　輝　昆山人。
顔　孚　吴縣人。
(邱)〔丘〕畋　吴縣人。
沈季孫　吴縣人。
顔　采　吴縣人。
張敏功　常熟人。
張　枏　常熟人。
黄　鍰　華亭人。
張康朝　華亭人。
湯　穆　武進人。
張　壽　武進人。

楊　陞　武進人。
錢　縉　武進人。
張公諶　武進人。
薛　璿　武進人。
顧克明　武進人。
陳　煜　武進人。
胡思忠　武進人。
吳師古　宜興人。
唐　棣　宜興人。
周端禮　鎮江人。
丁　儁　鎮江人。
李　覺　鎮江人。
陳　哲　鎮江人。
王汝霖　鎮江人。
譚處恭　鎮江人。
張　忞　金壇人。

李元裕　武進人。
錢濬明　武進人。
何大圭　武進人。
唐　楫　武進人。
貝　寶　武進人。
胡　近　武進人。
蔣寧祖　宜興人。
戴　圭　武進人。
單子發　宜興人。
譚知柔　金壇人。
劉　丕　鎮江人。
周端虛　鎮江人。
杭　濬　鎮江人。
湯鵬舉　鎮江人。
邵　驤　鎮江人。
諸葛材　丹徒人。

張綱　鎮江人。
馮晋　鎮江人。
蔣洵　鎮江人。
洪逵　鎮江人。
洪興祖　鎮江人。
張謂　金壇人。
孫藎　丹徒人。
秦愷　儀真人。
劉湜　儀真人。
葛祐之　儀真人。
沈肇　儀真人。
齊景直　儀真人。
徐注　儀真人。
呂應中　儀真人。
王昂　江都人，狀元。
文浩　泰州人。

孫時升　金壇人。
許暘　鎮江人。
洪譓　鎮江人。
劉無極　鎮江人。
李舜卿　鎮江人。
洪造　鎮江人。
張頡　丹徒人。
上官愔　儀真人。
秦惇　儀真人。
吴叙　儀真人。
呂彝則　儀真人。
邵素　儀真人。
劉大臨　儀真人。
柳穀　儀真人。
李正民　江都人。
王居正　江都人。

李　棠　泰州人。
郭顯臣　泰州人。
王　億　泰州人。
王咸義　如皋人。
黄　衮　高郵人。
俞民獻　通州人。
羅汝楫　歙縣人。
俞正圖　歙縣人。
周　隱　歙縣人。
胡　銓　婺源人。
汪　臨　婺源人。
汪　芑　婺源人。
汪思温　婺源人。
朱　松　婺源人。
程　協　祁門人。
葉上達　祁門人。

丁邦哲　泰州人。
錢　涓　泰州人。
周方崇　泰州人。
葉高爽　泰州人。
孫　僉　高郵人。
陳博古　通州人。
余　采　歙縣人。
楚　衛　歙縣人。
胡　醇　歙縣人。
胡　昂　歙縣人。
汪　發　婺源人。
汪廷直　婺源人。
汪　掀　婺源人。
王　建　婺源人。
胡　良　祁門人。
周知和　祁門人。

盧臣忠　黟縣人。
胡汝明　黟縣人。
李　莘　黟縣人。
周　祐　宣城人。
李　宏　宣城人。
劉　揞　南陵人。
胡　概　寧國人。
盛虎臣　銅陵人。
儲　轂　太平人。
陳　紆　廣德人。
潘　倜　廣德人。
姚孝錫　豐縣人。
李　寬　無爲人。
吴　詠　無爲人。

潘　珍　宿松人。
唐　咨　黟縣人。
汪　襄　績溪人。
劉　綰　宣城人。
詹友直　宣城人。
陳　逌　旌德人。
羅　復　銅陵人。
俞次（聃）〔聃〕①　太平人。
范　欽　廣德人。
何大奎　廣德人。
沈　伾　廣德人。
朱　翌　舒城人。
李　郁　無爲人。
杜　圻　和州人。

① 據《四庫本》及乾隆《太平府志》卷二十改。

耿詩　和州人。
蔡率　和州人。
李天休　和州人。
朱澤民　和州人。
陳嘉謨　和州人。
徐林　和州人。
沈虞卿　和州人。

重和

李益　吴縣人。
顏天選　吴縣人。
鄭護　吴縣人。
滕茂實　長洲人。
張德　昆山人。
(邱)〔丘〕礪　常熟人。
陳丙　無爲人。

朱恂　和州人。
徐众　和州人。
史經　和州人。
朱疇　和州人。
王知章　和州人。
上官祝　和州人。
林璵　長洲人。

徐薦　吴縣人。
錢仲思　吴縣人。
顏安時　長洲人。
魏賁　吴江人。
衛閬　昆山人。
張仲和　無爲人。
林克明　武進人。

孫讓亨 武進人。
張 參 武進人。
張端臣 武進人。
周 弼 武進人。
周 林 武進人。
陳 渙 武進人。
胡 珵 武進人。
葛立悌 江陰人。
葛正仲 江陰人。
繆昌彦 江陰人。
趙士衡 江陰人。
俞賓興 婺源人。
董嘉言 太平人。
丁 孚 太平人。
李唐俊 廣德人。

蔣 全 武進人。
陳端虚 武進人。
蔣仲龍 武進人。
張國秀 武進人。
朱友聞 武進人。
張 莘 武進人。
單 時 宜興人。
朱德行 江陰人。
王 廉 江陰人。
何亨升 江陰人。
金安節 休寧人。
汪利和 婺源人。
胡 慤 太平人。
沈 傃 廣德人。
姜邦光 和州人。

宣和

陳秉成　江寧人。
洪　鼎　江寧人。
鍾大方　上元人。
胡　寬　吴縣人。
錢　豫　吴縣人。
李大鼎　吴縣人。
何建中　吴縣人。
邊知白　吴縣人。
余　仔　吴縣人。
范　嵩　吴縣人。
淩　遘　長洲人。
程元弼
富元衡　常熟人。
王　葆　昆山人。

秦　梓　江寧人。
何　若　江寧人。
刁　鐸　上元人。
李　毗　吴縣人。
徐　林　吴縣人。
林　儼　吴縣人。
吴世英　吴縣人。
鄭　時　吴縣人。
鄭作肅　吴縣人。
范　雩　昆山人。
淩　哲　長洲人。
林　友　常熟人。
陳天弼　常熟人。
衛膚敏　華亭人。

富　説　華亭人。
陳　郁　武進人。
陸安民　武進人。
張汝節　武進人。
周　龢　武進人。
張　希　武進人。
胡　庸　武進人。
湯堯咨　武進人。
陸俊民　武進人。
朱舉直　江陰人。
葛立經　江陰人。
葛彦成　江陰人。
李　預　江陰人。
葛介卿　江陰人。
湯　杲　鎮江人。
陳孝友　鎮江人。

丁　祉　武進人。
吴　若　武進人。
陳　曄　武進人。
胡浚明　武進人。
華　權　武進人。
毛　逢　武進人。
張　翬　武進人。
張　旦　武進人。
唐　悌　江陰人。
吴仲基　江陰人。
葛師仲　江陰人。
葛　騏　江陰人。
曹　璉　江陰人。
邵　彪　鎮江人。
杜　友　鎮江人。
陳孝恭　鎮江人。

張　普　金壇人。
諸葛松　丹徒人。
陳元巽　鎮江人。
章　驤　鎮江人。
都　潔　鎮江人。
王陽英　丹陽人。
王　洋　山陰人。
王　筠　婺源人。
傅　源　祁門人。
魏良臣　宣城人。
劉　瑜　南陵人。
方懋德　涇縣人。
湯克忱　太平人。
蔡　擇　太平人。
唐敏求　當塗人。
沈虛中　廣德人。

鄧國賢　金壇人。
楊　鎬　鎮江人。
陳堯舉　鎮江人。
蘇　振　鎮江人。
洪元直　丹徒人。
張體純　金壇人。
王　昺　婺源人。
汪處厚　婺源人。
張　耒　淮安人。
沈允修　南陵人。
舒賓王　旌德人。
章　夏　寧國人。
儲　宏　太平人。
李　樫　當塗人。
查　揆　廣德人。
韓　祉　無爲人。

湯允恭 貴池人。
王之深 無爲人。
王之道 無爲人。
魏 矼 和州人。
張叔和 無爲人。
張 邵 和州人。
徐 兢 和州人。
葛處厚

王之義 無爲人。
章 責 青陽人。
朱元佐 江寧人。
楊 瀠 無爲人。
徐 誥 無爲人。
張 晨 和州人。
邵 林
陳 述

江南通志卷一百二十

選舉志

進士 二

宋

建炎

錢周材 江寧人。 王 絳 江寧人。

戴 巽 江寧人。 李朝正 江寧人。

吳 㮚 上元人。 趙 震 上元人。

張士襄　溧陽人。

唐　曄　昆山人。

淩　揆　長洲人。

倪成修　吴縣人。

楊　景　吴縣人。

章　籍　吴縣人。

茅　錫　吴縣人。

胡利賓　吴縣人。

富延年　吴縣人。

孫　觀　吴縣人。

鄭　揚　常熟人。

鄭大讜　吴縣人。

馬友直　昆山人。

强公述　武進人。

苗元裔　武進人。

邵　材　武進人。

皇甫義山　武進人。

孫　衡　武進人。

錢壽朋　武進人。

邵　咨　武進人。

蔣　夔　武進人。

孫汝翼　武進人。

蔣汝功　武進人。

喻　樗　無錫人。

陳之淵　無錫人。

陳之茂　無錫人。①

① 陳之淵、陳之茂後文紹興間重複出現。檢嘉慶《無錫金匱縣志》卷十五，二人俱紹興二年壬子張九成榜進士。

許衍之　無錫人。
唐孚　無錫人。
許(申)〔伸〕①　無錫人。
費鍇　無錫人。
吴幬　無錫人。
尤衮　無錫人。
陳篆　無錫人。
戴幾先　無錫人。
吴璹　無錫人。
許璹　無錫人。
陳長源　無錫人。
蔣芾　無錫人。
戴達先　無錫人。
吕克成　無錫人。
陳翥　無錫人。
單偁　宜興人。
吴宗旦　宜興人。
徐日章　宜興人。
趙不愚　宜興人。
吴師尹　宜興人。
龔尹　宜興人。
李左　宜興人。
高時升　江陰人。
余壹　江陰人。
胡端彦　江陰人。
强瞰　江陰人。
濮俊民　江陰人。
葛璘　江陰人。

① 《四庫》本作「許巾」。此據嘉慶《無錫金匱縣志》卷十五改。

韓珣　江陰人。
曹宻　江陰人。
惠哲　宜興人。
吴仲達　江陰人。
王閶　鎮江人。
陳叶　鎮江人。
朱汸　泰州人。
吕安上　泰州人。
王猷民　泰州人。
汪僎　婺源人。
汪杞　婺源人。
胡璉　婺源人。
黄汝能　黟縣人。
胡乘　銅陵人。
俞芾　銅陵人。
陳有道　青陽人。
葛立方　江陰人。
蔣珪　江陰人。
惠迪　宜興人。
萬温卿　江陰人。
張合　金壇人。
李昜　江都人，狀元。
魏滁　泰州人。
王彦存　泰州人。
薛邦彦　儀真人。
韓邦光　婺源人。
張穎　婺源人。
汪利德　婺源人。
胡舜舉　績溪人。
胡棣　銅陵人。
喻樗　建德人。
湯耜之　廣德人。

胡究　廣德人。
陳秬　無爲人。
沈幼　和州人。

紹興

潘琪　江寧人。
巫孝立　江寧人。
魏元若　江寧人。
秦塤　江寧人。
鍾離松　江寧人。
刁約　上元人。
鮑同　上元人。
秦昌齡　上元人。
鮑慎履　上元人。
葛掞　上元人。
巫伋　句容人。

焦煥　六安人。
朱勵　和州人。
徐歳　和州人。

朱端稟　江寧人。
秦熺　江寧人。
周麟之　江寧人。
莊震　江寧人。
秦焴　江寧人。
王綸　上元人。
秦昌時　上元人。
李珵　上元人。
魏師遜　上元人。
陳自修　上元人。
江漢　句容人。

湯彦升 句容人。
江賓王 句容人。
秦 焞 句容人。
趙公彬 溧陽人。
胡元質 吴縣人。
桂光祖 吴縣人。
朱 江 吴縣人。
錢 佃 吴縣人。
縻師旦 吴縣人。
錢 南 吴縣人。
孫起卿 吴縣人。
黄萬頃 吴縣人。
詹 左 吴縣人。
李 渥 吴縣人。
張世衡 吴縣人。
王嘉彦 昆山人。

苗昌言 句容人。
巫孝恭 句容人。
周 彦 溧陽人。
淩景夏 吴縣人。
胡百能 吴縣人。
顧 發 吴縣人。
何 俌 吴縣人。
邊 察 吴縣人。
孫飛雄 吴縣人。
周 播 吴縣人。
馬 迴 吴縣人。
滕 膺 吴縣人。
翁翊臣 吴縣人。
祝端表 吴縣人。
尤 著 昆山人。
陳 燽 昆山人。

袁　鰲　昆山人。
李　衡　昆山人。
顧　聞　昆山人。
吴　旼　常熟人。
陳長方　吴江人。
王伯廣　吴江人。
許光國　吴江人。
朱冠卿　華亭人。
鄭　聞　華亭人。
潘　旦　華亭人。
張圖南　華亭人。
衛　稷　華亭人。
許克昌　華亭人。
柳仲永　華亭人。
潘　偉　青浦人。
孫彦朝　華亭人。
嚴　涣　昆山人。
邊惇德　昆山人。
王　履　常熟人。
林表臣　常熟人。
鄭晞顔　吴江人。
楊邦弼　吴江人。
張之才　蘇州人。
任盡言　華亭人。
葛温卿　華亭人。
陳伯達　華亭人。
林公望　華亭人。
朱　佾　華亭人。
黄　銓　華亭人。
董天民　華亭人。
錢良臣　華亭人。
張　偉　華亭人。

任質言　華亭人。
徐　鋭　華亭人。
樓　材　武進人。
丁汝能　武進人。
楊　炬　武進人。
邵　點　武進人。
許叔徵　武進人。
姚虞卿　武進人。
薛允功　武進人。
唐友聞　武進人。
周宗望　武進人。
莊　瓚　武進人。
王　棠　武進人。
孫　迢　武進人。
唐希勔　武進人。
許必勝　武進人。

張廷筠　華亭人。
陳祖言　武進人。
陳　棠　武進人。
盧　習　武進人。
周孝能　武進人。
元　益　武進人。
裴　述　武進人。
席　時　武進人。
周　與　武進人。
蔣　烈　武進人。
丁婁明　武進人。
沈以莊　武進人。
余　欿　武進人。
沈義聞　武進人。
程　幾　武進人。
沈端弼　武進人。

嚴阜成　武進人。
周麟之　武進人。
李薦何　武進人。
陳之茂　無錫人。
繆昌期　江陰人。
譚嘉言　江陰人。
(邱)〔丘〕程　江陰人。
蘇　磻　江陰人。
黃　滸　江陰人。
葛　郘　江陰人。
吳　石　江陰人。
李巨源　金壇人。
許虞卿　金壇人。
吳處誠　儀真人。
藍　曄　儀真人。
張嗣亨　儀真人。

李　輔　武進人。
孫觀德　武進人。
王　誼　江陰人。
陳之淵　無錫人。
曹　岠　江陰人。
朱　賁　江陰人。
趙端行　江陰人。
何美成　江陰人。
胡　适　江陰人。
王　訢　江陰人。
陳　璘　金壇人。
王彥舉　金壇人。
許叔微　儀真人。
沈　昱　儀真人。
劉　奎　儀真人。
郭景仁　儀真人。

仲并 江都人。
范良嗣 泰州人。
周際可 泰州人。
查琛 泰州人。
李鼎 通州人。
潘琛 宿松人。
胡伋 婺源人。
滕愷 婺源人。
王廓 婺源人。
胡表東 婺源人。
余豳 婺源人。
汪若思 婺源人。
余赫 婺源人。
程九萬 婺源人。
汪勃 黟縣人。
汪冠卿 黟縣人。

李衡 江都人。
周方雄 泰州人。
譚嘉言 泰州人。
俞民康 通州人。
隋興祖 通州人。
胡溢 婺源人。

張敦實 婺源人。
余康義 婺源人。
汪道 婺源人。
張敦頤 婺源人。
王允恭 婺源人。
汪安仁 婺源人。
汪臯會 黟縣人。
程楫之 黟縣人。
黄士龍 黟縣人。

程叔達　黟縣人。
金天麟　休寧人。
金非熊　休寧人。
吳嘉猷　休寧人。
汪彦中　績溪人。
汪若容　歙縣人。
梅成和　涇縣人。
昌　永　涇縣人。
林　湜　太平人。
孫　覿　太平人。
侍其圖南　宣城人。
戴　振　宣城人。
張文昌　宣城人。
何　嶼　南陵人。
甯　尹　青陽人。
俞時升　銅陵人。

宋松年　休寧人。
曹　翊　休寧人。
吳　授　休寧人。
胡　倬　績溪人。
汪　俣　祁門人。
孫　及　歙縣人。
吳　瑋　涇縣人。
陳　綬　太平人。
王　芾　太平人。
孫　楙　太平人。
陳天麟　宣城人。
周　碩　宣城人。
汪　賁　旌德人。
范　崧　南陵人。
王　鎡　石埭人。
王　溉　石埭人。

曹　筠　當塗人。

曹明之　太平人。

韓　詠　太平人。

李濟忠　廣德人。

查元究　廣德人。

胡　誼　廣德人。

談　誼　廣德人。

莫　濬　廣德人。

趙彦亮　建平人。

趙彦丞　建平人。

朱　棫　天長人。

丁興祖　和州人。

張孝祥　和州人，狀元。

冷世光　常熟人。

石　邁　蕪湖人。

劉汝霖　太平人。

方汝强　繁昌人。

潘邦彦　廣德人。

湯①耘之　廣德人。

周承勳　廣德人。

葛去病　廣德人。

趙汝逴　建平人。

趙善禮　建平人。

趙汝連　建平人。

劉公晋　和州人。

宋汝明　和州人。

郭　象　和州人。

冷世修　常熟人。

① 「湯」，《四庫》本作「楊」。

趙　思　常熟人。
趙公豫　常熟人。
姚　愈　常熟人。
余　松　吴縣人。
張允恭　吴縣人。
顔　唐　吴縣人。
陳崧卿　吴縣人。
陳端友　吴縣人。
鄭　庶　吴縣人。
樂　備　昆山人。
王　萬　昆山人。
郟升卿　昆山人。
陳九思　昆山人。
馬先覺　昆山人。
薛　杭　武進人。
皇甫秉文　武進人。

鄒　嶰　常熟人。
崔敦詩　常熟人。
錢　俣　常熟人。
林　育　吴縣人。
陳晋卿　吴縣人。
楊思濟　吴縣人。
吕　篆　吴縣人。
方　思　吴縣人。
成端亮　昆山人。
顔　度　昆山人。
范成象　昆山人。
沈　詢　昆山人。
范成大　昆山人。
鄭　縝　昆山人。
吴知常　武進人。
孫　希　武進人。

許　晟　武進人。
馮公亮　武進人。
沈　文　武進人。
程聞一　武進人。
陳泰定　武進人。
蔣　億　武進人。
陳資深　武進人。
李允升　武進人。
沈必豫　武進人。
莊鴻舉　武進人。
沈　杞　武進人。
唐光謙　武進人。
李　遠　武進人。
吴　遇　武進人。
楊　守　武進人。
孫　璉　武進人。

鄒　檑　武進人。
胡觀國　武進人。
俞舜覬　武進人。
虞　嶼　武進人。
符祖文　武進人。
陳　綱　武進人。
王淑孫　武進人。
沈宗契　武進人。
周仲昌　武進人。
王　淪　武進人。
霍驥孫　武進人。
邵　鋭　武進人。
沈宗禹　武進人。
楊　恂　武進人。
張　駒　武進人。
王　椿　武進人。

沈宗説　武進人。
周夢若　武進人。
葛與國　武進人。
趙偉之　江陰人。
趙偁之　江陰人。
石邦彦　江陰人。
繆次回　江陰人。
朱懋德　江陰人。
李好古　江陰人。
何武仲　江陰人。
曹　椝　江陰人。
曹　嶧　江陰人。
杜正民　江陰人。
范　卣　鎮江人。
虞惟幾　鎮江人。
吴交如　鎮江人。

沈　蔚　武進人。
張　濤　武進人。
袁　昺　江陰人。
趙侃之　江陰人。
徐嘉謨　江陰人。
趙善淵　江陰人。
趙虞仲　江陰人。
吴博古　江陰人。
耿　秉　江陰人。
吕　棐　江陰人。
曹　機　江陰人。
丁　瓘　江陰人。
陳　寀　鎮江人。
施士衡　鎮江人。
豐　漸　鎮江人。
郭珦瑜　鎮江人。

褚　藉　鎮江人。
袁　孚　鎮江人。
張處原　鎮江人。
張樗年　鎮江人。
史正志　鎮江人。
陳孝感　丹徒人。
崔　耕　丹徒人。
鍾將之　丹陽人。
陳　璿　金壇人。
沈　洵　儀真人。
沈　瀛　儀真人。
李安上　通州人。
崔敦禮　通州人。
鄭　茂　泰州人。
卞　圜　泰州人。
丁時發　泰州人。

豐　淵　鎮江人。
張大允　鎮江人。
王　維　鎮江人。
張　堅　鎮江人。
張　扶　丹徒人。
張　瑾　丹徒人。
洪　誼　丹陽人。
湯修年　丹陽人。
陳從吉　金壇人。
袁　澄　儀真人。
陸思古　通州人。
崔敦書　通州人。
查　籥　泰州人。
王禹錫　泰州人。
蔡　翔　泰州人。
李三英　高郵人。

李　綺　婺源人。
朱　熹　婺源人。
黃時伸　婺源人。
祝　華　婺源人。
張　碩　婺源人。
胡義問　祁門人。
陳王業　祁門人。
胡俊傑　祁門人。
方　洋　祁門人。
程大昌　休寧人。
陳尚忠　休寧人。
汪遠猷　休寧人。
吴　偁　休寧人。
金端臣　休寧人。
鄭之純　歙縣人。
譚次山　太平人。

汪端彦　婺源人。
胡　摶　婺源人。
李知己　婺源人。
汪　械　婺源人。
汪洪舉　婺源人。
王觀國　祁門人。
李多聞　祁門人。
康景傑　祁門人。
汪安世　績溪人。
朱安國　休寧人。
陳尚文　休寧人。
陳孚先　休寧人。
程令説　休寧人。
汪安行　績溪人。
鄭獻文　歙縣人。
李義虎　太平人。

魯唐佐　太平人。
章汝楫　宣城人。
莫大猷　南陵人。
吴時顯　涇縣人。
曹　距　廣德人。
王存之　廣德人。
李　開　廣德人。
周　謨　和州人。
許子紹　和州人。
徐宗振　和州人。

隆興

國　華　上元人。
王子藝　吴縣人。
楊光宗　吴縣人。
霍　篪　鎮江人。

承　賓　宣城人。
汪鴻舉　宣城人。
楊　淵　南陵人。
李彭年　廣德人。
宋　周　廣德人。
潘國光　廣德人。
李嘉言　廣德人。
沈作文　和州人。
周孚先　和州人。

章　澥　吴縣人。
商　侑　吴縣人。
許蒼舒　鎮江人。
袁宗仁　昆山人。

唐子壽　昆山人。
姚申之　昆山人。
賀三聘　昆山人。
成欽亮　昆山人。
胡元功　長洲人。
邵文饒　武進人。
邵文炳　武進人。
陳　紀　武進人。
李純孝　武進人。
趙善言　武進人。
李　應　武進人。
蕭　鶚　武進人。
李　祥　無錫人。
蔣　繁　常州人。
曹　木　江陰人。
胡　瑑　江陰人。

郁　異　昆山人。
李廷直　昆山人。
趙公高　昆山人。
趙彦竦　昆山人。
鄒企宗　常熟人。
張　泌　武進人。
唐　鑄　武進人。
趙善章　武進人。
趙師湜　武進人。
沃興祖　武進人。
申　錫　武進人。
朱　濟　武進人。
李　霖　無錫人。
佘端禮　宜興人。
(邱)〔丘〕密　江陰人。
葛　泌　江陰人。

杜　轂　江陰人。
張　芸　江陰人。
方有開　歙縣人。
曹　熙　休寧人。
胡　持　婺源人。
陳嘉言　祁門人。
虞　儔　寧國人。
張孝伯　和州人。

乾道

李　機　上元人。
劉　煒　上元人。
夏　融　上元人。
趙　萬　六合人。
胡長卿　吴縣人。

李　雲　江陰人。
孫　潨　江陰人。
吴天驥　休寧人。
朱晞顔　休寧人。
汪　介　婺源人。
方廷堅　宣城人。
陳　謨　太平人。

朱用泰　上元人。
錢　閎　上元人。
沈　鑑　溧陽人。
孫紹先　吴縣人。
俞允成　吴縣人。

陸翼年　吴縣人。
林廷瑞　吴縣人。
王大有　吴縣人。
曹　偉②　吴縣人。
周　建　長洲人。
辛　機　長洲人。
林　梓　昆山人。
龔明之　長洲人。
王　邁　昆山人。
錢允弼　昆山人。
宋光遠　昆山人。
趙善遠　昆山人。
薛　甫　吴江人。

李(下)〔卞〕①　吴縣人。
林　璞　吴縣人。
鄭汝止　吴縣人。
邊　密　吴縣人。
林　琰　長洲人。
葉季亨　昆山人。
陳九德　昆山人。
陳茂膺　昆山人。
潘　孜　昆山人。
范　藻　昆山人。
范之柔　昆山人。
秦膺剛　昆山人。
郟晋卿　太倉人。

---

① 據道光《蘇州府志》卷六十改。
② 道光《蘇州府志》卷六十作「曹緯」。

吴　兢　常熟人。
朱繹之　華亭人。
王觀國　華亭人。
趙師慄　華亭人。
葉　昉　華亭人。
柳　説　華亭人。
林廷瑞　華亭人。
趙善調　華亭人。
蔡　勘　武進人。
趙善耆　武進人。
趙公植　武進人。
章　復　武進人。
趙汝功　武進人。
趙善老　武進人。
莊鴻漸　武進人。
章　樾　武進人。

何　淇　吴縣人。
吴伯凱　華亭人。
衛　藻　華亭人。
徐　玠　華亭人。
朱端常　華亭人。
柳　梓　華亭人。
張之德　華亭人。
周　益　華亭人。
曾　燾　武進人。
許　琮　武進人。
趙伯玉　武進人。
戴　履　武進人。
張坦之　武進人。
丁　逢　武進人。
許　時　武進人。
周　熺　武進人。

趙師沔　武進人。
沈承章　武進人。
錢之望　武進人。
宋　京　武進人。
沈千里　武進人。
胡　濟　武進人。
趙彦弼　武進人。
吴　銑　武進人。
鍾鼎臣　武進人。
王　寧　江陰人。
趙俅之　江陰人。
吴漢英　江陰人。
唐虞卿　江陰人。
朱　謌　江陰人。
杜士英　鎮江人。
許　開　鎮江人。

趙彦輔　武進人。
臧　度　武進人。
孫　焘　武進人。
徐　鼎　武進人。
趙汝嘉　武進人。
唐易守　武進人。
趙傑之　武進人。
李日休　武進人。
趙善登　宜興人。
何次舉　江陰人。
胡宗茂　江陰人。
葛興宗　江陰人。
趙夢極　江陰人。
富邦彦　江陰人。
徐　玠　鎮江人。
周吕齡　鎮江人。

諸葛淵　丹陽人。
李　拱　金壇人。
趙善擇　丹徒人。
張德言　儀真人。
張伯温　泰州人。
顧友直　通州人。
任嚴叟　通州人。
趙　萬　儀真人。
趙不俄　歙縣人。
孫世臣　海州人。
吴　發　歙縣人。
黄　何　休寧人。
吴　箕　休寧人。
汪　詠　休寧人。
楊　偉　休寧人。
吴從龍　休寧人。

周　孚　丹徒人。
顧時大　丹徒人。
丁可久　金壇人。
張　嚴　泰州人。
吕　洙　泰州人。
施康年　通州人。
孫　碪　高郵人。
羅　願　歙縣人。
章元崇　歙縣人。
張　震　歙縣人。
吴　俯　休寧人。
夏尚忠　休寧人。
吴師禮　休寧人。
陳　篆　休寧人。
洪仲將　休寧人。
曹　琰　休寧人。

金葵　休寧人。
金朋説　休寧人。
王炎　婺源人。
詹洙　婺源人。
汪洗　婺源人。
余宜卿　婺源人。
孫企　婺源人。
胡汝器　祁門人。
康人鑑　祁門人。
汪義端　黟縣人。
汪必進　黟縣人。
章純　宣城人。
汪熙　涇縣人。
甯璩　青陽人。
葉楠　貴池人。
張經　太平人。

金聲　休寧人。
祝浩　婺源人。
方恬　婺源人。
王仲强　婺源人。
滕璘　婺源人。
汪克剛　婺源人。
許詢堯　祁門人。
方壺　祁門人。
汪瓛　祁門人。
汪義榮　黟縣人。
胡思誠　績溪人。
孟綸　南陵人。
章綱　宣城人。
湯巖起　貴池人。
杜炎　太平人。
李容　太平人。

陳璿 太平人。

錢悌 廣德人。

王萊 和州人。

王藺 廬江人。

淳熙

吴柔勝 宣城人。

錢有嘉 六合人。

何掞 江寧人。

張衡 溧陽人。

張興 吴縣人。

邊寅 吴縣人。

蔣南金 吴縣人。

沈作霖 吴縣人。

滕岌 吴縣人。

張綱 太平人。

王相 和州人。

王杜 無爲人。

張逢辰 溧陽人。

巫孝傑 句容人。

梁文恭 上元人。

陳少皡 吴縣人。

周日嚴 吴縣人。

王保大 吴縣人。

朱淵 吴縣人。

陳熠 吴縣人。

黄真卿 吴縣人。

胡林卿　華亭人。
顧端臣　吴縣人。
趙興祖　吴縣人。
陳　甫　吴縣人。
邊維嶽　吴縣人。
黄　由　長洲人。
吕　申　長洲人。
張舜卿　昆山人。
衛　涇　華亭人。
辛元膺　昆山人。
陳宗召　昆山人。
顧　澈　昆山人。
夏允中　昆山人。
顔叔淵　昆山人。

〔闕〕①
謝伯常　吴縣人。
余達先　吴縣人。
劉大中　吴縣人。
林伯誠　吴縣人。
姚　濟　長洲人。
胡　坦　長洲人。
陸自新　昆山人。
王嘉謨　昆山人。
胡元佐　昆山人。
吴仁傑　昆山人。
吕伯奮　昆山人。
翁　謙　昆山人。
李應祥　昆山人。

① 據《四庫》本補。

張　左　昆山人。
周良臣　常熟人。
錢萬選　常熟人。
顧叔康　常熟人。
顧世熙　常熟人。
盛　章　吴江人。
趙師涯　武進人。
張逢年　武進人。
譚良顯　武進人。
吴　悝　武進人。
陳古心　武進人。
蔣　佑　武進人。
沈明祖　武進人。
唐有己　武進人。
周　煒　武進人。
(邱)〔丘〕宗衡　武進人。

李　曙　昆山人。
錢萬頃　常熟人。
張　攀　常熟人。
黄　演　常熟人。
王　毓　吴江人。
趙汝楫　武進人。
陳　紳　武進人。
張　謂　武進人。
吴夢符　武進人。
李日宣　武進人。
傅　誠　武進人。
高可行　武進人。
傅　丙　武進人。
元伯涇　武進人。
趙善嘻　武進人。
鄭　昉　武進人。

孫人傑　武進人。
秦　溱　武進人。
錢之奇　武進人。
鄭直柔　武進人。
錢　渡　武進人。
胡熙載　武進人。
王　洋　武進人。
王元實　武進人。
沈有開　無錫人。
吳邦翰　宜興人。
徐　向　江陰人。
趙僖之　江陰人。
吳　竿　江陰人。
耿　羽　江陰人。
任　武　江陰人。
余伯麟　江陰人。

濮　雲　武進人。
霍　權　武進人。
于　理　武進人。
傅　益　武進人。
蔣　誼　武進人。
沈　仚　武進人。
王叔獻　武進人。
尤　概　無錫人。
費　墳　無錫人。
張　驤　宜興人。
謝遺規　江陰人。
湯鼎臣　江陰人。
趙　輅　江陰人。
何大正　江陰人。
繆嘉猷　江陰人。
蔣延英　江陰人。

茅彙征 江陰人。
諸葛鑑 丹陽人。
陳珙 常州人。
田曉 鎮江人。
徐栻 鎮江人。
謝岳 儀真人。
石應孫 儀真人。
錢有嘉 儀真人。
王岐 泰州人。
喻賓敫 泰州人。
李應祥 揚州人。
項牧 歙縣人。
吴� 歙縣人。
程卓 休寧人。
吴格 休寧人。
朱權 休寧人。

諸葛浩 丹陽人。
鍾宜之 丹陽人。
李紳 鎮江人。
葛師心 鎮江人。
張釜 金壇人。
石大昌 儀真人。
徐與彝 儀真人。
劉大正 儀真人。
周端節 泰州人。
王正綱 泰州人。
趙默 高郵人。
汪洪 歙縣人。
汪文震 休寧人。
汪雄圖 休寧人。
吴少明 宿松人。
滕珙 婺源人。

周　正　婺源人。
趙崇春　婺源人。
汪必達　黟縣人。
奚士達　寧國人。
葉三錫　南陵人。
程大辯　旌德人。
汪　曙　旌德人。
李元升　宣城人。
林宗放　宣城人。
胡從龍　寧國人。
檀夢祥　貴池人。
程九萬　青陽人。
胡思誠　太平人。
程　振　太平人。
褚孝錫　太平人。
李　繼　繁昌人。

胡汝奭　婺源人。
汪義和　黟縣人。

奚士遜　寧國人。
文　寀　涇縣人。
淩　寀　南陵人。
文　中　涇縣人。
高　誼　宣城人。
郭　儀　宣城人。
孫　浩　青陽人。
程　松　青陽人。
丁　巘　石埭人。
程　準　太平人。
張　雱　太平人。
辛克承　當塗人。
王　粡　蕪湖人。

章　相　蕪湖人。

周　復　廣德人。

許　環　和州人。

紹　熙

劉　樞　江寧人。

孔　蓋　上元人。

李大同　上元人。

李　岩　句容人。

王　介　吴縣人，探花。

蔡以中　吴縣人。

李　南　吴縣人。

任　相　吴縣人。

邊　洌　吴縣人。

顔叔玠　昆山人。

趙善藼　昆山人。

李唐佐　蕪湖人。

濮陽檝　廣德人。

周　郁　和州人。

戴　錡　上元人。

李　巘　上元人。

李秀實　上元人。

耿　戩　溧水人。

周　南　吴縣人。

周裒然　吴縣人。

丁　嶅　吴縣人。

葛　璨　吴縣人。

朱希顔　蘇州人。

顔叔平　昆山人。

顔　[illegible]　昆山人。

朱起宗　昆山人。
鄭允文　昆山人。
黃　涇　昆山人。
陳　振　昆山人。
惠純天　上元籍，宜興人。
趙汝登　華亭人。
胡輔之　武進人。
王　適　武進人。
邵文煥　武進人。
孫庭詢　武進人。
宋　津　武進人。
蔣　木　武進人。
吳世英　江陰人。
李　琥　江陰人。

胡　杶　昆山人。
趙彥适　昆山人。
高之問　昆山人。①
張　松　昆山人。
林　至　華亭人。
濮　宇　武進人。
邊　烈　武進人。
趙希琦　武進人。
趙彥琉　武進人。
李世傑　武進人。
蔣惟曉　武進人。
周　山　江陰人。
胡之邵　江陰人。
胡閱之　江陰人。

① 至正《昆山郡志》卷三紹熙年無高之問。

趙佺之　江陰人。
李起宗　揚州人。
陸　峻　高郵人。
湯　若　南陵人。
鄭　願　歙縣人。
羅似臣　歙縣人。
許文蔚　休寧人。
朱　申　休寧人。
汪楚材　休寧人。
汪體仁　休寧人。
黄　鼎　祁門人。
趙希愬　太平人。
何大節　太平人。
趙彦規　婺源人。
趙希衢　婺源人。
方　佃　和州人。

馮多福　無錫人。
惠　毓　宜興人。
令狐晋　儀真人。
吴德成　歙縣人。
方移忠　歙縣人。
胡夢龍　歙縣人。
程　泌　休寧人。
汪仁榮　休寧人。
吴　會　休寧人。
汪雲從　休寧人。
王　梠　蕪湖人。
蔣昌時　太平人。
孔　武　宣城人。
程萬里　婺源人。
孫餘慶　無爲人。
何　適　和州人。

許　閎　丹徒人。

劉　宰　金壇人。

趙崇古　金壇人。

慶　元

汪　瀛　上元人。

潘夢旂①　吴縣人。

趙汝宫　吴縣人。

王元春　吴縣人。

汪令彪　吴縣人。

陳孔夙　吴縣人。

鄭　準　昆山人。

陳貴誼　昆山人。

潘興嗣　昆山人。

蔣　徑　金壇人。

王　遇　金壇人。

王均仁　金壇人。

葉蒙之　吴縣人。

蔣志行　吴縣人。

石宗玉　吴縣人。

糜　溧　吴縣人。

汪令圖　吴縣人。

孔元忠　蘇州人。

王　芹　昆山人。

顧叔瑶　昆山人。

衛　沂　昆山人。

---

①「旂」，《四庫》本作「旗」。

敖陶孫　昆山人。
胡允恭　吴縣人。
趙汝詒　華亭人。
趙希黨　武進人。
張　訢　武進人。
尤　森　武進人。
趙希仕　武進人。
于　瑀　武進人。
朱拱成　武進人。
何　涜　江陰人。
王　實　江陰人。
杜　矯②　江陰人。
元必勝　江陰人。

沈希①賢　昆山人。
姚宜中　蘇州人。
李　椿　常州人。
趙希珣　武進人。
錢庭玉　武進人。
包九成　武進人。
于　琦　武進人。
趙希琉　武進人。
黄敏夫　武進人。
楊　冠　江陰人。
任廣譽　江陰人。
戴思中　江陰人。
蔣永敬　江陰人。

① 「希」，至正《昆山郡志》卷三作「晞」。
② 「矯」，光緒《江陰縣志》卷十三作「嶠」。

胡　掄　江陰人。
沈唐老　宜興人。
牛大年　江都人。
趙冲飛　泰州人。
吳　修　休寧人。
宋　況　休寧人。
汪　棐　休寧人。
蘇如圭　休寧人。
李　回　黟縣人。
胡　彝　績溪人。
汪　紘　黟縣人。
李　通　太平人。
汪應洪　青陽人。
李逄慶　無爲人。

惠端方　宜興人。
姜濟時　泰州人。
淩次英　高郵人。
陳　唯　休寧人。
夏廷奕　休寧人。
吳文子　休寧人。
王　簵　休寧人。
陳　卓　休寧人。
汪安仁　績溪人。
李大任　祁門人。
陳移忠　太平人。
文南士　涇縣人。
王泳之　青陽人。
程得一　宣城人。

嘉泰

卞伯光　上元人。
趙黔夫　吴縣人。
吴琈　吴縣人。
姜京　吴縣人。
趙汝袀　吴縣人。
宋文英　吴縣人。
趙緤　昆山人。
沈誠　昆山人。
張談　華亭人。
蔣裒然　武進人。
周大猷　武進人。
王正之　武進人。
元涥　武進人。
吴俯　江陰人。

曹豳　吴縣人。
胡榮卿　吴縣人。
方賜復　吴縣人。
趙汝璪　吴縣人。
高不倚　吴縣人。
顔叔開　昆山人。
楊昕　昆山人。
曹大昌　常熟人。
張涣臣　華亭人。
楊琮　武進人。
施玉藻　武進人。
吴宗玉　武進人。
沈宗輔　武進人。
湯一德　江陰人。

趙善璱　儀真人。
施友直　青陽人。
秦九萬　建平人。
開禧
孫侅　六合人。
江先　昆山人。
陳后　吳縣人。
鄭孝祥　吳縣人。
趙汝淳　昆山人。
陶永　常熟人。
張篪　武進人。
孫廷　武進人。
吳訔可　江陰人。
朱衍　休寧人。
江健　婺源人。

章應開　青陽人。
施友聞　青陽人。
龔頤正　和州人。
周深原　吳縣人。
鄭啓　吳江人。
蔡衡　吳縣人。
顏叔璵　昆山人。
邊瀛　昆山人。
周舜欽　武進人。
張晉之　武進人。
王登　常州人。
夏廷瑋　休寧人。
胡自厚　婺源人。
成達先　宣城人。

李次蓍　宣城人。
王　綱　太平人。
胡楠子　青陽人。
夏深源　太平人。
王廷衮　建平人。
許　獻　無爲人。

嘉定

成　法　上元人。
陳　塤　上元人。
沈光庚　上元人。
王　晋　上元人。
鄭　震　江浦人。
王　遼　六合人。
潘彙征　江浦人。
吴　潛　宣城人，狀元。

徐夢雲　宣城人。
包千之　涇縣人。
胡桂子　青陽人。
蕭應誠　泰州人。
阮希甫　建平人。
張　龕　和州人。

胡景俞　上元人。
楊成大　上元人。
許思齊　上元人。
朱應龍　上元人。
衛　熺　六合人。
吴　淵　宣城人。
李　芥　句容人。
吴　箴　溧陽人。

孟繼顯　吴縣人。
辛忠嗣　吴縣人。
施　振　吴縣人。
趙時讜　吴縣人。
李　寧　吴縣人。
王尚輔　吴縣人。
顔　儼　吴縣人。
麋　措　吴縣人。
趙希魯　吴縣人。
衛　洽　昆山人。
袁宗魯　昆山人。
稽　原　昆山人。
胡天選　昆山人。
王杲卿　昆山人。
趙濇夫　常熟人。
趙汝郕　華亭人。

唐伯棨　吴縣人。
陳德林　吴縣人。
方萬里　吴縣人。
李　韶　吴縣人。
顔　復　吴縣人。
張震發　吴縣人。
趙豐高　吴縣人。
趙汝禚　吴縣人。
趙霱夫　吴縣人。
衛　洙　昆山人。
鄭　敭　昆山人。
李獻叔　昆山人。
王必大　昆山人。
徐　鼎　長洲人。
衛　价　華亭人。
徐一飛　華亭人。

胡　倨　華亭人。
錢明德　常州人。
徐　潤　常州人。
施　及　常州人。
祖　思　常州人。
丁　鎔　常州人。
陳起莘　常州人。
惠　棐　宜興人。
張大中　宜興人。
陸慶洪　武進人。
蔣安仁　武進人。
薛耆年　武進人。
張正辰　武進人。
蕭日新　武進人。
蔣重珍　江陰人。
趙　發　江陰人。

沈超遠　常州人。
施繼寅　常州人。
于　珙　常州人。
錢　相　常州人。
彭　彝　常州人。
陳　紱　常州人。
惠有大　宜興人。
薛　極　宜興人。
季希顔　宜興人。
趙與秉　武進人。
强公瓘　武進人。
王義端　武進人。
張　焕　武進人。
尤　焴　無錫人。
葛　郕　江陰人。
胡　鏜　江陰人。

曹　汲　江陰人。
趙公箎　江陰人。
茅仁錫　江陰人。
田克悉　江都人。
王　瓚　高郵人。
龍基先　高郵人。
宋朝英　泰州人。
張　翼　儀真人。
程光庭　休寧人。
朱　珙　休寧人。
朱　括　休寧人。
吳　軫　休寧人。
程夢文　休寧人。
趙善璙　歙縣人。
方　琢　歙縣人。
汪　牧　婺源人。

王呈瑞　江陰人。
趙　嵤　江陰人。
李　芾　江陰人。
陸　鑣　高郵人。
桑　端　高郵人。
楊端升　泰州人。
潘呈瑞　泰州人。
陳　明　休寧人。
朱　吉　休寧人。
汪仕德　休寧人。
吳天球　休寧人。
汪如陂　休寧人。
汪萬里　休寧人。
吕　午　歙縣人。
孫　倬　婺源人。
汪皤然　婺源人。

程允迪　婺源人。
趙崇亢　婺源人。
汪壽夫　婺源人。
李　逨　婺源人。
饒虎臣　寧國人。
戚士遜　宣城人。
陳應庚　宣城人。
孫誠中　宣城人。
陳夢高　青陽人。
姜得遇　太平人。
孫應成　蕪湖人。
阮希甫　建平人。
段文焕　英山人。
上官涣酉　和州人。
趙崇琰　建平人。
沈有開　吴縣人。

李一飛　婺源人。
張　詠　婺源人。
李　登　婺源人。
汪　勳　黟縣人。
汪　介　涇縣人。
戚應昌　宣城人。
奚若賓　宣城人。
程　烈　青陽人。
袁洪寬　青陽人。
徐起之　蕪湖人。
滕茂實　繁昌人。
吴應龍　建平人。
董　槐　定遠人。
蔡元龍　合肥人。
方　傭　和州人。
蔡　廉　吴縣人。

方應祥　吴縣人。
謝鄆　吴縣人。
張新　吴縣人。
李起　吴縣人。
朱檜　吴縣人。
沈應昌　吴縣人。
王圭　昆山人。
蔡珏　昆山人。
黄洙　昆山人。
李公搢　吴縣人。
趙體國　吴縣人。
施秉　吴縣人。
陶瑜　蘇州人。
趙崇驥　常熟人。
淩雲　長洲人。
王熙載　蘇州人。
趙滬夫　吴縣人。
王埜　吴縣人。
趙與　吴縣人。
李任　吴縣人。
褚南　吴縣人。
王丙發　吴縣人。
鄭肅　昆山人。
郁雲　昆山人。
李自牧　吴縣人。
王斗文　吴縣人。
周夢發　吴縣人。
(邱)〔丘〕岳　常熟人。
鄭起潛　蘇州人。
周申　蘇州人。
黄保大　嘉定人。
林革　華亭人。

張益臣　華亭人。
劉夢吕　常州人。
蔣公擇　常州人。
張　庚　常州人。
趙希柔　常州人。
趙汝苾　常州人。
趙希和　常州人。
馬　矗　常州人。
佘崇龜　宜興人。
胡　湜　婺源人。
黄　相　婺源人。
趙汝與　婺源人。
余千能　婺源人。
程　旂　歙縣人。
韓雲龍　歙縣人。
吴　輔　休寧人。

元伯潛　常州人。
蔣　扆　常州人。
濮　宷　常州人。
鄭子恭　常州人。
傅學古　常州人。
王　登　常州人。
趙汝芷　常州人。
莊夢新　常州人。
李步豹　婺源人。
程攀龍　婺源人。
董　節　婺源人。
胡　政　婺源人。
李　旗　歙縣人。
徐　申　歙縣人。
程以升　休寧人。
孫中立　休寧人。

吳　騰　休寧人。
汪大信　休寧人。
康　銓　祁門人。
戴　泳　績溪人。
程德裕　涇縣人。
陳應甲　宣城人。
施　滋　涇縣人。
趙汝是　建平人。
何　選　和州人。

寶慶

趙彦俴　江寧人。
李仲龍　江寧人。
吳　璞　上元人。
趙崇諔　吳縣人。
葉西發　吳縣人。

汪　崥　休寧人。
朱　拾　休寧人。
舒　擢　黟縣人。
鄭魏挺　寧國人。
汪泰亨　宣城人。
楊　燧　宣城人。
阮　霓　建平人。
陳　祥　和州人。
李士達　和州人。

吳景伯　江寧人。
朱大德　江寧人。
趙潘夫　吳縣人。
趙時申　吳縣人。
蔣南金　吳縣人。

林　石　吴縣人。
徐　章　長洲人。
陶　虎　常熟人。
莫子文　常熟人。
趙善惾　武進人。
趙㽙夫　武進人。
趙汝渠　武進人。
趙與耜　武進人。
趙勳夫　武進人。
蔣孝參　武進人。
宋　宗　武進人。
趙伯代　江陰人。
季時選　江陰人，由特奏。
孫夢元　江陰人，由特奏。
李　倫　丹陽人。
王　己　丹陽人。

葛　新　吴縣人。
顧　瑛　蘇州人。
盛文昭　常熟人。
何　倫　武進人。
施從龍　武進人。
趙希渠　武進人。
趙汝奭　武進人。
趙汝篃　武進人。
趙彦相　武進人。
李申錫　武進人。
費　巽　無錫人。
吴從善　江陰人。
李必萬　江陰人，由特奏。
趙　寧　江陰人，由特奏。
艾慶長　丹徒人。
章　倓　丹徒人。

趙若琚 金壇人。
吴士鳳 休寧人。
汪應時 婺源人。
(邱)〔丘〕錫 祁門人。
鄧應元 南陵人。
趙鎔夫 當塗人。
趙汝晞 建平人。
趙汝選 建平人。
趙汝迪 建平人。
趙汝贇 建平人。
魏國華 和州人。
田文虎 鎮江人。
汪　文 婺源人。
謝　璡 祁門人。
劉　騏 黟縣人。
文方賢 涇縣人。
趙巉夫 太平人。
趙汝裔 建平人。
趙汝歡 建平人。
趙汝欽 建平人。
夏　武 建平人。
陳夢斗 和州人。

紹　定

元宋馨 上元人。
王夢敀 吴縣人。
朱揚祖 吴縣人。
趙似祖 吴縣人。
周應旂 吴縣人。
茅　冰 吴縣人。

朱龍翔　吴縣人。
顧　然　昆山人。
郭思義　昆山人。
强　琪　武進人。
李　鎬　武進人。
趙與諒　武進人。
丁　值　武進人。
趙與燀　武進人。
趙與燔　武進人。
何士璧　武進人。
蔣應發　無錫人。
吴大發　江陰人。
繆汝礪　江陰人，由特奏。
曹　潮　江陰人，由特奏。
蔣汝通　江陰人。
趙彦扶　江陰人。

郁　中　昆山人。
沈逢原　昆山人。
盛文韶　吴江人。
湯日新　武進人。
趙與善　武進人。
胡元發　武進人。
李景勉　武進人。
莊公邁　武進人。
翟夢龍　武進人。
趙崇頃　武進人。
黄　羅　宜興人。
吴　濤　江陰人，由特奏。
吕宗元　江陰人，由特奏。
王登瀛　江陰人。
陳忠遂　江陰人，由特奏。
劉桂高　丹徒人。

茅　𤼵　丹徒人。
程元鳳　歙縣人。
汪應元　歙縣人。
夏元善　休寧人。
曹　縉　休寧人。
曹孝德　休寧人。
王聲之　婺源人。
胡　照　婺源人。
胡　昱　績溪人。
陳　樾　祁門人。
郭　慒　宣城人。
張端秀　宣城人。
徐應昇　青陽人。
汪應岡　青陽人。
陶　熾　太平人。
江應陶　太平人。

竇忠斐　歙縣人。
趙善拭　歙縣人。
程若顔　休寧人。
汪　濟　休寧人。
陳慶勉　休寧人。
趙　肅　休寧人。
吴遇龍　婺源人。
舒叔竇　黟縣人。
方　岳　祁門人。
汪澄之　黟縣人。
陳夢桂　寧國人。
羅　京　銅陵人。
甘應寅　青陽人。
章時發　青陽人。
盧　選　太平人。
湯仕龍　建平人。

向　熹　建平人。
胡　翀　和州人。

端平

黄　莒　吴縣人。
林　壽　吴縣人。
陳　拱　昆山人。
趙汝孫　武進人。
宣　發　武進人。
湯　舉　江陰人。
吴　津　江陰人，由特奏。
趙師掌　江陰人。
鄭　江　歙縣人。
項夢元　歙縣人。
孫吴會　休寧人。
陳夢淮　寧國人。

陳昌言　和州人。

黄仁桂　吴縣人。
張　經　吴江人。
吴　蒙　吴江人。
胡夢琪　武進人。
趙汝軌　武進人。
高一鳴　江陰人。
陳惟新　江陰人。
陸象南　泰州人。
胡　簡　歙縣人。
趙必贊　休寧人。
胡　棫　績溪人。
胡　鏞　建德人。

趙正大　當塗人。
殷　淳　丹陽人。

嘉　熙

陳　熙　江寧人。
吳季申　江寧人。
曹愉老　吳縣人。
吳　就　吳縣人。
趙與懃　吳縣人。
趙時言　吳縣人。
孔　暻　蘇州人。
趙汝礪　武進人。
裴邦彥　常州人。
蔣芝瑞　常州人。
胡　澄　江陰人，由特奏。
潘夢奇　金壇人。

朱夢旂　建平人。
檀宗直　建德人。

陳仲謀　江寧人。
麋　豋　吳縣人。
王　鉉　吳縣人。
楊　白　吳縣人。
韓　境　吳縣人。
方　洪　吳縣人。
趙宗皕　武進人。
强　琠　常州人。
陳端學　常州人。
唐朋桂　常州人。
包　翬　江陰人，由特奏。
丁大全　金壇人。

潘大有　金壇人。
高　桂　丹陽人。
印應雷　通州人。
吴　晋　休寧人。
夏　朱　休寧人。
劉先覺　宣城人。
曹廷褒　青陽人。
孫　梓　和州人。

朱南杰　丹陽人。
韓希甫　儀真人。
胡中行　歙縣人。
程　璵　休寧人。
汪　衡　黟縣人。
胡應發　宣城人。
李　倫　蕪湖人。
孫　楷　和州人。

江南通志卷一百二十一

選舉志

進士　三

宋

淳　祐

胡景龍　上元人。　吴　琪　上元人。

陳　昂　上元人。　洪心會　上元人。

包秀實　江寧人。　陳　晟　江寧人。

焦炳炎　太平縣人。
曹良度　吴縣人。
趙狒夫　吴縣人。
趙赫夫　吴縣人。
錢振祖　吴縣人。
趙震亨　吴縣人。
朱　昺　吴縣人。
劉深淵　吴縣人。
王　南　吴江人。
陳炎發　吴江人。
袁逢午　昆山人。
上官焕然　蘇州人。
趙希槵　常州人。
王允升　常州人。
强應夔　常州人。
周夢升　常州人。

鄭　玢　吴縣人。
李　潛　吴縣人。
吴一龍　吴縣人。
趙燿夫　吴縣人。
于天麟　吴縣人。
王　莧　吴縣人。
鄭天澤　吴縣人。
魏汝賢　吴江人，特奏狀元。
丁應飛　吴江人。
邊應升　昆山人。
朱大年　蘇州人。
史若納　常州人。
胡夢高　常州人。
蔣士豫　常州人。
章斗樞　常州人。
蔣　樺　常州人。

陸當可　常州人。
陸　宇　常州人。
胡晞令　常州人。
趙崇頵　常州人。
胡用存　無錫人。
王一鳴　江陰人。
湯　奭　江陰人，由特奏。
孫　杓　江陰人。
孫附鳳　丹徒人。
陳　枋　金壇人。
高　嚞①　丹陽人。
王文端　丹徒人。
米景炎　丹徒人。
蘇龜明　丹徒人。

蘇峻明　常州人。
閔　闐　常州人。
趙與熹　常州人。
趙孟侃　常州人。
杜應酉　江陰人。
湯　焱　江陰人。
何　攀　江陰人。
高惟日　江陰人。
胡宗偉　丹徒人。
譚龍光　丹陽人。
王　已　丹陽人。
潘巋之　丹徒人。
丁式中　丹徒人。
孫應鳳　丹徒人。

① 「嚞」，《四庫》本作「喜」。

艾　汋　丹徒人。
印應飛　通州人。
沈應龍　儀真人。
蕭　谷　泰州人。
朱　涣　歙縣人。
程　森　歙縣人。
許　森　歙縣人。
許　震　歙縣人。
趙希瓏　婺源人。
吴　寛　婺源人。
俞　勳　婺源人。
趙希瑗　婺源人。
馬大原　婺源人。
王　正　婺源人。
胡　嵩　黟縣人。
胡　崇　黟縣人。

史崇文　金壇人。
湯大德　儀真人。
謝翼孫　儀真人。
阮　霖　泰州人。
楊思誠　歙縣人。
汪　衍　歙縣人。
汪　玠　歙縣人。
汪　困　婺源人。
趙良鑑　婺源人。
趙良鍵　婺源人。
許月卿　婺源人。
吕士達　婺源人。
胡　震　婺源人。
汪　達　黟縣人。
鮑　璞　黟縣人。
趙孟燧　黟縣人。

汪一鶚　黟縣人。
蘇　烈　休寧人。
曹孝則　休寧人。
吳士龍　休寧人。
程　洙　休寧人。
胡尚禮　祁門人。
陳鼎新　祁門人。
黃遇龍　祁門人。
胡季虎　寧國人。
胡伯虎　寧國人。
李師復　太平人。
孫若滿　太平人。
汪夢雷　涇縣人。
張端秀　宣城人。
左雲龍　宣城人。
王三傑　青陽人。

夏之時　休寧人。
汪惟熙　休寧人。
吳　煒　休寧人。
夏行可　休寧人。
黃雷奮　休寧人。
胡有德　祁門人。
王　深　祁門人。
鄭希聲　寧國人。
胡用虎　寧國人。
吳　璞　寧國人。
章汝龍　太平人。
孫若金　太平人。
曹士莊　南陵人。
許桂年　宣城人。
吳天德　貴池人。
徐孟聲　青陽人。

葉文新　青陽人。
李夢將　蕪湖人。
崔大輝　蕪湖人。
章汝鈞　建平人。
沈必魚　建平人。
錢萬選　建平人。
商大椿　合肥人。
王　弢　合肥人。
刁應南　合肥人。
劉國華　無爲人。
孫　懋　無爲人。
趙汝訓　無爲人。
李　延　和州人。
徐成大　和州人。

柯騰雲　建德人。
趙崇涉　蕪湖人。
吉萬石　繁昌人。
向元龍　建平人。
趙時皋　建平人。
趙崇鋈　建平人。
孫自明　合肥人。
章　炳　合肥人。
宗元憲　無爲人。
葉　棟　無爲人。
魏　瑢　無爲人。
汪立信　六安人。
楊　萬　和州人。

寶祐

吴慶龍　上元人。
李　璽　上元人。
吕直之　吴縣人。
張　合　吴縣人。
李時昭　昆山人。
王體文　昆山人。
霍起龍　常州人。
蔣　岵　常州人。
趙必鑛　無錫人。
吴載堅　宜興人。
吴漢章　江陰人，由特奏。
黄大同　江陰人，由特奏。
王良臣　丹徒人。
曹長孫　金壇人。
傅文振　上元人。
潘　孜　六合人。
趙良峻　吴縣人。
趙孟奎　吴縣人。
邊雲遇　昆山人。
王榮登　嘉定人。
沈亨辰　常州人。
邵焕文　無錫人。
王桂發　宜興人。
闞　聳　江陰人。
杜應龍　江陰人，由特奏。
陳必達　江陰人。
楊道濟　丹陽人。
王酉發　金壇人。

蘇景瑋　金壇人。
石　介　丹徒人。
蕭漢傑　丹徒人。
陳士邁　海門人。
葉應之　海門人。
程元岳　歙縣人。
俞　振　歙縣人。
陸夢發　歙縣人。
趙之祐　休寧人。
夏季和　休寧人。
朱洪範　婺源人。
江易簡　婺源人。
李　桃　婺源人。
奚世選　黟縣人。
胡康侯　婺源人。
汪寅簡　黟縣人。

劉幼發　山陽人。
陸秀夫　淮安人。
胡拱辰　儀真人。
胡　英　海門人。
陳夢旲　儀真人。
胡幼裘　歙縣人。
唐廷瑞　歙縣人。
汪夢椿　休寧人。
黄雷利　休寧人。
滕武子　婺源人。
葉秉仁　婺源人。
俞士千　婺源人。
趙良銓　婺源人。
汪　旗　黟縣人。
趙良金　婺源人。
奚雷發　黟縣人。

胡安國　黟縣人。　許孔明　祁門人。
李遇龍　祁門人。　方　石　祁門人。
陳　偰　太平人。　章一桂　寧國人。
周炎發　寧國人。　包雲龍　涇縣人。
趙宗展　青陽人。　畢時中　青陽人。
鍾文珍　銅陵人。　阮以和　銅陵人。
方應龍　繁昌人。　李時中　繁昌人。
梅應發　廣德人。　趙崇望　建平人。
潘　旂　無爲人。　張應新　無爲人。
王朝佐　無爲人。　曾夢英　廬州人。
孔道傳　合肥人。　葛　森　合肥人。
范光大　合肥人。　李炎發　合肥人。
馬從龍　六安人。

開　慶

張震龍　上元人。　平天祐　上元人。

朱紹遠 上元人。
丁　暉 昆山人。
林文龍 昆山人。
胡立本 歙縣人。
吳　度 休寧人。
程　驤 休寧人。
王震孍 婺源人。
許再勝 黟縣人。
章應雷 銅陵人。
周震炎 繁昌人。
滕嵒瞻 繁昌人。
陳時行 建平人。
李國秀 和州人。

景　定

朱明遠 江浦人。

趙　定 上元人。
黃芝老 昆山人。
楊大勇 儀真人。
余時舉 歙縣人。
陳宜孫 休寧人。
趙良錦 婺源人。
胡景伊 祁門人。
胡如龍 績溪人。
楊　綱 石埭人。
薛斗祥 繁昌人。
陳應元 建平人。
荊惟日 建平人。
趙必光 和州人。
董　烈 六合人。

房元龍 上元人。
楊公溥 上元人。
何處伊 吴縣人。
張 熹 昆山人。
蔣 堉 常州人。
楊宜先 常州人。
王應時 常州人。
趙炎年 江陰人。
樂 霖 江陰人。
方 回 歙縣人。
吴雷奮 休寧人。
戴元愷 休寧人。
汪 復 婺源人。
俞天倪 婺源人。
趙時堃 祁門人。
謝有進 祁門人。

趙崇回 句容人。
方 槐 吴縣人。
宋孟德 吴縣人。
淩萬頃 昆山人。
董雷發 常州人。
楊起西 常州人。
韓慶午 江陰人。
袁天任 江陰人。
陳 穎 江陰人。
程應常 歙縣人。
吴士尹 休寧人。
吴士楚 休寧人。
俞君選 婺源人。
王應甲 婺源人。
章應子 祁門人。
奚從圭 黟縣人。

汪鼎亨　宣城人。
羅黄裳　銅陵人。
阮治鳳　銅陵人。
孫丙文　和州人。
潘文振　金壇人。

咸　淳

湯德峻　江寧人。
朝廷柱　句容人。
趙崇嶼　吴縣人。
楊暉老　吴縣人。
陸大濟　吴縣人。
胡應青　吴縣人。
陳應聲　吴縣人。
張霝震　吴縣人。
趙與潕　昆山人。

潘從大　宣城人。
江景春　青陽人。
江　湘　無爲人。
褚　著　金壇人。
阮麟翁　銅陵人。

徐桂子　句容人。
張　璹　溧水人。
胡　忌　吴縣人。
王應用　吴縣人。
顔堯焕　吴縣人。
顧忠立　吴縣人。
郭伯甄　吴縣人。
阮登炳　昆山人。
趙崇沔　昆山人。

郁紹庭 昆山人。
郁夢熣 昆山人。
趙崇魯 昆山人。
徐公輔 嘉定人。
楊麟伯 蘇州人。
趙師魯 吴江人。
曹光遠 華亭人。
曹暎符 華亭人。
趙孟灜 武進人。
趙崇頫 武進人。
陳 炤 無錫人。
鄧 恢 無錫人。
孫桂發 無錫人。
何敏學 江陰人。
徐 何 江陰人。
劉伯玉 江陰人。

高 烈 昆山人。
趙時璜 昆山人。
徐功甫 昆山人。
鄭 康 蘇州人。
周昌會 吴江人。
趙必君 昆山人。
趙崇嘏 華亭人。
楊首龍 武進人。
蔣應炎 武進人。
法樂霖 武進人。
邵夢接 無錫人。
王應龍 無錫人。
趙彦老 江陰人。
闞 閎 江陰人。
靳駿之 江陰人。
趙若碏 江陰人。

吴　源　江陰人。
李騰茂　江陰人。
王　定　江陰人。
奚世炎　江陰人。
徐　鳳　江陰人。
夏雷龍　儀真人。
莫　嵛　丹徒人。
諸葛夢宇　丹徒人。
修　謹　丹陽人。
史崇方　金壇人。
胡傳心　金壇人。
林桂發　金壇人。
青陽夢炎　金壇人。
洪　恢　歙縣人。
吴安朝　歙縣人。
趙良倧　休寧人。

靳玉成　江陰人。
吴作肱　江陰人。
何　源　江陰人。
金　煜　江陰人。
祝人瑞　儀真人。
沈　邁　海門人。
王應嘉　丹徒人。
袁秀發　丹徒人。
諸葛沃野　丹陽人。
梁　楝　金壇人。
許　埜　金壇人。
韋　昇　金壇人。
程淳祖　歙縣人。
汪　爚　歙縣人。
方桂森　歙縣人。
趙良佃　休寧人。

吴日起 休寧人。

朱　依 休寧人。

孫林發 休寧人。

胡元采 休寧人。

趙良俙 休寧人。

程有容 休寧人。

吴良顯 休寧人。

朱子貴 休寧人。

汪　韶 休寧人。

趙良璠 休寧人。

朱　涣 休寧人。

夏貴一 休寧人。

趙必燧 休寧人。

夏師堯 休寧人。

畢祖高① 休寧人。

朱惟賢 休寧人。

畢祈鳳 休寧人。

汪　革 休寧人。

曹　涇 休寧人。

程若庸 休寧人。

汪一龍 休寧人。

金　革 休寧人。

黄雷復 休寧人。

謝　駿 休寧人。

朱之純 休寧人。

姚鳴鳳 休寧人。

汪　標 休寧人。

馮貴玉 婺源人。

---

① 「高」，《四庫》本作「商」。

趙必琢　婺源人。
江潤身　婺源人。
江元龍　婺源人。
趙良軥　婺源人。
胡次焱　婺源人。
趙必翔　婺源人。
趙良璩　婺源人。
趙良鎵　婺源人。
趙良鈞　婺源人。
項文薦　婺源人。
胡鎮孫　祁門人。
汪　高　祁門人。
胡元符　祁門人。
程應奎　祁門人。
胡　儼　績溪人。
湯應圭　宣城人。

程應明　婺源人。
程　龍　婺源人。
趙梠夫　婺源人。
趙希磅　婺源人。
趙崇誇　婺源人。
趙必琬　婺源人。
趙孟括　婺源人。
趙孟頮　婺源人。
汪　靁　婺源人。
趙良鐻　婺源人。
趙必逞　祁門人。
汪欽祖　祁門人。
方貢孫　祁門人。
汪　琦　黟縣人。
黄公選　黟縣人。
汪　洋　旌德人。

王文質　涇縣人。
左世興　涇縣人。
章桂發　青陽人。
陳　鉞　當塗人，探花。
宋奮午　太平人。
嚴邁倫　合肥人。
許齊賢　無爲人。
劉　敏　無爲人。
尹　京　和州人。
徐卿弼　和州人。
甯子真　和州人。
魯景周　和州人。

德祐

蔣　捷　宜興人。
(邱)〔丘〕壽邁　江陰人。

左孝先　涇縣人。
王美質　涇縣人。
湯居易　廣德人。
阮麟翁　銅陵人。
馮驥先　建德人。
奚守仁　合肥人。
楊震西　合肥人。
夏起龍　無爲人。
葉味道　無爲人。
趙鼎臣　和州人。
陳騰龍　和州人。
竇應年　和州人。
(邱)〔丘〕壽雋　江陰人。
(邱)〔丘〕汲　江陰人。

（邱）〔丘〕必恭　江陰人。

曹研　江陰人。

蔣延年　江陰人。

段朝佐　英山人。

附年分無考者

陸長孺　吴縣人。

陳睦　吴縣人。

徐兢　吴縣人。

徐藏　吴縣人。

胡淳　吴縣人。

李璋　吴縣人。

陳益　吴江人。

徐純夫　吴江人。

趙楨　宣城人。

湯震隆　宣城人。

曹格　江陰人。

王籛　江陰人。

楊應魁　青陽人。

程居　英山人。

陳侗　吴縣人。

李撰　吴縣人。

朱耕　吴縣人。

章康　吴縣人。

郁祥　吴縣人。

胡天質　長洲人。

孫鋭　吴江人。

張漢卿　桐城人。

楊佐　宣城人。

徐陵　南陵人。

孫　諒　南陵人。
虞　術　寧國人。
汪　睿　旌德人。
呂　涇　旌德人。
李　回　太平人。
汪　昇　涇縣人。
左瑞靈　涇縣人。
左善一　涇縣人。
陳殷五　貴池人。
檀宗孟　建德人。
李　純　無爲人。
劉性之　無爲人。
秦景溫　無爲人。
秦景元　無爲人。
秦景慤　無爲人。
秦景恕　無爲人。

虞　光　寧國人。
鍾純卿　旌德人。
趙必普　旌德人。
李　燈　太平人。
盛　關　太平人。
趙崇玨　涇縣人。
包伯驪　涇縣人。
何中立　宣城人。
葉之文　青陽人。
檀宗傑　建德人。
檀宗元　建德人。
應安道　無爲人。
王　遘　無爲人。
宋　珙　無爲人。
秦景範　無爲人。
陳　慶　蒙城人。

朱英　天長人。

吕祉　霍(邱)〔丘〕人。

王臻　潁州人。

許遵　泗州人。

舒明遠　潁州人。

馬亮　廬州人。

張傳　亳州人。

田京　亳州人。

張綸　潁州人。

張泊　全椒人。

錢藻　歷陽人。

元

至元

潘林　建平人。

韓德銘　霍(邱)〔丘〕人。

潘觀國　都梁鄉人。

劉弘義　太和人。

王寀　泗州人。

趙汝翊　來安人。

孫傳　海州人。

魯宗道　亳州人。

曹頴叔　亳州人。

張瓌　全椒人。

沈立　歷陽人。

楊仲愚　青陽人。

大德

杜國賢 太平人。

檀安 貴池人。

包文龍 涇縣人。

趙鑄 建平人。

李子實 建平人。

延祐

趙質 淮安人。

韓渙 淮安人。

偰玉立 溧陽人。

李文富 太平人。

汪澤民 宣城人。

偰哲篤 溧陽人。

程萬里 太平人。

施霖 宣城人。

于文傳 蘇州人。

馬信叔 全椒人。

至治

李士良 溧陽人。

偰朝吾 溧陽人。

趙廷芝 江寧人。

錢璧 華亭人。

劉鑄　南陵人。

許元亮　旌德人。

儲磐　石埭人。

泰定

偰直堅　溧陽人。

趙宜中　婺源人。

李質　金壇人。

貢師泰　宣城人。

完澤溥化　松江人。

致和

偰善著　溧陽人。

余焯　昆山人。

陳子齊

吳相堯　江寧人。

盧端智　宜興人。

偰列虎　溧陽人。

天(歷)〔曆〕

李懋　六合人。

朱可與　舒城人。

汪日昇　舒城人。

張子和　舒城人。

張學詩　桐城人。
劉　杲　無爲人。
馮三奇　懷寧人。

至　順

何　水　金壇人。
王仁卿　貴池人。

元　統

余　闕　合肥人。
劉　詳　桐城人。
金孟達　潛山人。
陸士弘　無錫人。
虞執中　望江人。

劉　讓　桐城人。
張思敬　無爲人。
張　明　蕭縣人。

馮　勉　建德人。
章　奭　青陽人。

章克讓　潁上人。
徐良佐　桐城人。
黃一信　太湖人。
楊仲遇　青陽人。

至元

陳祖仁 武進人。

蔣宮 儀真人。

錢用壬 廣德人。

張緝 江都人。

張紳 江都人。

劉秉忠 高郵人。

至正

嚴瑄 溧陽人。

偰燾 江寧人。

胡善 婺源人。

朱克正 休寧人。

夏道山 溧水人。

趙旦 江寧人。

桓燮帖木兒① 吴縣人。

馮彦誠 青陽人。

魏俊民 吴縣人。

陳雷頤 貴池人。

昂吉 吴縣人。

鄒奕 吴江人。

焦鼎 無錫人。

袁德誠 江陰人。

① 《四庫》本作「旺沁特穆爾」。

徐　邦　江陰人。
李　黼　潁州人。
柏子固　高郵人。
張　經　江都人。
呂　誠　婺源人。
石　普　徐州人。
汪廣洋　高郵人。

附年分無考者

王朝臣　吳江人。
(邱)〔丘〕介夫　江陰人。
(邱)〔丘〕基　江陰人。
陸　鎰　江陰人。
陸孔愚　江陰人。

文　吉　溧水人。
屠申駉　泰州人。
陳　正　江都人。
邁里古思①　松江人。
賀普興　宿松人。
李　亨　蕭縣人。
(邱)〔丘〕立夫　江陰人。
(邱)〔丘〕堅　江陰人。
陸　銓　江陰人。
吳相堯　徽州人。
李仁益　建德人。

---

① 《四庫》本作「穆爾古蘇」。

明

洪武

辛亥科吳伯宗榜

趙權 句容人。

錢蒙 無錫人。

葛桓 無錫人。

秦亨 亳州人。

郭琳 盱眙人。

漆居恭 武進人。

許靈 無錫人。

郭昌 江陰人。

吳斌 五河人。

劉允 當塗人。

乙丑科丁顯榜

許晋 句容人。

俞一本 蕪湖人。

馮原智 吳縣人。

王遜 昆山人。

陳杰 高郵人。

淩輅 句容人。

周原 繁昌人。

陸鎰 吳縣人。

余文 六合人。

鄧祐 江都人。

高迪　興化人。
顧禔　松江人。
唐盛　松江人。
馬鑲　武進人。
陳迪　宜興人。
楊靖　山陽人。
鄒英　金壇人。
胡昌齡　歙縣人。
陳敬宗　貴池人。
張敏德　蒙城人。
楊吉　壽州人。
孫盛　泗州人。
武信　滁州人。

戊辰科任亨泰榜

齊德　溧水人。
繆煜　江陰人。
柏齡　高郵人。
張禮　松江人。
王覲　華亭人。
唐俊民　武進人。
盛思民　丹徒人。
盛安　丹徒人。
秦逵　宣城人。
程善　婺源人。
孫仁　壽州人。
李裕　壽州人。
張博　泗州人。
蕭敏　合肥人。
施顯　常熟人，會元。
任有常　丹徒人。

陳文銘　臨淮人。
祝　淵　舒城人。

辛未科許觀榜

吴　斌　句容人。
沈　暹　上海人。
鄭道同　歙縣人。

甲戌科張信榜

俞　允　江寧籍，華亭人。
任　勉　松江人。
吕　祥　華亭人。
郁　旃　沭陽人。
郎　彧　蒙城人。

丁丑科韓克忠榜

齊　政　山陽人。
惠　忠　合肥人。
汪　回　休寧人。

吴　敬　盱眙人。
張　禧　英山人。

許　觀　貴池人。
于德恭　宿遷人。

李　彬　蕪湖人。
顧　恒　松江人。
陳　獻　鹽城人。
鄧彦質　霍(邱)〔丘〕人。

顧　彬　高郵人。
丁德量　蕭縣人。
魏　益　碭山人。

建文

庚辰科胡靖榜

劉永　句容人。
胡濙　武進人。
陳善　昆山人。
蕭潭　吴江人。
王郁　靈壁人。
劉福　通州人。
顧謙　儀真人。
秦鳳　舒城人。
朱元貞　婺源人。
王能　鳳陽人。
盛敬　當塗人。
嚴升　繁昌人。
孫讓　沭陽人。
唐復　武進人。
黄鉞　常熟人。
周銓　懷遠人。
王彝　懷寧人。
顧祥　通州人。
尹惟忠　海門人。
唐吉祥　歙縣人。
張禮聞　廣德人。
盧廣　壽州人。
汪俊民　繁昌人。

永樂

癸未科曾棨榜

王仲壽 江寧人。
曹廣 江寧人。
范進 句容人。
楊勉 江寧人。
劉瑩 桐城人。
殷尋 吴縣人。
曹鼎 長洲人。
殷瓚 常熟人。
徐迪 嘉定人。
張庸 吴縣人。
楊旻 長洲人。
王玭 嘉定人。
馮吉 上海人。
丁璿 上元人。
史彬 溧陽人。
李時勉 江寧人。
仲昌 沭陽人。
聶聰 潛山人。
沈達 吴縣人。
吴文華 長洲人。
邵翼 嘉定人。
范彬 吴縣人。
沈忠 吴縣人。
周文郁 長洲人。
劉庸 上海人。
周霖 上海人。

張循理　松江人。
段　民　武進人。
謝　芳　武進人。
韓　庸　江陰人。
朱　貞　江陰人。
杜　春　丹徒人。
張　英　江都人。
趙　理　江都人。
黃　用　如皋人。
汪景明　黟縣人。
胡文郁　黟縣人。
王士貞　婺源人。
汪彥純　黟縣人。
汪　獻　休寧人。
許　森　宣城人。
鄭　瀾　涇縣人。

白　瑜　武進人。
殷　序　無錫人。
杜　欽　宜興人。
宦　績　江陰人。
蔡　庸　江陰人。
李　顯　金壇人。
林　正　江都人。
黃惟正　江都人。
馬　忠　興化人。
白　賁　和州人。

金　輝　休寧人。
俞士貞　婺源人。
汪良士　婺源人。
王　槐　太平人。
鄭景曜　建德人。

吴淵 青陽人。
錢潤 當塗人。
張信 當塗人。
李衡 太平人。
胡智 當塗人。
後敏 太平人。
周冕 繁昌人。
湯紀 廣德人。
趙琰 鳳陽人。
劉志學 五河人。

丙戌科林環榜

趙益 江寧人。
劉紹 吴縣人。
吕旦 昆山人。
李玉 吴縣人。
高庸 長洲人。
彭禮 當塗人。
曹福 太平人。
吴鐸 當塗人。
周祐 當塗人。
劉璚 太平人。
孫昇 建平人。
邢郁 繁昌人。
李鑑 建平人。
洪清 太和人。
王琮 高淳人。
仇忠 吴縣人。
葉承宗 嘉定人。
陳逵 長洲人。
徐瑢 金壇人。

沈驥　上海人。

劉鑑　高郵人。

弋斌　通州人。

汪善　歙縣人。

汪澍　黟縣人。

濮陽恭　太平人。

謝孚　太平人。

王紹　舒城人。

陳厚　合肥人。

張庸　滁州人。

白春　六安人。

曹士正　蕭縣人。

己丑科蕭時中榜

盛衍　江寧人。

陳祚　吳縣人。

金庠　長洲人。

朱約　華亭人。

邵聰　如皋人。

苗衷　定遠人，榜眼。

郭震　臨淮人。

壬辰科馬鐸榜

楊清　上元人。

劉璿　句容人。

史循　江寧人。

方復　潛山人。

陳鎰　吳縣人。

劉璉　昆山人，江寧籍。

楊仲　常熟人。

彭昚　嘉定人。

史　詠　溧陽人。
張思安　無錫人。
檀　凱　建德人。
徐　俊　建德人。
鞠　祥　和州人。

乙未科陳循榜

劉　麒　江寧人。
張　益　江寧人。
童　文　上元人。
曹　義　句容人。
謝　璘　句容人。
謝　瑶　吴縣人。
李　義　長洲人。
俞士悦　長洲人。
朱　祀　昆山人。
吴士彧　華亭人。

黄　瀚　松江人。
顔　澤　江陰人。
吴　賜　貴池人。
周　常　定遠人。
蔣　禮　和州人。

姚　堅　江寧人。
宋　拯　江寧人。
吴　璘　江寧人。
張　堅　蕪湖人。
高　志　句容人。
徐　方　吴縣人。
沈　暘　吴縣人。
李　蕡　蘇州人。
曹　衡　華亭人。
徐景安　華亭人。

顧珪　松江人。
張衡　松江人。
李昇　松江人。
陳善　宜興人。
高穀　興化人。
王珣　高郵人。
史常　溧陽人。
鄭猷　六合人。
張文仲　婺源人。
葛貞　太平人。
陳衵　青陽人。
謝暉　合肥人。
陳芳　靈璧人。
盛能　潁上人。
談信　廣德人。

陳文璧　松江人。
沈敬　松江人。
唐哲　松江人。
王諭　山陽人。
陳孚　山陽人。
陳敏　通州人。
方勉　歙縣人。
鄭行簡　歙縣人。
王俊得　黟縣人。
吴進　太平人。
魯讓　合肥人。
丁毅　無爲州人。
李芳　潁上人。
饒政　望江人。

戊戌科李麒榜

許英　溧水人。

劉江　江寧人，探花。

楊瑛　溧陽人。

張銘　句容人。

嚴珪　吴縣人。

曹洪　吴縣人。

周檖　長洲人。

袁方　常熟人。

吴得　吴縣人。

陳詢　松江人。

沈讓　松江人。

盛祥　丹徒人。

謝志道　休寧人。

王圭　黟縣人。

董璘　高郵人，榜眼。

莊約　上元人。

王憲　含山人。

徐榮　上元人。

周禮　句容人。

莫珪　吴縣人。

孔友諒　長洲人。

沈善　長洲人。

姚華　吴江人。

楊琪　松江人。

馮敬　松江人。

韓著　松江人。

陸坦　丹徒人。

金廉　山陽人。

胡永興　黟縣人。

撒祥　高郵人。

陳彝 高郵人。
許鵬 如皋人。
盧璟 廬江人。
吴安 青陽人。
車義 臨淮人。
張政 廣德人。

辛丑科曾鶴齡榜

任祖壽 上元人。
方義 懷寧人。
范達 長洲人。
繆讓 長洲人。
嚴士安 松江人。
高敏 松江人。
陸吕 江陰人。
王璉 丹陽人。
陸通 宣城人。

謝涇 江都人。
夏大有 寧國人。
徐智 青陽人。
段莓 懷遠人。
倪鼎 碭山人。

李輅 江寧人。
任倫 望江人。
邵明 吴縣人。
陳融 長洲人。
朱忠 松江人。
陸徵 松江人。
陳旋 定遠人。
高昭 寶應人。
羅銓 山陽人。

劉伯大　涇縣人。
陳穀　泗州人。
錢敏　舒城人。
郭智　蕪湖人。

甲辰科邢寬榜

張祺　江寧人。
吴名　江寧人。
徐縉　江寧人。
邢寬　無爲州人，狀元。
夏瑜　吴縣人。
顧巽　長洲人。
顧讓　昆山人。
俞本　華亭人。
陳質　上海人。
殷時　丹陽人。
丁亨　宣城人。

劉從善　東流人。
王憲　合肥人。
鄭泰　舒城人。

尹弼　上元人。
達旺　江寧人。
胡玉　上元人。
王琳　溧陽人。
許震　吴縣人。
張經　昆山人。
魚侃　常熟人。
李源　華亭人。
董敬　武進人。
邵旻　通州人。
黄壽　五河人。

丁寧 五河人。　金皓 盧江人。
葛陵 盧江人。　張祐 含山人。
李茂 蕪湖人。

宣德

丁未科馬愉榜

周益友 望江人。　葉清 巢縣人。
吴惠 吴縣人。
虞貞 吴縣人。　蔣性中 松江人。
葉蓁 歙縣人。　李貴 定遠人。
劉遜 盱眙人。　吴鎰 合肥人。
桑宏 舒城人。

庚戌科林震榜

柳華 吴縣人。
趙忠 長洲人。
虞瑛 昆山人。　王復 昆山人。

張　梲① 長洲人。
王　通 山陽人。
沈　翼 山陽人。
吴　寧 歙縣人。
程　憲 婺源人。

癸丑科曹鼐榜

梅　森 上元人。
沈　謙 常熟人。
范　宗 吴江人。
唐世良 武進人。
羅　瑛 貴池人。
馬　諒 全椒人。

逯　端 武進人。
羅　寧 安東人。
楊　寧 歙縣人。
湯　鼎 無爲州人。

徐　瑆 吴縣人。
程　式 常熟人。
陳　璞 嘉定人。
汪　敬 婺源人。
方　果 合肥人。
吴　昇 懷寧人。

① 「梲」，《四庫》本作「祝」。

正統

丙辰科周旋榜

陶元素　上元人。

伊侃　吴縣人。

周觀　長洲人。

韋觀　武進人。

史潛　金壇人。

楊鏞　懷遠人。

程思温　婺源人。

李春　無爲人。

己未科施槃榜

倪謙　上元人。

鄒幹　江寧人。

張獻　吴縣人。

周賢　長洲人。

謝佑　桐城人。

顧瞻　長洲人。

龔理　昆山人。

黄輿　武進人。

方貴文　歙縣人。

陳翼　虹縣人。

康汝芳　祁門人。

張諫　句容人。

施槃　吴縣人，狀元。

祝顥　長洲人。

張和　昆山人。

夏遂　昆山人。
吕𡆵　常熟人。
錢溥　松江人。
王訥　無錫人。
王璟　海州人。
牛吉　徐州人。

壬戌科劉儼榜

芮釗　溧陽人。
朱驥　常熟人。
韓雍　長洲人。
沈訥　昆山人。
黄宗　松江人。
楊鏞　武進人。
黄諫　高郵人。
魏貞　懷遠人。
胡淵　廬江人。

張穆　昆山人。
莫震　吴江人。
楊璿　無錫人。
成始終　無錫人。
史敏　山陽人。

鄭温　吴縣人。
徐正　吴江人。
黄鑑　蘇州人。
陳浩　松江人。
秦顒　武進人。
吴瑞　山陽人。
程信　休寧人。
胡珉　舒城人。
薛遠　無爲人。

張瑄　江浦人。
倪讓　全椒人。
乙丑科商輅榜
張紳　句容人。
劉昌　吳縣人。
徐昌　昆山人。
葉盛　昆山人。
錢昕　常熟人。
陳璉　昆山人。
全智　上海人。
宋瑮　華亭人。
浦清　松江人。
陸愷　武進人。
卞榮　江陰人。
馬顒　山陽人。
趙昂　壽州人。
楊愈　蕪湖人。
章綸　桐城人。
唐維　吳縣人。
項聰　昆山人。
潘暄　嘉定人。
徐瑄　嘉定人。
錢博　華亭人。
盛俊　松江人。
方杲　合肥人。
陳璚　華亭人。
許篪　無錫人。
馬琓　丹陽人。
張讓　太平人。
許仕達　歙縣人。

李友聞　祁門人。
余廠　霍(邱)〔丘〕人。
劉會　英山人。
戴瑤　含山人。

戊辰科彭時榜

沈琮　上元人。
汪甫　潛山人。
陳鑑　長洲人。
瞿泰安　昆山人。
陳琦　昆山人。
梅倫　吴江人。
鄭文康　昆山人。
夏寅　松江人。
張鎜　華亭人。
周騤　松江人。
楊恕　華亭人。

胡深　祁門人。
羅紳　無爲人。
劉清　滁州人。

蔣敷　江寧人。
陸阜　吴縣人。
任孜　長洲人。
沈祥　昆山人。
吴淳　常熟人。
王汝霖　昆山人。
孫瓊　昆山人。
沈瓛　華亭人。
盛綸　松江人。
朱瑄　松江人。
毛玉　武進人。

王讓　武進人。

吳禮　武進人。

陳蘭　江陰人。

倪敬　無錫人。

錢澍　金壇人。

王豪　金壇人。

沈義　江都人。

謝環　海州人。

李瓚　山陽人。

楊宜　歙縣人。

韓敏　山陽人。

程旲　婺源人。

江真　歙縣人。

汪回顯　祁門人。

朱永寧　歙縣人。

謝騫　太平人。

李寬　盱眙人。

王璽　和州人。

戴昂　宿州人。

景泰

辛未柯潛榜

周欽　江寧人。

童軒　江寧人。

吳璘　上元人。

王惟善　上元人。

田斌　江寧人。

朱華　上元人。

曹景 句容人。
姚旭 桐城人。
周澂 吴縣人。
盛昶 吴江人。
李秉彝 昆山人。
陸昶 常熟人。
李毓 常熟人。
章表 常熟人。
周興 上海人。
袁愷 清浦人。
王與 武進人，探花。
高禮 華亭人。
劉觀 武進人。
周清 無錫人。
張述古 宜興人。
龔謙 高郵人。

潘鏞 上元人。
陳僎 吴縣人。
顧珣 吴縣人。
莫灝 吴江人。
章格 常熟人。
程宗 常熟人。
繆樸 常熟人。
王儀 常熟人。
王佑 華亭人。
唐瑜 上海人。
相傑 華亭人。
陳杰 武進人。
盛顒 無錫人。
徐溥 宜興人。
張海 安東人。
莊歙 歙縣人。

周斌 江都人。
孫仁 貴池人。
鄭時 舒城人。
葉鸞 舒城人。

甲戌科孫賢榜

浦鏞 上元人。
潘傑 上元人。
金紳 上元人。
胡寬 江寧人。
王璘 江寧人。
鄭瑛 六合人。
黄讓 蕪湖人。
蔣昂 長洲人。
杜庠 長洲人。
趙博 昆山人。
夏璣 昆山人。

靳敏 盱眙人。
吴琛 繁昌人。
張畀 巢縣人。

龍晋 上元人。
徐毅 上元人。
程泰 祁門人。
羅淮 江寧人。
王魯 溧水人。
吴貞 潛山人。
馮定 吴縣人。
孔鏞 長洲人。
顧瑾 昆山人。
錢俊 昆山人。
蔣紱 常熟人。

陳　璧　常熟人。
高宗本　常熟人。
李　清　松江人。
張　祚　松江人。
朱　倫　松江人。
郁文博　上海人。
葉　萱　松江人。
鄭　珪　松江人。
王　珪　松江人。
吴　玘　松江人。
徐　轄　武進人，探花。
楊　琛　無錫人。
徐　宗　通州人。
茂　彪　江都人。
甯　珍　丹徒人。
史　灌　山陽人。

楊　集　常熟人。
章　律　常熟人。
顔　正　松江人。
張　畹　松江人。
高　舉　松江人。
曹　泰　松江人。

王　績　松江人。
金　純　上海人。
沈　瓛　松江人。
孫　璠　無錫人。
杜　宥　江陰人。
蔣　敵　丹徒人。
葉　淇　山陽人。
吴　節　山陽人。
楊　璧　太平人。

劉永通 太平人。
趙昌 涇縣人。
鍾城 太平人。
朱紳 合肥人。
汪霖 六安人。
程景雲 休寧人。

天順

丁丑科黎淳榜

李慶 江寧人。
葉華 懷寧人。
莊澈 江寧人。
黃憲 桐城人。
汪洋 潛山人。
顧以山 吴江人。
劉瀚 長洲人。

陳孟晟 銅陵人。
張僖 靈壁人。
沈諶 合肥人。
方暕 歙縣人。
程永 婺源人。

朱貞 江寧人。
鄒和 上元人。
黃金 桐城人。
洪清 懷寧人。
方佑 桐城人。
范純 嘉定人。
張翥 長洲人。

陸鏞 昆山人。
湯琛 常熟人。
宋訥 上海人。
談倫 上海人。
鄭鼐 武進人。
李祥 清浦人。
鍾震 上海人。
孔宗顯 武進人。
胡信 丹徒人。
吴淵 武進人。
李安 丹陽人。
畢玉 山陽人。
吴真 歙縣人。
朱穩 婺源人。
夏志明 當塗人。
楊完 定遠人。

錢源 昆山人。
宋瑛 松江人。
唐珣 華亭人。
劉必賢 滁州人。
李澄 上海人。
吴沈 華亭人。
白昂 武進人。
嚴瑄 江陰人。
吉惠 丹徒人。
沈瑶 淮安人。
袁潔 丹徒人。
尹進 江都人。
程廣 婺源人。
端宏 當塗人。
章顯 廣德人。
柳瑛 臨淮人。

秦民悦　舒城人。

淩　文　上元人。

石　澄　滁州人。

庚辰科王一夔榜

沈　鍾　上元人。

徐　傅　長洲人。

盛　侅　吴江人。

王　倫　華亭人。

李宗羨　武進人。

談　經　無錫人。

沈　暉　宜興人。

王　誼　江陰人。

陳　讓　山陽人。

陳　峻　丹徒人。

盧　雍　江寧人。

王　徽　江寧人。

郭　經　昆山人。

張　悦　華亭人。

王　霽　上海人①。

陸　愉　武進人。

秦　夔　無錫人。

張　盛　宜興人。

葉　贄　山陽人。

吴　宣　丹徒人。

張　溥　江都人。

① 《四庫》本作「上元人」。

張鼒 江都人。

曹英 高郵人。

周銓 興化人。

王震 高郵人。

謝潤 祁門人。

饒欽 祁門人。

陳奎 海門人。

劉釗 當塗人。

汪豫 太平人。

郭昇 潁上人。

陸輝 靈璧人。

方全 廬江人。

潘貞 六安人。

朱賢 六安人。

黃瑮 全椒人。

甲申科彭教榜

周源 上元人。

倪岳 上元人。

夏時 太倉人。

張泰 太倉人。

吴鉞 昆山人，會元。

孫義 上元人。

翟瑄 上元人。

趙侃 嘉定人。

張玘 上元人。

何恂① 桐城人。

①《四庫》本作「何恂」。

周暄 吴縣人。

周觀 長洲人。

沈瑄 常熟人。

戴春 華亭人。

姜浩 上海人。

汪進 婺源人。

孫蕃 江都人。

陳輕 青陽人。

葉琦 祁門人。

陳道 泗州人。

曹宏 句容人。

朱萱 昆山人。

馬愈 嘉定人。

董綸 清浦人。

陳賓 無錫人。

汪杲 休寧人。

左曙 涇縣人。

黃澄 鳳陽人。

張謹 定遠人。

江南通志卷一百二十二

選舉志

進士 四

明

成化

丙戌羅倫榜

翟瑛 江寧人。　徐完 江寧人。

唐寬 上元人。　王浩 上元人。

金澤 江寧人。
强珍 溧陽人。
石淮 江浦人。
江弘濟 桐城人。
陳琦 吴縣人。
陳策 蘇州人。
顧福 吴縣人。
趙貞 長洲人。
管昌 昆山人。
徐恪 常熟人。
沈海 常熟人。
徐溥 嘉定人。
陶永淳 松江人。
張誥 華亭人。
曹鼐 松江人。
陸簡 武進人。

蔣誼 江寧人。
戴仁 句容人。
莊昶 江浦人。
吕讚 太湖人。
李秉衷 豐縣人。
林符 蘇州人。
胡琮 長洲人。
徐容 昆山人。
李傑 常熟人。
陸潤 常熟人。
金鼐 吴江人。
吴黼 松江人。
張弼 華亭人。
柳淳 松江人。
莫諲 松江人。
畢宗賢 武進人。

華秉彝　江陰人。
胡　熙　武進人。
顔　瑄　江陰人。
楊　理　山陽人。
乙　瑄　海州人。
馬　岱　江都人。
(邱)〔丘〕俊　江都人。
張　文　泰州人。
張　黻　婺源人。
汪　奎　婺源人。
王　達　涇縣人。
程　宏　祁門人。
李廷璋　石埭人。
孔　舉　舒城人。
吴　璋　全椒人。

薛爲學　武進人。
芮　畿　宜興人。
陳　蕙　江陰人。
羅　鵾　宿遷人。
石　渠　清河人。
柳　琰　儀徵人。
俞　俊　揚州人。
胡　敬　歙縣人。
程敏政　休寧人。
張　巘　泰州人。
李　紀　江都人。
汪　直　祁門人。
王　䄆　靈璧人。
錢　山　滁州人。

己丑科張昇榜

吳　珵　江寧人。
丁　鏞　上元人。
李　昊　上元人。
俞　祿　六合人。
李　璡　懷寧人。
張　習　吳縣人。
奚　昌　吳縣人。
朱　紳　昆山人。
瞿　俊　常熟人。
徐　尋　嘉定人。
李　良　嘉定人。
喬維翰　上海人。
沈　璐　上海人。
曹時中　松江人。
奚　昊　松江人。
鄧存德　江寧人。
湯　鼐　句容人。
許　暠　句容人。
王　瑞　望江人。
葉　祚　蘇州人。
顧　竑　吳縣人。
王　鼎　常熟人。
黃　著　吳江人。
陸　奎　嘉定人。
丁　溥　松江人。
侯　方　松江人。
金　爵　松江人。
張　衍　松江人。

白玢　武進人。
李睿　武進人。
邵珪　宜興人。
邵暉　宜興人。
趙祥　丹徒人。
張和　山陽人。
吳傑　江都人。
冀綺　寶應人。
汪正　歙縣人。
宋驥　舒城人。
顧佐　吳縣人。
張貞觀　沛縣人。
張斗　沛縣人。

壬辰科吳寬榜

黃謙　江寧人。
金源　上元人。

姚倫　武進人。
談綱　無錫人。
王纓　宜興人。
費誾　丹徒人。
沈純　山陽人。
張鋭　江都人。
高銓　江都人。
謝恭　休寧人。
黃文琰　祁門人。
楊惇　六安人。
李蕙　太平人。
張佶　徐州人。

俞璣　貴州前衛籍。
沈鎧　上元人。

吴文度　江寧人。
陳理　溧水人。
茆欽　溧水人。
賀元忠　吴縣人。
朱福　吴縣人。
顧慶餘　長洲人。
王經　長洲人。
高敞　昆山人。
蕭奎　常熟人。
董彝　常熟人。
沈鎏　嘉定人。
顧純　松江人。
蔣容　武進人。
白坦　武進人。
李震　宜興人。
楊一清　丹徒人。

任彦常　江寧人。
吴泰　江浦人。
彭恭　潛山人。
張瑾　吴縣人。
吴寬　長洲人，狀元。
文林　長洲人。
吴琳　長洲人。
姜昂　昆山人。
褚祚　常熟人。
瞿明　常熟人。
湯全　松江人。
濮晋　武進人。
卞譚　武進人。
邵賢　宜興人。
張昞　江陰人。
陳以忠　丹陽人。

達毅 丹徒人。
沈環 宿松人。
陳璧 高郵人。
吴郁 休寧人。
汪山 歙縣人。
江漢 旌德人。
謝理 太平人。

乙未科謝遷榜

俞經 江寧人。
陳鉞 溧陽人。
曹瀾 句容人。
袁宏 桐城人。
徐源 長洲人。
唐韶 常熟人。
吴瑞 昆山人。
秦巘 昆山人。

金迪 安東人。
毛鉉 興化人。
張稷 寶應人。
吴憲 歙縣人。
董綱 涇縣人。
吴凱 合肥人。

姚昺 江寧人。
繆樗 溧陽人。
余順 懷寧人。
柯忠 懷寧人。
王鏊 吴縣人。
顔涇 吴縣人。
劉杲 長洲人。
劉傅 嘉定人。

周木　常熟人。
金楷　嘉定人。
金章　上元人。
周儀　嘉定人。
王僑　昆山人。
秦蕃　常熟人。
張穀　上海人。
王沂　武進人。
華山　無錫人。
卜同　宜興人。
許芳　江陰人。
李琨　江陰人。
張樾　寶應人。
佟珍　淮安人。
吴珍　沭陽人。
潘洪　宿遷人。

吴洪　吴江人。
吴愈　昆山人。
孫裕　昆山人。
錢承德　常熟人。
王皋　華亭人。
陸怡　武進人。
趙溥　武進人。
吴淑　宜興人。
李雲　宜興人。
李參　江陰人。
冒政　泰州人。
陳相　泰州人。
尹珍　山陽人。
唐相　歙縣人。
陳謨　建德人。

方陟 合肥人。
仰昇 無爲人。
張超 臨淮人。
湯鼐 壽州人。
劉愷 滁州人。
鄒魯 太平人。
施裕 金山衛人。

戊戌科曾彦榜

伊乘 上元人。
王欽 上元籍，長洲人。
陳紋 上元人。
王進 上元人。
曹玉 江寧人。
張鑑 江寧人。
黄肅 六合人。
陳璚 長洲人。
沈元 長洲人。
虞臣 昆山人。
王倬 昆山人。
蔣廷貴 長洲人。
管琪 昆山人。
張翬 昆山人。
龔弘 蘇州人。
劉纓 蘇州人。
孫衍 華亭人。
陳粟 松江人。
顧達 崇明人。
陳章 華亭人。
許璘 華亭人。
王屏 華亭人。

周洪 上海人。
過鶴 無錫人。
宗鉞 宜興人。
魏璽 山陽人。
韋斌 山陽人。
葛瑄 高郵人。
鄭達 歙縣人。
方進 歙縣人。
吴裕 休寧人。
倪進賢 婺源人。
汪瀅 績溪人。
王珣 祁門人。
許濳 貴池人。
汪宗禮 繁昌人。
陳亮 廣德人。
李經 臨淮人。

周膺 武進人。
繆昌 無錫人。
丁璣 丹徒人。
顧達 淮安人。
史效 山陽人。
吴湜 歙縣人。
汪貴 歙縣人。
洪遠 歙縣人。
汪舜民 婺源人。
馮瑢 績溪人。
胡富 績溪人。
徐説 宣城人。
夏祚 太平人。
姜洪 廣德人。
王楫 虹縣人。
程泰 太和人。

張綱　來安人。
袁清　邳州人。

辛丑科王華榜

胡璟　江寧人。
梅純　江寧人。
王敞　江寧人。
熊宗德　江寧人。
薛英　長洲人。
顧源　長洲人。
孫霖　長洲人。
賈宗錫　常熟籍，鳳陽人。
馮玘　常熟人。
葉預　常熟人。
譚詔　松江人。
侯直　松江人。
王恩　華亭人。
陳秉彝　沭陽人。
孫珩　徐州人。
吴彦華　江寧人。
沈庠　上元人。
徐欽　江寧人。
方向　桐城人。
沈林　長洲人。
顧景祥　長洲人。
朱栻　昆山人。
聞釗　常熟人。
葉巒　常熟人。
趙寬　吴江人。
湯冕　華亭人。
倪黻　松江人。
張弘宜　松江人。

吳鳳鳴　松江人。
薛承學　武進人。
吕卣　無錫人。
劉維武　江陰人。
楊綸　丹陽人。
章啓　丹徒人。
孫榮　山陽人。
顧雄　通州人。
謝瑩　祁門人。
汪堅　婺源人。
張敏　祁門人。
韓福　天長人。
張佐　廣德州人。
葛鏞　嘉定人。

甲辰科李旻榜

張志淳　江寧人。

張縉　華亭人。
陳周　無錫人。
芮稷　宜興人。
儲材　宜興人。
孫昆　金壇人。
高雲　山陽人。
胡玉　泰州人。
黄華　歙縣人。
張寧　無爲州人。
陳效　南陵人。
陳延　定遠人。
王嶽　靈璧人。
余璘　廣德人。

馬瓛　江寧人。

俞雄 江寧人。
潘絡 上元人。
伊乘 江寧人。
高平 句容人。
曹暠 吴縣人。
陸瓛 吴縣人。
朱文 昆山人。
夏昂 吴縣人。
盛洪 昆山人。
郁容 常熟人。
蔡坤 常熟人。
李宗祐 嘉定人。
朱恩 昆山人。
黄金 松江人。
白圻 武進人。
陳昌 無錫人。

莊溥 江寧人。
陳言 上元人。
倪綱 句容人。
楊循吉 吴縣人。
沈杰 長洲人。
林鳳 吴縣人。
(邱)〔丘〕鎬 吴縣人。
沈瀚 昆山人。
陳愷 昆山人。
范輪 常熟人。
朱希吉 常熟人。
傅謐 崇明人。
姜清 松江人。
金獻民 上海人。
邵寶 無錫人。
莫聰 無錫人。

吳學 無錫人。
華烈 無錫人。
華玨 無錫人。
何義 江陰人。
匡翼之 贛榆人。
王益謙 安東人。
黄瓚 儀徵人。
方榮 歙縣人。
吳瀚 歙縣人。
程玠 歙縣人。
胡光 績溪人。
危容 懷寧人。
貢欽 宣城人。
趙竑 壽州人。
黄廣 潁上人。
陳大章 泗州人。

胡孝 宜興人。
張愷 無錫人。
陸里 宜興人。
孫冕 金壇人。
陳琳 睢寧人。
褚瓘 泰州人。
吳山 高郵人。
鮑楠 歙縣人。
曹祥 歙縣人。
潘珏 婺源人。
孫怡 祁門人。
張綸 宣城人。
郭鏞 鳳陽人。
黄金 定遠人。
姚壽 舒城人。
李贊 蕪湖人。

李貢　蕪湖人。
徐傑　繁昌人。

丁未科費宏榜

陳欽　江寧人。
張贇　上元人。
魯昂　江寧人。
錢灝　江寧人。
史學　溧陽人。
馮浩　江浦人。
毛珵　吳縣人。
倪天民　吳縣人。
陸完　長洲人。
陶纘　昆山人。
陸昆　昆山人。
蘇奎　常熟人。
吳鋆　吳江人。

汪宗器　繁昌人。
陳鎬　江寧人。
倪阜　上元人。
蔣浤　上元人。
胡汝礪　溧陽人。
潘楷　江寧人。
戴恩　潛山人。
張贇　吳縣人。
周亮采　吳縣人。
文森　長洲人。
徐璘　昆山人。
沈時　昆山人。
葉紳　吳江人。
楊瑛　嘉定人。

張瑋 蘇州人。
杜啓 吴縣人。
唐貞 華亭人。
袁翺 松江人。
張黼 松江人。
王珀 武進人。
俞世德 無錫人。
華津 無錫人。
方天然 江都人。
仲棐 寶應人。
唐弼 歙縣人。
汪璿 黟縣人。
沈淮 涇縣人。
程昊 祁門人。
吴必顯 石埭人。
張究 鳳陽人。

胡承 蘇州人。
王秩 昆山人。
韓鼐 松江人。
彭敷 華亭人。
吴崋 武進人。
吴儼 宜興人。
朱玨 無錫人。
屈霖 江陰人。
曹忠 江陰人。
邵棠 通州人。
汪侃 歙縣人。

章寬 涇縣人。
董傑 涇縣人。
胡昂 貴池人。
孫孺 鳳陽人。

胡顯宗 臨淮人。
李葵 潁州人。
張淳 合肥人。
王琚 望江人。
姜溥 廣德人。
趙容 和州人。
李性明 蕭縣人。

弘治

庚戌科錢福榜

胡拱 江寧人。
徐珫 江寧人。
劉溥 懷寧人。
吴玉榮 潛山人。
王俸 吴縣人。
徐珫 吴縣人。

張守亨 潁州人。
紀鏞 太和人。
丁榮 懷寧人。
戴初 建平人。
王珍 和州人。
楊錦 嘉定人。

張琮 江寧人。
陸徵 溧陽人。
雷宗 桐城人。
陸坦 吴縣人。
鍾永 吴縣人。
丁佩 長洲人。

張約 長洲人。
金冕 昆山人。
時中 常熟人。
盧翊 常熟人。
黄暐 金山衛人。
錢福 華亭人。
周佩 清浦人。
楊鉞 句容人。
許慶 武進人。
馮夔 無錫人。
楊文 無錫人。
陸廣 無錫人。
段敬 金壇人。
王瑩 山陽人。
馬繼祖 如皋人。
汪淵 歙縣人。

張安甫 昆山人。
周炯 常熟人。
朱稷 常熟人。
王哲 吴江人。
張綱 金山衛人。
張天爵 上海人。
唐貴 武進人。
趙欽 句容人。
徐絃 武進人。
羅柔 無錫人。
茹鑾 無錫人。
靳貴 丹徒人。
田祐 贛榆人。
仲本 寶應人。
沙立 徐州人。
何勝 歙縣人。

左然 涇縣人。
周冕 貴池人。
張金 廣德人。
孫鏞 定遠人。
王佩 六安人。

癸丑科毛澄榜

鄭允宣 上元人。
范琪 溧水人。
楊升 吴縣人。
沈燾 長洲人。
毛澄 昆山人。
黃清 昆山人。
顧守元 常熟人。
鄒韶 常熟人。
盛應期 吴江人。
宋楷 華亭人。

趙履祥 涇縣人。
張輝 石埭人。
石禄 滁州人。
軒廣 太和人。

李儀 上元人。
王弘 六合人。
王獻臣 吴縣人。
徐翊 長洲人。
馬慶 昆山人。
褚圻 常熟人。
曹鏷 吴江人。
吴一鵬 常熟人。
顧清 華亭人。
趙松 上海人。

錢啓宏　清浦人。
黄明　華亭人。
范鏞　華亭人。
白金　武進人。
秦金　無錫人。
王恂　無錫人。
王德　無錫人。
夏從壽　江陰人。
馮經　金壇人。
夏易　江都人。
吳焕　山陽人。
盧瀚　江都人。
陳玉　高郵人。
陳澍　高郵人。
程杲　祁門人。
李濬　鳳陽人。

王大用　上海人。
周昶　華亭人。
李希顔　華亭人。
錢榮　無錫人。
陳策　無錫人。
杭濟　宜興人。
陶廷威　江陰人。
薛格　江陰人。
居達　丹徒人。
鄭瑞　鹽城人。
高濟　江都人。
徐蕃　泰州人。
夏璲　高郵人。
冒鸞　如皋人。
程忠顯　歙縣人。
謝朝宣　臨淮人。

李　嶽　五河人。
胡　爟　蕪湖人。

丙辰科朱希周榜

高　節　上元人。
龍　寬　江寧人。
劉　麟　江寧人。
金　逵　江寧人。
金麒壽　上元人。
余　洙　溧陽人。
黄　宏　六合人。
嚴　經　吴縣人。
陸　冒　吴縣人。
皇甫録　長洲人。
朱希周　昆山人。
朱　熙　昆山人。
蔣　欽　常熟人。

蔚　春　合肥人。
邢　珣　當塗人。
楊　溥　江寧人。
吴大有　上元人。
李　熙　上元人。
史　後　溧陽人。
羅　鳳　江寧人。
弓　元　江浦人。
周　璽　太湖人。
陳　霽　吴縣人。
顧　璘　吴縣人。
顧　言　長洲人。
顧　潛　昆山人。
沈　信　昆山人。
陳　言　常熟人。

郁　勳　常熟人。
陳天祥　吴江人。
戴　冕　吴江人。
董　恬　松江人。
張弘至　松江人。
沈　恩　松江人。
曹　閔　松江人。
莊　檡　武進人。
唐　欽　武進人。
張邦瑞　宜興人。
華　昶　無錫人。
鄧　洹　無錫人。
高　寳　江陰人。
湯禮敬　丹陽人。
湯　沐　江陰人。
李　春　高郵人。

汝　泰　吴江人。
徐　忱　吴江人。
董　忱　松江人。
張鳴鳳　松江人。
趙　經　松江人。
楊　偉　松江人。
唐　錦　上海人。
楊　溢　武進人。
王　禾　武進人。
儲　秀　宜興人。
吕元大　無錫人。
黄　昭　江陰人。
袁　陽　丹徒人。
貢安甫　江陰人。
孫　炯　金壇人。
陳　瀾　山陽人。

趙鶴 江都人。
左唐 江都人。
張羽 泰興人。
徐昂 江都人。
程琯 歙縣人。
葉天爵 婺源人。
張芝 歙縣人。
吴宗周 宣城人。
汪循 休寧人。
左輔 涇縣人。
李嘉祥 貴池人。
張昊 天長人。
戴達 靈壁人。
潘鏜 六安人。

己未科倫文叙榜

張宏 江寧人。
胡獻 興化人。
張拱 寶應人。
周臣 通州人。
林正茂 泰州人。
程材 歙縣人。
吴遠 歙縣人。
戴銑 婺源人。
王壽 婺源人。
戴敏 婺源人。
吴景 南陵人。
徐聯 鳳陽人。
錢朝鳳 盧江人。
濮韶 當塗人。
史良佐 江寧籍，昆山人。

梁材　江寧人。
周鉞　高淳人。
丁楷　懷寧人。
賈銓　桐城人。
都穆　吴縣人。
許銘　吴縣人。
史鑑　長洲人。
周倫　昆山人。
吴蘭　昆山人。
錢仁夫　常熟人。
吴堂　常熟人。
徐江　吴江人。
陳良珊　華亭人。
徐南　上海人。
周塤　武進人。
黄俊　武進人。

鄭瓛　江寧人。
李楫　懷寧人。
賀泰　吴縣人。
倪議　吴縣人。
許應龍　長洲人。
周道禾　長洲人。
許立　昆山人。
杭東　昆山人。
周滌　常熟人。
丁仁　常熟人。
黄瑄　崇明人。
王泰　上海人。
曹豹　青浦人。
楊塤　武進人。
吴山　武進人。

芮　忠　宜興人。

葛　嵩　無錫人。

莫　息　無錫人。

杭　淮　宜興人。

高　貫　江陰人。

林　鶚　江陰人。

劉　乾　靖江人。

楊　清　清河人。

王　軏　江都人。

朱應登　寶應人。

唐　澤　歙縣人。

王大章　休寧人。

沙　鵬　江都人。

淩　相　通州人。

吳　漳　歙縣人。

汪　標　祁門人。

方　謙　祁門人。

王　蓋　宣城人。

於　彰　太平人。

呂　盛　建平人。

章　瑞　績溪人。

周　鉞　宿州人。

儲　珊　潁州人。

壬戌科康海榜

淩雲翰　上元人。

殷　鏊　江寧人。

姚　隆　江寧人。

金　賢　江寧人。

劉　弼　江寧人。

曹　昆　句容人。

曹岐　句容人。
雷宗　桐城人。
錢如京　桐城人。
嚴紘　江浦人。
劉布　長洲人。
朱衮　長洲人。
陳察　常熟人。
周用　吴江人。
沈炤　嘉定人。
張龍　上海人。
唐懽　華亭人。
郁侃　上海人。
徐問　武進人。
惲巍　武進人。
俞泰　無錫人。
薛金　無錫人。

丁沂　溧水人。
王材　望江人。
李淳　太湖人。
姚欽　吴縣人。
盛鍾　長洲人。
高嶼　昆山人。
陸經　常熟人。
陸鰲　吴江人。
王祖　華亭人。
張萱　青浦人。
宋昂　華亭人。
陸節　武進人。
王奎　武進人。
朱紘　無錫人。
儲南　宜興人。
卞思敏　江陰人。

蕭杲 丹徒人。
藍郁 鹽城人。
葉相 江都人。
楊果 興化人。
朱嘉會 寶應人。
汪鉉 婺源人。
梅珂 蕪湖人。
潘珍 婺源人。
汪彬 祁門人。

乙丑科顧鼎臣榜

沈環 上元人。
胡汝楫 溧陽人。
潘鵬 懷寧人。
徐縉 吴縣人。
顧棠 吴縣人。
陸芸 吴縣人。
虞夔 金壇人。
甯溥 山陽人。
吴閲 泰興人。
何棐 泰興人。
胡煜 歙縣人。
趙永 臨淮人。
方進 婺源人。
楊欽 合肥人。
王韋 江寧人。
黄琮 上元人。
蕭世賢 桐城人。
周明弼 吴縣人。
崔傑 吴縣人。
倪璋 吴縣人。

顧應祥　長洲人。
沈　環　長洲人。
魏　校　昆山人。
張文麟　常熟人。
顧　達　常熟人。
顧　綸　嘉定人。
安　磐　嘉定人。
徐貞卿　崇明人。
周　廣　崇明人。
陸　深　上海人。
陶　驥　上海人。
邵天和　宜興人。
顧可學　無錫人。
曹　仿　丹徒人。
王　栻　金壇人。
楊　輔　邳州人。

郁　浩　長洲人。
顧鼎臣　昆山人。
金　轂　昆山人。
王良翰　常熟人。
陳九章　吴江人。
楊　豳　嘉定人。
周　墨　崇明人。
朱　表　崇明人。
張　寬　崇明人。
張　鷗　上海人。
吴　哲　華亭人。
方　學　無錫人。
許　完　丹徒人。
張　簡　江陰人。
胡　璉　沭陽人。
索承學　邳州人。

高滂 江都人。
盛儀 江都人。
張翀 泰興人。
張承仁 泰州人。
潘旦 歙縣人。
潘選 婺源人。
程定 績溪人。
江文敏 旌德人。
陶金 天長人。
常道 來安人。

正德

戊辰科吕柟榜

景暘 上元人。
周金 江寧人。
羅輅 江寧人。

王儼 江都人。
夏歷 高郵人。
安金 江都人。
姚繼巖 通州人。
程文 婺源人。
李汎 祁門人。
章嵩 涇縣人。
陳鉞 鳳陽人。
曹琥 巢縣人。

鄭諫 江寧人。
邵鏞 江寧人。
易蓁 江寧人。

蔣達 江寧人。
黄志達 溧水人。
許路 桐城人。
薛瑞 長洲人。
方鵬 昆山人。
周愚 昆山人。
張申甫 昆山人。
王崧 長洲人。
吴巖 吴江人。
沈灼 嘉定人。
周坤 崇明人。
陸伸 崇明人。
姜岐 松江人。
蘇恩 松江人。
丁致詳 武進人。
陸巽章 武進人。

曹鏜 句容人。
余珊 桐城人。
倪璣 長洲人。
尤樾 長洲人。
蔡芝 昆山人。
方鳳 昆山人。
丁奉 常熟人。
吴山 吴江人。
申惠 吴江人。
史魯 嘉定人。
姜龍 崇明人。
張紘 上海人。
蔣愷 松江人。
毛汝乾 武進人。
陸範 武進人。
段金 武進人。

葛恒 無錫人。
陸禮 無錫人。
李覺 無錫人。
胡忠 宜興人。
唐鵬 丹徒人。
李元 山陽人。
楊谷 山陽人。
淩楷 通州人。
李穩 碭山人。
胡大全 歙縣人。
吴瓚 休寧人。
潘鑑 婺源人。
蕭瑞 涇縣人。
祝鑾 當塗人。
王芳 五河人。
彭辨之 六安人。

成周 無錫人。
顧可適 無錫人。
茹鳴鳳 無錫人。
徐度 江陰人。
王潮 丹徒人。
潘塤 山陽人。
高瑁 睢寧人。
王大用 儀徵人。
曹深 歙縣人。
王寵 歙縣人。
胡德 婺源人。
程昌 祁門人。
汪瑛 旌德人。
張永泰 定遠人。
魏境 合肥人。
于鏊 滁州人。

張楠 來安人。

辛未科楊愼榜

李重 江寧人。
王介 江寧人。
王以旂 江寧籍，吴縣人。
王瑋 江浦人。
陸俸 吴縣人。
陶麟 吴縣人。
歐洙 吴縣人。
祝續 長洲人。
柴奇 昆山人。
柴太 昆山人。
周震 昆山人。
湯繼文 常熟人。
金符 吴江人。
俞璋 吴縣人。
王鑾 江寧人。
何鉞 江寧人。
馬性魯 溧陽人。
齊之鸞 桐城人。
盧雍 吴縣人。
彭昉 吴縣人。
朱寅 長洲人。
徐明 長洲人。
任忠 昆山人。
毛震 昆山人。
周懋文 昆山人。
陳寰 常熟人。
何璧 崇明人。
金濂 上海人。

戴恩　華亭人。
楊璨　青浦人。
沈霽　華亭人。
李儒　華亭人。
蔣洽　武進人。
吴闓　武進人。
龔大有　武進人。
蔣益　武進人。
孫方　丹陽人。
尹京　山陽人。
俞敦　江都人。
陳應武　高郵人。
王紀　泰州人。
唐濂　歙縣人。
戴吉　婺源人。
戴祥　績溪人。

孫承恩　華亭人。
金皋　上海人。
宋臣　華亭人。
毛憲　武進人。
鄒輗　武進人。
蔣亨　武進人。
顧天佑　武進人。
李杲　宜興人。
于湛　金壇人。
徐晋　江都人。
何棠　泰興人。
韓鸞　泰州人。
儲洵　泰州人。
王錫　婺源人。
潘錡　婺源人。
張仕鎬　歙縣人。

王遵　宣城人。
汪珊　貴池人。
余翱　定遠人。
李鳳來　桐城人。

甲戌科唐皋榜

顧璩　上元人。
何遵　江寧人。
方楷　安慶人。
韓奕　吴縣人。
周鳳鳴　昆山人。
聞東昌　常熟人。
蔣山卿　常熟人。
王問　吴江人。
周在　崇明人。
王經　崇明人。
胡岳　華亭人。
貢珊　宣城人。
鄭正義　建德人。
沈俊　合肥人。
雷應龍　江寧人。
童楷　上元人。
黄訓　吴縣人。
顧佖　吴縣人。
蔣儀　昆山人。
浦旒　常熟人。
茅貢　常熟人。
唐恩　嘉定人。
唐符　崇明人。
吴鸞　崇明人。
金皞　上海人。

楊秉義　華亭人。
周鶆　華亭人。
吴稷　上海人。
蔣同人　武進人。
陸卿　無錫人。
顧可久　無錫人。
吴仕　宜興人。
戴仲倫　丹徒人。
孫悦　丹徒人。
萬雲鵬　鹽城人。
蔣承恩　儀徵人。
唐皋　歙縣人。
鄭佐　歙縣人。
葉天球　婺源人。
喻智　當塗人。
姚鳳　懷遠人。

陸翱　華亭人。
吕律　武進人。
喻義　無錫人。
張汝欽　無錫人。
錢憲　無錫人。
張萊　丹徒人。
吉棠　丹陽人。
蔡昂　山陽人。
陳輔　儀徵人。
張翾　泰興人。
吴繼隆　歙縣人。
胡松　績溪人。
李崧祥　貴池人。
潘潤　建平人。
曹驄　霍(邱)〔丘〕人。

薛蕙　亳州人。
方鐸　合肥人。
孫存　滁州人。

丁丑科舒芬榜

陳沂　上元人。
曹鎡　句容人。
胡侍　溧陽人。
李傑　六合人。
汪珊　望江人。
伍餘福　吴縣人。
朱臣　吴縣人。
王舜漁　昆山人。
陳逅　昆山人。
陸金　吴江人。
顧昺　吴江人。
顧濟　崇明人。

葛禬　合肥人。
鄭本公　霍山人。
楊翺　江寧人。
王暐　句容人。
蔣珙　溧陽人。
孔廕　江浦人。
張國紀　宿松人。
沈潑　吴縣人。
馬津　昆山人。
王舜耕　昆山人。
孫舟　昆山人。
儲良材　吴江人。
浦鉉　嘉定人。
朱洸　崇明人。

楊瑀 崇明人。
儲昱 松江人。
朱鼐 松江人。
曹懷 無錫人。
王瑞之 江陰人。
曹弘 江陰人。
王臯 金壇人。
丁瓚 丹徒人。
高淪 江都人。
孫峻 高郵人。
季方 高郵人。
方紀達 歙縣人。
程資 婺源人。
江元輔 婺源人。
胡宗明 績溪人。
梅鶚 旌德人。

張淮 崇明人。
朱豹 上海人。
曹鎡 武進人。
楊淮 無錫人。
王莘 江陰人。
蔣舜民 江陰人。
胡效才 沭陽人。
崔桐 海門人。
樓觀 江都人。
華湘 泰州人。
林時 歙縣人。
汪思 婺源人。
汪溱 祁門人。
鄭建 祁門人。
倪鶚 涇縣人。
陳鈇 貴池人。

何相　貴池人。
田秀　霍(邱)〔丘〕人。
王昆　靈璧人。
王祐　建平人。

辛巳科楊維聰榜

趙兑　上元人。
吴檄　桐城人。
朱鴻漸　吴縣人。
蔣詔　吴縣人。
查應兆　長洲人。
張寰　昆山人。
王同祖　昆山人。
吴瀚　吴縣人。
吴瀛　吴縣人。
瞿祥　常熟人。
管律　嘉定人。
王世禄　廣德人。
李紹賢　泗州人。
潘鋭　六安人。
夏宗仁　建平人。

何唐　桐城人。
朱珮　吴縣人。
吴文之　吴縣人。
朱紈　長洲人。
李松　長洲人。
張羽　昆山人。
陸鰲　昆山人。
屈儒　昆山人。
張鳳來　常熟人。
沈漢　吴江人。
王積　崇明人。

顧溱　崇明人。
施一德　崇明人。
富好禮　華亭人。
李翺　華亭人。
孫鑾　武進人。
龔大稔　武進人。
眭紘　武進人。
浦瑾　無錫人。
仲選　沭陽人。
佟應龍　山陽人。
高瀶　江都人。
王大化　儀徵人。
錢鐸　海門人。
潘鎰　婺源人。
謝霖　祁門人。
吴大本　宣城人。

王世芳　崇明人。
張寅　崇明人。
郁山　華亭人。
趙綸　上海人。
孫益　武進人。
惲釜　武進人。
華金　無錫人。
張衮　江陰人。
楊銓　邳州人。
劉守良　贛榆人。
吕綸　江都人。
徐嵩　泰州人。
鮑説　歙縣人。
潘潰　婺源人。
程輅　績溪人。
沈奎　涇縣人。

汪　堅　旌德人。
胡明善　霍(邱)〔丘〕人。
吴廷翰　無爲州人。
徐行健　鳳陽人。

嘉　靖

癸未科姚淶榜

司馬泰　江寧人。
陳　府　上元人。
狄　冲　溧陽人。
汪居安　桐城人。
魏應召　吴縣人。
劉　炯　長洲人。
顧夢圭　昆山人。
晋　憲　昆山人。
王　犗　昆山人。

端廷赦　太平人。
魏　珽　合肥人。
何　棟　巢縣人。

鄭　淮　上元人。
鄭　濂　江寧人。
汪　漢　懷寧人。
盧　襄　吴縣人。
朱　節　吴縣人。
王　庭　長洲人。
陸　冕　昆山人。
朱　觀　昆山人。
沈大楠　昆山人。

張京安　常熟人。
沈　韓　常熟人。
陸　堂　常熟人。
謝　表　常熟人。
盛應陽　吴江人。
單　鉞　嘉定人。
龔　轅　崇明人。
石英中　上海人。
張國維　上海人。
顧文隆　華亭人。
胡　統　武進人。
華　瀹　無錫人。
茹鳴金　無錫人。
鄔　紳　丹徒人。
王學古　金壇人。
胡有恒　山陽人。

馮　冠　常熟人。
王　評　常熟人。
夏玉麟　常熟人。
史　臣　吴江人。
毛　衢　吴江人。
范　箕　吴江人。
徐　階　華亭人。
潘　恩　上海人。
李白章　華亭人。
須　瀾　華亭人。
董　紹　武進人。
王　召　無錫人。
周　鰲　江陰人。
吴　淮　丹徒人。
盧　蕙　山陽人。
馬　坤　通州人。

李夢周　海門人。
程　旦　歙縣人。
胡道芳　歙縣人。
謝應龍　祁門人。
程　煌　婺源人。
魏景星　宣城人。
焦　煜　太平人。
孫　昺　太平人。
陳世輔　定遠人。
汪　琯　婺源人。
張　翀　全椒人。
陳　情　來安人。
吳　瀛　吳縣人。

丙戌科龔用卿榜

方　鵬　懷寧人。
張　夔　桐城人。

舒　經　徐州人。
方　潤　歙縣人。
方遠宜　歙縣人。
戴靜夫　休寧人。
葉　份　婺源人。
方　升　婺源人。
董　鋐　涇縣人。
許　琯　太平人。
謝朝輔　臨淮人。
許廷桂　蒙城人。
宋　錦　和州人。
吳昌齡　六安州人。

方　克　桐城人。
楊春芳　宿松人。

袁　袠　吴縣人。
沈　椿　吴縣人。
陸　粲　長洲人。
蔡子舉　昆山人。
楊　儀　常熟人。
周　懋　常熟人。
金　洲　嘉定人。
俞宗梁　吴縣人。
顧中立　華亭人。
馮　恩　松江人。
顧中孚　華亭人。
楊　僎　無錫人。
夏　雷　鹽城人。
查懋光　休寧人。
余　棐　婺源人。
汪仲成　績溪人。

王　守　吴縣人。
伊敏生　吴縣人。
查懋光　長洲人。
秦　鰲　昆山人。
沈　寅　常熟人。
陳仲録　吴江人。
諸　傑　上海人。
張　鵠　上海人。
葛　桂　上海人。
戴邦正　上海人。
華　察　無錫人。
談　愷　無錫人。
方　岑　江都人。
程　霆　婺源人。
蔣應奎　江都人。
戴嘉猷　績溪人。

張真 南陵人。
謝九成 繁昌人。
楊世相 潁州人。
杜璁 合肥人。

己丑科羅洪先榜

金清 上元人。
楊沔 句容人。
王穀祥 長洲人。
周臣 長洲人。
皇甫汸① 長洲人。
諸邦憲 昆山人。
張意 昆山人。
胡萬里 溧陽人。
高進 昆山人。
宋邦輔 東流人。
孫錦 宿州人。
戚賢 全椒人。
岳倫 無爲州人。
劉鳳 句容人。
丁祝 懷寧人。
吴子孝 長洲人。
張裕 長洲人。
孫雲 昆山人。
朱隆禧 昆山人。
王三錫 昆山人。
陳儒 昆山人。
張文鳳 常熟人。

① 「汸」,《四庫》本作「汸」。

范來賢　長洲人。
周　相　吴江人。
郟　鼎　崇明人。
沈　愷　華亭人。
徐宗魯　華亭人。
王　袁　無錫人。
黄正色　無錫人。
曹　察　無錫人。
眭　曄　丹陽人。
胡思忠　桃源人。
程　烈　歙縣人。
黄　訓　歙縣人。
王　鉅　婺源人。
黄　福　休寧人。
蔣　貫　祁門人。
方　涯　太平人。

陳　鈬　長洲人。
(邱)〔丘〕峻　嘉定人。
曹　逵　崇明人。
朱　深　華亭人。
唐順之　武進人。
安如山　無錫人。
張　選　無錫人。
薛　甲　江陰人。
盧　淮　山陽人。
曾　銑　江都人。
鮑象賢　歙縣人。
汪尚寧　歙縣人。
方　舟　婺源人。
汪大受　婺源人。
鄭　恭　績溪人。
章允賢　青陽人。

柯喬 清陽人。①
褚寶 鳳陽人。
張溪 壽州人。
曾翀 霍(邱)〔丘〕人。
馮彬 溧陽人。
陳大綸 舒城人。

壬辰科林大欽榜

謝少南 上元人。
沈越 江寧人。
史際 溧陽人。
楊雷 吴縣人。
徐楨 長洲人。
周大禮 昆山人。
張玉桂 常熟人。

倪嵩 太平人。
劉昺 鳳陽人。
吴价 壽州人。
胡松 滁州人。
吕高 丹徒人。
繆希亮 溧陽人。

楊成 上元人。
張合 江寧人。
楊伊志 吴縣人。
伊敏生 吴縣人。
皇甫涍 長洲人。
朱桂 昆山人。
施雨 常熟人。

① 「清陽」，疑爲「青陽」之誤。

錢　籍　常熟人。
顧存仁　崇明人。
朱　默　崇明人。
唐國相　松江人。
宋　賢　華亭人。
包　節　華亭人。
周　山　武進人。
浦應麒　無錫人。
王　瑛　無錫人。
錢　亮　丹徒人。
茅　盤　丹徒人。
桑　喬　江都人。
張　遜　高郵人。
錢　嶸　通州人。
王獻芝　歙縣人。
余　光　祁門人。

張　珪　崇明人。
陳如綸　崇明人。
周復俊　崇明人。
王　教　松江人。
白　悦　武進人。
吴希孟　武進人。
尤　魯　無錫人。
承　林　江陰人。
嚴　寬　丹徒人。
林　春　泰州人。
賀　恩　儀徵人。
陸期范　興化人。
王　京　高郵人。
洪　垣　婺源人。
邢　址　當塗人。

董　玿　涇縣人。
左　鎰　涇縣人。
張　鷴　泗州人。
潘　高　合肥人。
潘子正　六安人。

乙未科韓應龍榜

許　穀　上元人。
馬從謙　溧陽人。
陳　鳳　江寧人。
謝　袞　桐城人。
馬承學　吴縣人。
陸　坤　昆山人。
盧　梗　昆山人。
沈　瀚　吴江人。
翁　燦　松江人。
曹嗣榮　松江人。

王廷幹　涇縣人。
張翼翔　鳳陽人。
張光祖　潁州人。
陳　澍　合肥人。

朱尚質　句容人。
胡叔元　溧陽人。
徐　桂　潛山人。
錢邦彦　吴縣人。
王三接　昆山人。
錢　泮　常熟人。
陳　椿　吴江人。
趙　憲　上海人。
奚良輔　上海人。

陳瑚 華亭人。
包孝 華亭人。
吴性 武進人。
陳崇慶 武進人。
王立道 無錫人。
張珍 丹陽人。
楊上林 山陽人。
陳堯 通州人。
沈良才 泰州人。
謝鎰 祁門人。
舒遷 黟縣人。
顧承芳 臨淮人。
何成慶 霍(邱)〔丘〕人。
方介 合肥人。
吴藩 全椒人。

李人龍 松江人。
薛應旂 武進人。
姚文祐 武進人。
章甫 武進人。
陸子明 無錫人。
王曄 金壇人。
張旦 寶應人。
牛斗 山陽人。
吴應奎 休寧人。
吴瓊 祁門人。
徐祚 宣城人。
楊時秀 懷寧人。
李增 潁州人。
竇潤 滁州人。

戊戌科茅瓚榜

盧　璧　江寧人。
許東望　安慶人。
陳　鎏　吴縣人。
章　焕　長洲人。
李憲卿　昆山人。
張　情　昆山人。
李遇春　常熟人。
沈　啓　吴江人。
趙　汴　崇明人。
葉遇春　崇明人。
董子儀　上海人。
白若圭　武進人。
俞　憲　無錫人。
臧　珊　淮安人。
唐　臣　興化人。

王　心　上元人。
陸師道　吴縣人。
袁　衮　吴縣人。
倪　瑗　長洲人。
郭惟清　昆山人。
趙承謙　常熟人。
吴　昆　吴江人。
汝齊賢　吴江人。
朱家相　崇明人。
莫如忠　華亭人。
繆文龍　上海人。
王　問　無錫人。
馮　焕　臨淮人。
曹守貞　江都人。
汪　伊　歙縣人。

鮑道明　歙縣人。
查秉彝　婺源人。
游震得　婺源人。
周怡　太平人。
李綸　潁上人。
何慶元　六安人。
吴蘭　霍(邱)〔丘〕人。
孫孟　和州人。

辛丑科沈坤榜

邢一鳳　上元人。
殷邁　江寧人。
阮㕓　江寧人。
張鐸　江寧人。
盛汝謙　桐城人。
陳志　宿松人。
吴三樂　吴縣人。
胡川楫　歙縣人。
潘鉽　婺源人。
胡宗憲　績溪人。
楊金　太平人。
董子策　合肥人。
(邱)〔丘〕玳　六安人。
蔣宗魯　溧陽人。
張祥　上元人。
路伯鏜　江寧人。
齊傑　桐城人。
張科　太湖人。
嚴訥　常熟人。
范惟一　吴縣人。

劉璧 吴縣人。
徐岱 長洲人。
沈坤 昆山人。
俞鸞 昆山人。
浦之浩 嘉定人。
王忬 崇明人。
陸樹聲 華亭人。
吴天壽 上海人。
何良傅 華亭人。
謝應徵 華亭人。
董士弘 武進人。
王覺 武進人。
張詳 武進人。
華舜欽 無錫人。
吴楨 無錫人。
萬士亨 宜興人。

徐履祥 長洲人。
袁祖庚 長洲人。
金世龍 昆山人。
周玉 常熟人。
唐愛 嘉定人。
吴俊 嘉定人。
孫續 松江人。
唐志大 華亭人。
張鶚翼 上海人。
陸從大 華亭人。
蔣珊 武進人。
周敖 武進人。
夏子開 無錫人。
周俊民 無錫人。
華雲 無錫人。
萬士和 宜興人。

徐亮 江陰人。
朱應奎 丹陽人。
王景祥 歙縣人。
鄭維誠 祁門人。
梅守德 宣城人。
徐養正 青陽人。
楊吉 舒城人。
杜璁 合肥人。

甲辰科秦鳴雷榜

甘觀 上元人。
彭謙 溧陽人。
何璋 溧陽人。
阮鶚 桐城人。
戴完 桐城人。
何遷 江陰人。
張習 寶應人。
戴章甫 休寧人。
徐紳 建德人。
宋治① 臨淮人。
徐貢元 繁昌人。
鄭河 江寧人。
馬震章 溧陽人。
許彦忠 句容人。
趙釴 桐城人。
章士元 吴縣人。

① 「治」,《四庫》本作「治」。

戈九章　吳縣人。
皇甫濂　長洲人。
全　美　昆山人。
瞿景淳　常熟人。
朱　木　常熟人。
申思夔　吳江人。
淩汝志　太倉人。
王　會　華亭人。
宋　賢　華亭人。
彭應麟　華亭人。
蔣　孝　武進人。
金九成　武進人。
葉　材　武進人。
馮有年　無錫人。
李文麟　無錫人。
曹三暘　宜興人。

查懋昌　長洲人。
劉　鳳　長洲人。
張　侃　昆山人。
繆　宣　常熟人。
倪　潤　常熟人。
季德甫　太倉人。
袁福徵　松江人。
張承憲　華亭人。

楊允繩　松江人。
金九齡　武進人。
吳　嶽　武進人。
吳　情　無錫人。
俞　謹　無錫人。
尤　瑛　無錫人。
陳皋謨　江陰人。

劉光濟　江陰人。
王一陽　江都人。
吴昶　泰州人。
汪一中　歙縣人。
方瑜　歙縣人。
汪任　祁門人。
畢鏘　石埭人。
王詢　巢縣人。

丁未科李春芳榜

戴愬　江寧人。
馬一龍　溧陽人。
韓叔陽　高淳人。
張勉學　長洲人。
章美中　昆山人。
徐栻　常熟人。
張任　嘉定人。
胡景榮　江都人。
朱曰藩　寶應人。
王臣　歙縣人。
江珍　歙縣人。
汪垍　休寧人。
戚慎　宣城人。
劉崙　無爲人。
李春芳　興化人，狀元。
狄斯彬　溧陽人。
袁洪愈　吴縣人。
郭仁　長洲人。
顧柄　常熟人。
皇甫渙　吴江人。
淩雲翼　太倉人。

王世貞　太倉人。
徐　敦　太倉人。
楊豫孫　華亭人。
周思兼　華亭人。
龔　愷　華亭人。
朱大韶　松江人。
惲紹芳　武進人。
邵　德　無錫人。
沈　晃　丹徒人。
王　樵　鎮江人。
周　鏜　宿遷人。
何　璿　泰興人。
李　彬　泰州人。
吳國相　泰州人。
朱乾亨　徐州人。
程嗣功　歙縣人。

顧允揚　太倉人。
王任用　太倉人。
徐　陟　華亭人。
李昭祥　華亭人。
高　士　華亭人。
(邱)〔丘〕緯　武進人。
秦　梁　無錫人。
于　業　金壇人。
孫世芳　淮安人。
朱　箎　桃源人。
郝成性　江都人。
王陳策　泰州人。
孫　裒　如皋人。
汪道昆　歙縣人。
殷正茂　歙縣人。

鄭　綺　歙縣人。
高尚文　當塗人。
葉應麟　建德人。
吴仲禮　貴池人。
李心學　臨淮人。

庚戌科唐汝楫榜

黄　甲　上元人。
張　藴　高淳人。
錢　鑄　吴縣人。
歐　珮　吴縣人。
劉　畿　長洲人。
朱景賢　昆山人。
陳治安　昆山人。
錢　庶　常熟人。
陳　諫　常熟人。
時　通　常熟人。

胡　曉　績溪人。

李一元　建德人。
章世仁　青陽人。

張翰翔　溧陽人。
欽拱極　吴縣人。
崔學履　吴縣人。
(邱)〔丘〕鵬　長洲人。
周後淑　昆山人。
沈紹慶　昆山人。
沈應魁　常熟人。
錢有威　常熟人。
錢之選　常熟人。
徐學詩　嘉定人。

張　琳　嘉定人。
孟羽正　華亭人。
袁世榮　松江人。
白啓常　武進人。
謝　教　武進人。
鄭伯興　無錫人。
陳斗南　鹽城人。
裴天祐　贛榆人。
周　岱　泰興人。
張　選　高郵人。
邵　齡　休寧人。
麻　瀛　宣城人。
查　絳　涇縣人。
陸　東　銅陵人。
沈應乾　五河人。
王文翰　蒙城人。

沈　陽　嘉定人。
董傳策　松江人。
孫應魁　上海人。
黄憲卿　武進人。
馬　濂　無錫人。
薛如淮　江陰人。
葉　恩　山陽人。
蕭可教　江都人。
宗　臣　興化人。
方弘静　歙縣人。
方邦慶　婺源人。
孫　濬　宣城人。
施堯臣　青陽人。
巫繼咸　廣德人。
甯　珂　廣德人。
吴國寶　無爲州人。

姚世熙 舒城人。

曹　本 巢縣人。

癸丑科陳謹榜

何汝健 上元人。

胡汝嘉 江寧人。

朱　賢 江浦人。

於惟一 懷寧人。

林有望 桐城人。

燕仲義 吴縣人。

徐君楫 長洲人。

顧章志 太倉人。

王　宇 昆山人。

許從龍 昆山人。

沈熙載 昆山人。

張書紳 常熟人。

龎　遠 吴江人。

柳希玭 廬江人。

王可立 來安人。

江　奎 句容人。

汪若泮 江浦人。

齊　遇 桐城人。

全　燕 潛山人。

鄒　察 長洲人。

歸大道 長洲人。

徐　爌 太倉人。

戴文奎 昆山人。

淩邦奇 昆山人。

劉　泉 常熟人。

宋繼祖 常熟人。

吴邦楨 吴江人。

王可大　吴江人。
吴承燾　吴江人。
顧曾唯　吴江人。
周道光　太倉人。
曹　灼　太倉人。
唐自化　上海人。
華秉中　松江人。
龔　情　松江人。
萬　鵬　武進人。
秦　禾　無錫人。
党　緒　無錫人。
楊　準　宜興人。
趙與治　江陰人。
曹天章　金壇人。
夏　儒　丹徒人。
淩　儒　泰州人。

徐師曾　吴江人。
葉可成　吴江人。
張九一　嘉定人。
張大韶　太倉人。
屠　寬　上海人。
余文榮　青浦人。
唐繼禄　上海人。
吴可行　武進人。

汪汝達　無錫人。
祝舜齡　無錫人。
陳　甲　江陰人。
季　科　江陰人。
姜　寶　鎮江人。
季永康　鹽城人。
孫應鰲　如皋人。

史起蟄　江都人。
方良曙　歙縣人。
江一麟　婺源人。
李叔和　祁門人。
方　敏　祁門人。
許汝驥　寧國人。
張烈文　巢縣人。

丙辰科諸大綬榜

姚汝循　上元人。
阮自嵩　桐城人。
馮　符　吴縣人。
葛　綸　昆山人。
查光述　常熟人。
錢于鄰　吴江人。
姚體信　松江人。
楊　銓　松江人。
程　金　歙縣人。
程廷策　休寧人。
汪春時　婺源人。

何　熣　南陵人。
何惟愨　蒙城人。

吴宗周　懷寧人。
吴一介　桐城人。
楊　成　長洲人。
葛邦典　常熟人。
陳　瓚　常熟人。
王道充　太倉人。
趙　灼　上海人。
楊道亨　松江人。

夏　時　松江人。
趙大河　江陰人。
袁　隨　通州人。
張　瞻　高郵人。
鄒應龍　江都人。
李承式　泰興人。
尹　校　歙縣人。
唐汝迪　宣城人。
施篤臣　青陽人。
解明瑞　太平人。
常三省　泗州人。
楊　兆　舒城人。
謝　封　無爲州人。
徐必進　六安人。

己未科丁士美榜

皮　豹　上元人。

包櫰芳　松江人。
胡應嘉　淮安人。
陳應詔　泰州人。
黃　鶚　泰州人。
陳　汲　泰州人。
程大賓　歙縣人。
葉宗春　祁門人。
屠羲英　寧國人。
方　新　青陽人。
李　維　蒙城人。
張人紀　合肥人。
張　諧　六合人。
金　甌　六安人。
沈　桂　無爲州人。
侯必登　上元人。

朱　纁　溧陽人。
雷鳴春　懷寧人。
萬　慶　和州人。
王天爵　吴縣人。
蔣　彬　吴縣人。
張憲臣　昆山人。
錢順時　常熟人。
王世懋　太倉人。
張　烈　松江人。
顧名世　上海人。
秦嘉楫　上海人。
陳紹登　武進人。
吴　椿　武進人。
徐卿龍　無錫人。
沈　奎　江陰人。
曹　棟　丹徒人。

韓邦憲　高淳人。
程光甸　太湖人。
戈九疇　吴縣人。
顧　堅　吴縣人。
范惟丕　吴縣人。
徐廷祼　昆山人。
沈人种　嘉定人。
張振之　太倉人。
張仲謙　上海人。
包　汴　松江人。
金　定　松江人。
趙熙靖　武進人。
華汝礪　無錫人。
張子仁　無錫人。
李　琦　江陰人。
荆文照　丹陽人。

賀邦泰　丹陽人。
丁士美　清河人。
錢　藻　如皋人。
顧　奎　通州人。
解　宋　興化人。
王天爵　歙縣人。
王之翰　祁門人。
許天贈　黟縣人。
余敬中　銅陵人。
李學禮　潁州人。
楊　吉　舒城人。
邵夢麟　滁州人。

壬戌科徐時行榜

朱潤身　江寧人。
徐時行　吴縣人。
馬顧澤　長洲人。

張祥鳶　金壇人。
鮑宗沂　江都人。
顧廷對　泰州人。
趙　宋　興化人。
程道東　歙縣人。
游醇卿　婺源人。
汪如海　黟縣人。
翟　台　涇縣人。
李　紀　泗州人。
蔡　悉　合肥人。
張　翰　溧陽人。

吴自峒　桐城人。
盛時選　吴縣人。
郭諫臣　長洲人。

王問臣　長洲人。
孫以仁　昆山人。
吴　鎮　常熟人。
王錫命　嘉定人。
潘允端　上海人。
艾可久　上海人。
蔣致大　武進人。
華啓直　無錫人。
祝尚義　山陽人。
蘇　愚　如臯人。
劉　泮　江都人。
淩　琯　歙縣人。
李寅賓　婺源人。
徐元氣　宣城人。
鄭　欽　涇縣人。
吕一静　貴池人。

皮汝謙　英山人。
王嘉言　常熟人。
沈廷觀　嘉定人。
王錫爵　太倉人。
張從律　華亭人。
王訥言　武進人。
黄學海　無錫人。
張守中　高郵人。
陳大壯　通州人。
殷登瀛　宣城人。
鮑尚伊　歙縣人。
程文著　婺源人。
趙　睿　涇縣人。
周希旦　旌德人。
馬近奎　貴池人。
王　謨　潁州人。

劉繼文　靈壁人。

萬振孫　合肥人。

崔　鏞　潁上人。

乙丑科范應期榜

伊在庭　江寧人。

邵元哲　上元人。

楊家相　江寧人。

李良臣　江寧人。

鄭宣化　上元人。

蔣思孝　溧陽人。

笪東光　句容人。

胡效才　桐城人。

李鳴謙　桐城人。

顧　綬　吴縣人。

袁尊尼　長洲人。

蔣夢龍　長洲人。

陸士鰲　長洲人。

陸　肇　長洲人。

金應徵　長洲人。

王執禮　昆山人。

歸有光　昆山人。

潘志伊　吴江人。

陳王道　昆山人。

錢錫汝　吴江人。

陳王道　吴江人。

李汝節　嘉定人。

王　圻　嘉定人。

嚴汝麟　嘉定人。

周　鐸　太倉人。

徐汝翼　上海人。

陳懿德 青浦人。
盛居晋 松江人。
盛當時 華亭人。
潘允哲 上海人。
李自華 松江人。
唐一麐 武進人。
王　鑑 無錫人。
顧應龍 無錫人。
范　崙 丹徒人。
馮汝騏 金壇人。
龔　紱 高郵人。
徐元泰 宣城人。
余一龍 婺源人。
余一貫 婺源人。
許天贈 黟縣人。
查　驛 涇縣人。

張明正 華亭人。
喬懋敬 上海人。
陸萬鍾 青浦人。
陸樹德 華亭人。
季　膺 華亭人。
李世臣 武進人。
周子義 無錫人。
胡　涍 無錫人。
曹　愼 丹徒人。
匡　鐸 贛榆人。
顧養謙 通州人。
許　國 歙縣人。
游應乾 婺源人。
汪文輝 婺源人。
張克家 宣城人。
朱一松 寧國人。

陳　宣　太平人。
湯希閔　石埭人。
李得陽　廣德人。
王之屏　潁州人。
許　乾　合肥人。
李　棠　巢縣人。
陳　琦　來安人。

孫濟遠　當塗人。
李　謨　廣德人。
戚　杰　泗州人。
李薦佳　潁州人。
顧　問　無爲州人。
梁子琦　廬州人。

江南通志卷一百二十三

選舉志

進士　五

明

隆　慶

戊辰科羅萬化榜

李逢陽　江寧人。

吴自新　江寧人。

叢文蔚　江寧人。

鍾遐齡　溧陽人。

楊　言　句容人。
張　淳　桐城人。
吳肇東　太湖人。
鄭　準　吳縣人。
韓世能　長洲人。
馮時雨　長洲人。
闞成章　長洲人。
劉　倬　長洲人。
許承周①
王一誠　昆山人。
蔣以忠　常熟人。
殷　濡　常熟人。
孫從龍　吳江人。
沈　位　吳江人。

高一登　句容人。
王　頤　潛山人。
殷建中　吳縣人。
徐顯卿　長洲人。
袁一虬　長洲人。
湯聘尹　長洲人。
顧梁材　長洲人。
陳允升　昆山人。
錢德順　常熟人。
顧大典　吳江人。
毛圖南　吳江人。

① 此人里籍闕。

王鼎爵 太倉人。
宋堯武 松江人。
林景暘 華亭人。
張明化 華亭人。
曹 銑 松江人。
謝良琦 武進人。
龔 勉 武進人。
錢 普 無錫人。
施夢龍 無錫人。
張朝瑞 海州人。
樓懋中 江都人。
黃應坤 歙縣人。
張一桂 歙縣人。
黃金色 休寧人。
余懋學 婺源人。
吴自新 祁門人。

王周紹 太倉人。
喬 木 上海人。
蔡汝賢 松江人。
陸從平 華亭人。
須用賓 武進人。
顧顯仁 武進人。
華叔陽 無錫人。
唐 裔 無錫人。
賈應璧 無錫人。
蔣 科 泰州人。
張 桐 泰州人。
汪在前 歙縣人。
王 鏻 休寧人。
胡用賓 婺源人。
謝宗倫 祁門人。
徐大任 宣城人。

江廷寄　旌德人。
施近臣　青陽人。
李一中　建德人。
徐學詩　靈璧人。
江以東　全椒人。

辛未科張元忭榜

蕭崇業　上元人。
王敬民　句容人。
劉尚志　懷寧人。
王嘉柔　潛山人。
劉　珹　吴縣人。
勞遜志　吴縣人。
金應照　吴縣人。
顧其志　長洲人。
丁元復　長洲人。
劉玉成　長洲人。

焦元鑑　太平人。
徐秋鶚　青陽人。
謝良弼　泗州人。
王恩民　合肥人。

阮尚賓　江寧人。
史繼志　溧陽人。

武尚耕　溧水人。
姚純臣　吴縣人。
馮　笏　吴縣人。
宋存德　吴縣人。
王炳衡　長洲人。
顧九思　長洲人。
唐應元　昆山人。

沈應科　常熟人。
錢　岱　常熟人。
侯堯封　嘉定人。
管志道　太倉人。
俞汝爲　松江人。
李伯春　松江人。
唐本堯　上海人。
高文炳　上海人。
吳中行　武進人。
楊　德　武進人。
吳汝倫　無錫人。
趙用賢　江陰人。
范鳴謙　江陰人。
卓於彦　睢寧人。
荆光裕　丹陽人。
陳大科　通州人。

趙用賢　常熟人。
吳　秀　吳江人。
楊士元　太倉人。
吳之彦　太倉人。
金從洋　華亭人。
許樂善　華亭人。
馮時可　華亭人。
潘伯狆　松江人。
唐鶴徵　武進人。
施　策　無錫人。
秦　燿　無錫人。
曹司勳　宜興人。
李　貞　海州人。
卜維新　丹徒人。
戴洪恩　江都人。
方　揚　歙縣人。

吳之美　泰州人。
汪彦冲　歙縣人。
張應元　休寧人。
曹　誥　休寧人。
王世能　宣城人。
詹　沂　宣城人。
蕭　彦　涇縣人。
趙善政　涇縣人。
施天麟　青陽人。
梅　淳　太平人。
李天植　廣德人。
孫　謀　泗州人。
徐學禮　靈壁人。
潘雲祥　合肥人。
郝孔昭　來安人。

羅應鶴　歙縣人。
曹　樓　歙縣人。
胡　宥　休寧人。
葉時新　休寧人。
俞文達　婺源人。
許夢熊　南陵人。
蕭良幹　涇縣人。
鄭　鋭　涇縣人。
王應乾　東流人。
夏良心　廣德人。
孫秉陽　懷遠人。
趙　卿　泗州人。
李　貞　潁州人。
黄道年　合肥人。
石應岳　來安人。

萬〔歷〕〔曆〕

甲戌科孫繼皋榜

余孟麟　江寧籍，祁門人。
張國輔　江寧人。
薛道生　吴縣人。
劉弘道　吴縣人。
羅應兆　吴縣人。
陸　檄　長洲人。
韓國楨　長洲人。
支可大　昆山人。
顧夢鯉　昆山人。
方　範　昆山人。
蕭應宫　常熟人。
何　鑛　常熟人。
沈　璟　吴江人。
王　橋　上元人。
容若玉　懷寧人。
顧起淹　吴縣人。
俞良史　吴縣人。
戈大本　吴縣人。
金　和　長洲人。
王炳璿　昆山人。
朱熙洽　昆山人。
陳國華　常熟人。
黄時雨　常熟人。
黄　門　常熟人。
馬　貫　吴江人。

龔錫爵　嘉定人。
陳夢庚　松江人。
陳正誼　松江人。
王國賓　武進人。
褚　棟　武進人。
嵇應科　武進人。
鄒迪光　無錫人。
黄體乾　宜興人。
馬　洛　如皋人。
袁應祺　泰興人。
江東之　歙縣人。
陳與郊　歙縣人。
汪應蛟　婺源人。
貢靖國　宣城人。
陳邦彦　青陽人。
吴　定　臨淮人。

毛　在　太倉人。
徐元春　松江人。
徐三重　松江人。
楊以忠　武進人。
李際春　武進人。
孫繼皋　無錫人，狀元。
蔡惟亨　無錫人。
夏應星　鹽城人。
陳應芳　泰州人。
黄雲龍　歙縣人。
程有守　歙縣人。
范　涞　休寧人。
余啓元　婺源人。
佘毅中　銅陵人。
謝　裘　當塗人。
張夢蟾　壽州人。

李　寀　舒城人。

丁丑科沈懋學榜

史繼辰　溧陽人。
盛世承　桐城人。
陳　曎　吳縣人。
張文奇　長洲人。
徐　申　長洲人。
黃　鍾　長洲人。
周汝礪　昆山人。
馬玉麟　昆山人。
王之麟　常熟人。
沈季文　吳江人。
蘇　酇　太倉人。
王明時　華亭人。
潘元和　華亭人。
吳之鵬　武進人。
任可容　懷寧人。
黃學顏　吳縣人。
趙一鵬　吳縣人。
張鼎思　長洲人。
吳安國　長洲人。
徐　桂　長洲人。
張　棟　昆山人。
顧雲程　常熟人。
沈孚聞　吳江人。
顧紹芳　太倉人。
張　新　太倉人。
陸承憲　松江人。
鍾宇淳　華亭人。
李應祥　無錫人。

嚴一鵬　無錫人。
俞　霑　宜興人。
吴夢熊　宜興人。
李一陽　鎮江人。
王　健　金壇人。
朱維藩　淮安人。
孫世貞　安東人。
章　潤　江都人。
方萬山　歙縣人。
朱朝聘　歙縣人。
趙　健　涇縣人。
賈三策　亳州人。
朱來遠　盧江人。

庚辰科張懋修榜

錢　濬　上元人。
王守素　溧水人。
萬象春　無錫人。
吴達可　宜興人。
劉際可　丹徒人。
浦　卿　丹徒人。
(邱)〔丘〕度　淮安人。
羊可立　安東人。
郭師古　如皋人。
李　植　泰興人。
程　奎　歙縣人。
沈懋學　宣城人，狀元。
吴文梓　青陽人。
李國士　亳州人。
張後甲　上元人。
陳　榛　句容人。

王嘉賓　句容人。
王希曾　懷寧人。
袁　年　吴縣人。
秦大夔　吴縣人。
徐泰時　長洲人。
褚九皋　長洲人。
伍袁萃　長洲人。
李同芳　昆山人。
張　恒　嘉定人。
吴之龍　武進人。
顧憲成　無錫人。
侯先春　無錫人。
茅崇本　丹徒人。
史邦戴　江陰人。
姜士昌　丹徒人。
張　肇　丹陽人。

吴嶽秀　懷遠人。
葉隆光　懷寧人。
葉初春　吴縣人。
陸　忭　長洲人。
鄒龍光　長洲人。
尤錫類　長洲人。
吴之佳　長洲人。
鄒雲鵬　吴江人。
江有源　太倉人。
褚國祥　武進人。
盧文勳　無錫人。
路雲龍　宜興人。
蔣瑞卿　宜興人。
朱運昌　丹徒人。
湯日昭　鎮江人。
于文熙　金壇人。

于孔兼　金壇人。

閻士選　江都人。

楊同善　泰興人。

張鶴鳴　徐州人。

蔡逢時　宣城人。

趙士登　涇縣人。

王道增　潁州人。

史善言　天長人。

彭夢祖　全椒人。

楊于庭　全椒人。

盧　泮　無爲州人。

汪應泰　無爲州人。

癸未科朱國祚榜

何淳之　江寧人。

陳舜仁　上元人。

汪道亨　懷寧人。

何必麟　太湖人。

申用懋　吴縣人。

王有功　吴縣人。

韓光曙　吴縣人。

秦　嵩　吴縣人。

周子文　長洲人。

徐應聘　昆山人。

袁應陽　常熟人。

龔聞道　常熟人。

周　策　吴江人。

殷　都　嘉定人。

時偕行　嘉定人。

何　選　嘉定人。

嚴佩環　嘉定人。

陸起龍　太倉州人。

沈昌期　太倉人。
俞顯卿　松江人。
何　鯉　武進人。
錢一本　武進人。
史孟麟　宜興人。
蔣應宸　宜興人。
王堯封　金壇人。
于玉立　金壇人。
陳汝麟　徐州人。
邵　庶　休寧人。
吴堯臣　休寧人。
張應揚　休寧人。
麻　溶　宣城人。
胡篤卿　太平人。
徐　榜　涇縣人。
楊應聘　懷遠人。

方應選　華亭人。
盧夢錫　華亭人。
龔道立　武進人。
徐常吉　武進人。
俞士章　宜興人。
袁一驥　江陰人。
張宗載　丹徒人。
程　文　歙縣人。
汪　焕　休寧人。
潘士藻　婺源人。
程朝宗　休寧人。
梅鹍祚　宣城人。
蕭　雍　涇縣人。
陳一簡　繁昌人。
田　勸　潁州人。
夏之臣　亳州人。

甯中立　潁州人。
蔡叔逵　合肥人。

丙戌科唐文獻榜

沈天啓　江寧人。
盛世翼　桐城人。
吴應賓　桐城人。
錢允元　吴縣人。
周嗣哲　吴縣人。
孫承榮　長洲人。
李大武　長洲人。
諸壽賢　昆山人。
柴堯年　昆山人。
顧雲鳳　常熟人。
袁光宇　常熟人。
沈　瓚　吴江人。
毛壽南　吴江人。

賈　巖　滁州人。
董肇應　江寧人。
方大美　桐城人。
徐堯莘　潛山人。
徐元正　吴縣人。
姚尚德　長洲人。
顧時化　長洲人。
陸　經　長洲人。
顧允元　昆山人。
周元暐　昆山人。
邵　鏊　常熟人。
周　琦　常熟人。
葉重第　吴江人。
袁　黃　吴江人。

嚴正邦　嘉定人。

浦士衡　太倉人。

唐文獻　華亭人，狀元。

王就學　武進人。

安希范　無錫人。

顧龍楨　無錫人。

婁希亮　無錫人。

張令聞　江陰人。

于仕廉　金壇人。

盛　稔　儀徵人。

程子鈇　歙縣人。

吴中明　歙縣人。

吴應明　歙縣人。

梅守峻　宣城人。

葉　煒　宣城人。

黄道月　合肥人。

陸大成　太倉人。

張輔之　太倉人。

章憲文　華亭人。

褚國賢　武進人。

韓　文　無錫人。

顧允成　無錫人。

何淳之　無錫人。

吴之望　丹徒人。

楊伯珂　淮安人。

李　杜　泰興人。

方元彦　歙縣人。

金繼震　休寧人。

顧文選　宣城人。

徐夢麟　宣城人。

江有源　無爲人。

己丑科焦竑榜

焦　竑　江寧人。
楊　材　懷寧人。
衛　勳　吴縣人。
章士雅　吴縣人。
朱世節　昆山人。
王臨亨　昆山人。
王　孝　吴江人。
蔣　杰　吴江人。
王士騏　太倉人。
錢　桓　太倉人。
董其昌　松江人。
陳所藴　上海人。
李叔春　華亭人。
吴　炯　松江人。
薛敷教　武進人。

何湛之　江寧人。
方大鎮　桐城人。
沈麟祥　吴縣人。
王禹聲　長洲人。
陸夢履　昆山人。
徐維濂　昆山人。
儲純臣　吴江人。
李先芳　嘉定人。
黄元勳　太倉人。
孫文龍　太倉人。
殷廷樞　華亭人。
陸彦章　華亭人。
朱正色　上海人。
李尚衮　金山人。
唐效純　武進人。

蔣良鼎　武進人。
周繼昌　無錫人。
楊應文　無錫人。
高攀龍　無錫人。
吳正志　宜興人。
潘守正　武進人。
姜志禮　丹陽人。
朱思明　丹徒人。
吳　棐　山陽人。
宗名世　興化人。
洪文衡　歙縣人。
汪先岸　休寧人。
汪以時　婺源人。
梅守相　宣城人。
姚孟昱　繁昌人。
馬經綸　霍（邱）〔丘〕人。

葉茂才　無錫人。
華士標　無錫人。
陳幼學　無錫人。
華國榮　無錫人。
張納陛　宜興人。
儲昌祚　宜興人。
王肯堂　金壇人。
張世才　山陽人。
劉一臨　山陽人。
袁九皋　通州人。
黃全初　歙縣人。
汪可進　休寧人。
游朋孚　婺源人。
葉永盛　涇縣人。
何崇業　懷遠人。
李朝寅　霍（邱）〔丘〕人。

蔣應芝　宿州人。

壬辰科翁正春榜

沈鳳翔　上元人。

吴用光　桐城人。①

張應望　高淳人。

金士衡　長洲人。

顧天峻　昆山人，探花。

翁憲祥　常熟人。

李名芳　嘉定人。

嚴廷儀　嘉定人。

楊繼禮　華亭人。

沈時來　華亭人。

高承祚　華亭人。

劉純仁　武進人。

劉伯輝　懷寧人。

金忠士　宿松人。

管廷節　長洲人。

陸化淳　常熟人。

吴　默　吴江人。

顧自植　吴江人。

王在晋　太倉人。

朱嘉法　上海人。

唐之屏　青浦人。

夏景華　上海人。

周士英　武進人。

金汝升　武進人。

① 「光」，《四庫》本作「先」。

胡　澄　武進人。
孫學易　武進人。
堵維垣　無錫人。
謝得中　宜興人。
鍾鳴陞　丹陽人。
馮體乾　金壇人。
朱化孚　丹徒人。
楊武烈　歙縣人。
胡　玠　休寧人。
汪鳴鸞　婺源人。
余懋衡　婺源人。
胡國鑑　宣城人。
張應泰　涇縣人。
潘　謎　太平人。
張鶴鳴　潁州人。
賈　巖　滁州人。

吴海鰲　無錫人。
湯兆京　宜興人。
顧　言　江陰人。
丁鴻陽　丹陽人。
史　弼　金壇人。
徐來儀　興化人。
吴士奇　歙縣人。
金忠士　休寧人。

高登明　宣城人。
王文爟　涇縣人。
崔廷健　太平人。
馮應京　泗州人。
竇子偁　合肥人。

乙未科朱之蕃榜

朱之蕃　江寧人，狀元。
李景春　上元人。
丁　遂　江浦人。
何如寵　桐城人。
胡　瓚　桐城人。
徐如珂　吴縣人。
陳允堅　長洲人。
柴大履　昆山人。
張其廉　嘉定人。
陸彦楨　松江人。
王孫熙　華亭人。
洪　都　青浦人。
張本嘉　華亭人。
薛近兖　武進人。
劉元珍　無錫人。
張文暉　江寧人。
周　元　江寧人。
於國重　懷寧人。
何如申　桐城人。
范允臨　吴縣人。
李　鴻　長洲人。
顧秉謙　昆山人。
沈　琦　吴江人。
錢九思　松江人。
杜士全　上海人。
李中立　上海人。
戴士琳　上海人。
孫慎行　武進人。
鄭振先　武進人。
吴道行　宜興人。

陳于廷　宜興人。
徐希孟　金壇人。
周應秋　金壇人。
畢懋良　歙縣人。
洪養蒙　歙縣人。
吴宗堯　歙縣人。
洪世俊　歙縣人。
鮑應鰲　歙縣人。
葉鳳翶　婺源人。
汪尚誼　婺源人。
馮　偉　祁門人。
湯賓尹　宣城人。
管　橘　南陵人。
王一楨　青陽人。
甯瑞鯉　廣德人。
劉九光　潁州人。

華　鈺　丹徒人。
劉覲文　丹徒人。
徐天寵　江都人。
程　寰　歙縣人。
吴一新　歙縣人。
汪元功　歙縣人。
汪承爵　歙縣人。
汪國楠　婺源人。
汪起鵬　婺源人。
謝存仁　祁門人。
胡思伸　績溪人。
施善教　南陵人。
汪冀夔　南陵人。
檀之堅　建德人。
俞當泰　泗州人。
張鶴騰　潁州人。

趙元吉　合肥人。

戊戌科趙秉忠榜

顧起元　江寧人。

何棟如　江寧人。

吕昌期　溧陽人。

阮自華　懷寧人。

馬孟禎　桐城人。

張大咸　吴縣人。

沈從本　常熟人。

陸崇禮　常熟人。

須之彦　嘉定人。

陳嗣元　青浦人。

姚永濟　上海人。

莊則孝　松江人。

張師繹　武進人。

何士晋　宜興人。

潘　文　合肥人。

卜履吉　江寧人。

韓國藩　江寧人。

魏成忠　高淳人。

阮以鼎　懷寧人。

毛　堪　吴縣人。

曹爾禎　長洲人。

翁愈祥　常熟人。

周道登　吴江人。

顧士琦　太倉人。

劉嘉猷　上海人。

章元衡　華亭人。

張翼軫　金山人。

周士龍　武進人。

張邦紀　宜興人。

吴　元　宜興人。
李思誠　興化人。
黄建中　興化人。
洪翼聖　歙縣人。
畢懋康　歙縣人。
程克顯　婺源人。
潘之祥　婺源人。
程再尹　休寧人。
梅守和　宣城人。
劉仲斗　宣城人。
崔師訓　太平人。
劉光復　青陽人。
朱應鵬　當塗人。
王之屏　亳州人。
程希道　舒城人。
何慶元　六安人。

張履正　江陰人。
朱一馮　泰興人。
范鳳翼　通州人。

汪之彦　歙縣人。
游漢龍　婺源人。
程　宏　休寧人。
汪懷德　婺源人。
徐大望　宣城人。
黄一騰　寧國人。
李元調　太平人。
鄭三俊　建德人。
王養俊　廣德人。
劉　濟　合肥人。
王以寧　巢縣人。
宋之楨　六安人。

辛丑科張以誠榜

姚履素　上元人。
俞　彦　上元人。
姚若木　桐城人。
江世東　桐城人。
繆國維　吴縣人。
徐　鏌　長洲人。
葛錫璠　昆山人。
瞿汝説　常熟人。
趙士諤　吴江人。
周應偁　吴江人。
姚汝化　太倉人。
張所望　松江人。
林鳳鳴　松江人。
王應昌　武進人。
吴澄時　無錫人。
潘汝楨　桐城人。
姚之蘭　桐城人。
汪起鳳　吴縣人。
王世仁　長洲人。
李應昌　昆山人。
何琪枝　昆山人。
徐待聘　常熟人。
吕純如　吴江人。
王　衡　太倉人，榜眼。
張以誠　松江人，狀元。
徐(楨)〔禎〕稷　松江人。
吴　亮　武進人。
龔三益　武進人。
丁天毓　宜興人。

李守俊　宜興人。
王羲民　江陰人。
眭　石　丹陽人。
王應乾　睢寧人。
程子鰲　歙縣人。
洪佐聖　歙縣人。
程汝繼　婺源人。
濮陽春　宣城人。
崔　淐　太平人。
李徵儀　廣德人。
吳光儀　無爲州人。

甲辰科楊守勤榜

程國祥　上元人。
楊公瀚　溧水人。
吳應琦　桐城人。
戴耆顯　桐城人。

陳一教　宜興人。
徐大用　丹徒人。
史樹德　金壇人。
劉永澄　寶應人。
吳邦相　休寧人。
梅友月　婺源人。
楊日森　貴池人。
楊成喬　太平人。
錢　策　無爲州人。
朱萬春　無爲州人。
陶人群　溧陽人。
劉應昌　桐城人。
馬人龍　太湖人。
韓仲雍　高淳人。

朱邦楨　吴縣人。
淩漢翀　長洲人。
錢時俊　常熟人。
毛以焞　吴江人。
孫養正　吴江人。
莊元臣　吴江人。
鄭　棟　松江人。
陳國是　松江人。
王善繼　華亭人。
李淩雲　華亭人。
徐光啓　上海人。
姚士慎　松江人。
錢　春　武進人。
惲厥初　武進人。
鮑際明　無錫人。
吴宗達　宜興人。

孫承禄　長洲人。
周光祖　昆山人。
陸問禮　常熟人。
沈　珣　吴江人。
王家彦　吴江人。
王遇賓　太倉人。
黄體仁　上海人。
張　鼐　松江人。
吴爾成　松江人。
周　鉉　武進人。
陸卿榮　武進人。
華元禔　無錫人。
周炳謨　無錫人。
吴友賢　宜興人。

周廷侍　金壇人。
荆之琦　丹徒人。
馮曾檣　金壇人。
閻世科　山陽人。
史啓元　江都人。
張京元　泰興人。
王繼美　興化人。
吴國仕　歙縣人。
方道通　歙縣人。
盧　謙　盧江人。
汪　煇　休寧人。
張守道　宣城人。
胡允範　貴池人。
趙一韓　巢縣人。

丁未科黄士俊榜

徐鳳翔　江寧人。

談自省　丹徒人。
李　蔚　丹徒人。
高登龍　山陽人。
鄭茂華　江都人。
馬呈秀　江都人。
魏應嘉　興化人。
萬崇德　徐州人。
吴汝顯　歙縣人。
張泰階　歙縣人。
汪有功　歙縣人。
余懋孳　婺源人。
戴　新　南陵人。
李萬化　繁昌人。

王名登　溧水人。

余大成 江寧人。
厲昌譔 六合人。
倪應春 桐城人。
劉錫元 長洲人。
沈正宗 吴江人。
陳舜道 嘉定人。
金元嘉 吴江人。
陸獻明 太倉人。
錢龍錫 松江人。
李時榮 上海人。
喬拱璧 上海人。
吴　暘 武進人。
薛敷政 武進人。
鄒志隆 武進人。
馮士豪 無錫人。
湯啓華 宜興人。

姚之騏 桐城人。
左光斗 桐城人。
顧大章 常熟人。
陶朗先 吴江人。
李逢節 吴江人。
陳繼徵 吴江人。
袁思明 華亭人。
楊萬里 上海人。
張肇林 上海人。
陸完學 武進人。
陸大受 武進人。
董承詔 武進人。
許鼎臣 武進人。
華敦復 無錫人。
史垂則 宜興人。

蔣　謹　江陰人。
虞德隆　金壇人。
王納諫　江都人。
何南金　泰興人。
洪輔盛　歙縣人。
倪思輝　祁門人。
劉有源　南陵人。
屠元極　寧國人。
李文郁　合肥人。
劉汝佳　無爲州人。

庚戌科韓敬榜

顧起鳳　上元人。
陳萬善　高淳人。
汪元哲　六合人。
張秉文　桐城人。
金汝嘉　長洲人。

虞大復　金壇人。
周泰峙　金壇人。
賈先春　高郵人。
殷宗器　歙縣人。
汪三益　歙縣人。
舒榮都　黟縣人。
仙克謹　寧國人。
丁紹軾　貴池人。
濮中玉　舒城人。

史孔吉　溧陽人。
任國楨　懷寧人。

郭忠宁　吴縣人。
王志堅　昆山人。

李思啓　昆山人。
戴元威　常熟人。
孫枝芳　吴江人。
夏嘉遇　華亭人。
錢士貴　華亭人。
喬時敏　上海人。
潘大儒　上海人。
朱國盛　華亭人。
莊起元　武進人。
鄒之麟　武進人。
王念祖　武進人。
徐儀世　宜興人。
賀世壽　丹陽人。
李茂英　寶應人。
江秉謙　歙縣人。

陳世俊　昆山人。
王良臣　常熟人。
吴瑞徵　吴江人。
侯震暘　嘉定人。
陸　燧　上海人。
包鴻逵　華亭人。
(邱)〔丘〕履嘉　青浦人。
莊廷臣　武進人。
鄭振先　武進人。
吴　奕　武進人。
陳睿謨　武進人。
賈允元　無錫人。
尹嘉賓　江陰人。
陳爰諏　興化人。
唐　暉　歙縣人。
汪泗論　休寧人。

程　策　休寧人。

馮汝京　宣城人。

徐騰芳　宣城人。

祝可仕　當塗人。

張翼明　宿州人。

文三俊　舒城人。

陳于宸　英山人。

癸丑科周延儒榜

徐揚先　江寧人。

孔貞時　句容人。

楊朝棟　句容人。

方大鉉　桐城人。

齊琦名　桐城人。

方震孺　桐城人。

熊秉鑑　吴縣人。

胡汝淳　吴縣人。

唐公靖　宣城人。

沈有則　宣城人。

佘合中　銅陵人。

李一公　繁昌人。

袁鳴泰　合肥人。

程　註　英山人。

王祚遠　句容人。

陳應元　江寧人。

何　早　懷寧人。

葉　燦　桐城人。

黄文星　潛山人。

徐道登　吴縣人。

周順昌　吴縣人。

王心一　吴縣人。

周之楨 吴縣人。
俞琬綸 長洲人。
陳其柱 昆山人。
程玉潤 常熟人。
陳必謙 常熟人。
周宗建 吴江人。
周之謨 嘉定人。
宣大勳 嘉定人。
李繼貞 太倉人。
陸文獻 太倉人。
喬時英 上海人。
董羽宸 上海人。
陳敏吾 華亭人。
陳　甲 青浦人。
鄒應忠 武進人。
楊惟和 武進人。
徐　鑛 吴縣人。
張魯唯 昆山人。
朱大典 昆山人。
陸化熙 常熟人。
趙士許 吴江人。
甯繩武 吴江人。
沈振龍 吴江人。
黄元會 太倉人。
徐憲卿 太倉人。
張爾嘉 青浦人。
王元瑞 青浦人。
王庭梅 上海人。
朱本洽 上海人。
許譽卿 上海人。
白貽忠 武進人。
沈應時 無錫人。

秦延蒸　無錫人。
周　鼎　宜興人。
繆昌期　江陰人。
張　捷　丹陽人。
趙時用　江都人。
吳　甡　興化人。
白正蒙　通州人。
潘文龍　歙縣人。
殷之輅　宣城人。
王建和　貴池人。
李精白　潁州人。

丙辰科錢士升榜

孔貞運　句容人。
丁明登　江浦人。
阮大鋮　懷寧人。
方孔昭　桐城人。
周延儒　宜興人，狀元。
毛士龍　宜興人。
段　璞　金壇人。
高士望　山陽人。
劉弘宇　泰州人。
解學龍　興化人。
吳之俊　歙縣人。
汪康謡　休寧人。
吳伯與　宣城人。
羅尚忠　青陽人。
潘雲翼　合肥人。
汪元哲　六合人。
吳叔度　桐城人。
方大任　桐城人。

丁一鳴　潛山人。
彭汝諧　吴縣人。
申紹芳　吴縣人。
許觀吉　昆山人。
孫朝肅　常熟人。
魏浣初　常熟人。
趙鳴陽　吴江人。
殷懋新　嘉定人。
徐百朋　松江人。
張履端　華亭人。
王　陞　上海人。
鄒嘉生　武進人。
徐復陽　武進人。
陳美道　武進人。
徐紹沆　宜興人。
儲顯祚　宜興人。

沈立義　太湖人。
陸康稷　吴縣人。
顧天寵　昆山人。
李白春　昆山人。
瞿式耜　常熟人。
吴　焕　吴江人。
沈同和　吴江人。
杜喬林　松江人。
沈猶龍　華亭人。
莫儼臯　松江人。
葉有聲　青浦人。
瞿士達　武進人。
莊應德　武進人。
蔣如奇　宜興人。
曹師稷　宜興人。
蔣允儀　宜興人。

朱本無　宜興人。
王政新　丹徒人。
史維堡　金壇人。
張伯鯨　江都人。
張元芳　通州人。
汪應元　歙縣人。
汪元標　歙縣人。
詹應鵬　宣城人。
湯必選　宣城人。
張時暘　太平人。
胡士奇　天長人。
龔萃肅　合肥人。

己未科莊際昌榜

孔榮宗　句容人。
王廷泰　吴縣人。
姚希孟　長洲人。

李應昇　江陰人。
湯道衡　丹陽人。
(邱)〔丘〕可孫　山陽人。
姜士望　儀徵人。
劉萬春　泰州人。
方有度　歙縣人。
汪秉元　婺源人。
劉仲暘　宣城人。
吴尚默　涇縣人。
曹履吉　當塗人。
許如蘭　合肥人。

何應奎　桐城人。
顧宗孟　長洲人。
汪邦柱　長洲人。

陳懋德　昆山人。
王永祥　昆山人。
陸文衡　吴江人。
陳萬言　吴江人。
董象恒　松江人。
王庭柏　華亭人。
張泰階　上海人。
范文若　華亭人。
白貽清　武進人。
王之柱　武進人。
陸卿任　武進人。
施元徵　無錫人。
吴　炳　宜興人。
吴　淑　丹徒人。
茅崇修　丹徒人。
倪文焕　江都人。

顧錫疇　昆山人。
王運昌　常熟人。
金之俊　吴江人。
李吴滋　太倉人。
陳所聞　松江人。
潘雲會　上海人。
趙東曦　松江人。
李逢申　松江人。
張　瑋　武進人。
周詩雅　武進人。
湯　齊　武進人。
陳振豪　無錫人。
蔣　覲　宜興人。
貢修齡　江陰人。
周維持　金壇人。
倪啓祚　江都人。

黄願素　歙縣人。
胡尚英　歙縣人。
徐廷宗　建德人。
鍾　斗　太平人。
羅萬爵　蕪湖人。
李時馨　舒城人。

天　啓

壬戌科文震孟榜

倪嘉慶　江寧人。
陳調鼎　高淳人。
鮑自新　溧水人。
姚孫棐　桐城人。
顧其國　吴縣人。
文震孟　長洲人，狀元。
華允誠　長洲人。

李　喬　興化人。
仇夢台　歙縣人。
汪漸磐　休寧人。
汪若極　旌德人。
徐紹泰　當塗人。
劉繼吴　壽州人。

齊心孝　桐城人。
倪嘉善　桐城人。
陳獻策　溧陽人。
沈應明　吴縣人。
湯本沛　吴縣人。
曹可明　句容人。
陳仁錫　長洲人，探花。

許成章　長洲人。
顧懋勳　常熟人。
潘有功　吴江人。
江用世　太倉人。
張方建　華亭人。
朱長世　上海人。
徐石麒　華亭人。
沈匡濟　青浦人。
馮明玠　松江人。
聶慎行　上海人。
胡開文　松江人。
楊兆升　武進人。
秦　堈　無錫人。
邵名世　無錫人。
湯啓烺　宜興人。
徐申懋　宜興人。

許士柔　常熟人。
趙君鄰　吴江人。
趙洪範　嘉定人。
董中行　華亭人。
張元玘　上海人。
何萬化　上海人。
姚士恒　華亭人。
謝秉謙　上海人。
張昂之　華亭人。
李世祺　青浦人。
鄭　鄤　武進人。
吴柔思　武進人。
王永吉　無錫人。
賈明佺　無錫人。
盧象昇　宜興人。
張定志　宜興人。

吴鳴虞　宜興人。
張有譽　無錫人。
史纘烈　金壇人。
祁逢吉　金壇人。
解學夔　興化人。
李　炳　江都人。
李化民　高郵人。
季寓庸　泰興人。
姜玉菓　通州人。
方一藻　歙縣人。
汪始亨　歙縣人。
郭建邦　旌德人。
沈希韶　蕪湖人。
盛民衡　定遠人。
王養廉　潁州人。
汪用世　無爲州人。
顧一讓　宜興人。
王　都　金壇人。
鄧　鉉　金壇人。
李之椿　如臯人。
馮上賓　如臯人。
王相説　泰州人。
于志舒　泰興人。
顧國寶　通州人。
喬可聘　寶應人。
徐成治　歙縣人。
汪秉忠　婺源人。
施臺臣　青陽人。
李一獻　繁昌人。
陳三重　靈璧人。
薛邦瑞　亳州人。
吴道昌　全椒人。

夏大儒　來安人。

馬如蛟　和州人。

己丑科余煌榜

錢輝裔　上元人。

趙之騂　溧水人。

孫　晋　桐城人。

王揚基　潛山人。

李　模　吴縣人。

項　煜　吴縣人。

沈士奇　吴縣人。

管玉音　長洲人。

馮雲起　長洲人。

陳元欽　昆山人。

張魯得　昆山人。

單國祚　常熟人。

龎承寵　吴江人。

葉紹袁　吴江人。

葉紹顒　吴江人。

袁　儼　吴江人。

侯峒曽　嘉定人。

許國榮　太倉人。

袁　熿　華亭人。

楊汝成　華亭人。

唐昌世　青浦人。

周士登　武進人。

張肯堂　華亭人。

吴南灝　武進人。

劉光斗　武進人。

包虞廷　武進人。

陸卿正　武進人。

吴道曙　無錫人。

華琪芳 無錫人，會元。
曹應秋 宜興人。
徐日升 江陰人。
吳履中 金壇人。
陳觀陽 丹徒人。
高鳳翔 金壇人。
潘允諧 通州人。
楊中元 興化人。
羅人望 歙縣人。
吳家周 和州人。
唐一澄 宣城人。
鹿獻陽 潁州人。
李虛白 潁州人。

吳士貞 宜興人。
賀　鼎 丹陽人。
王敬錫 金壇人。
王夢錫 金壇人。
王永吉 高郵人。
黃太鉉 泰州人。
吳孔嘉 歙縣人。
吳彥芳 歙縣人。
湯一湛 蕪湖人。
錢弘謨 宣城人。
查曰俞 涇縣人。
程　楷 合肥人。
胡志藩 合肥人。

崇(正)[禎]

戊辰科劉若宰榜

汪　偉　江寧人。
李嗣京　句容人。
劉若宰　懷寧人。
方拱乾　桐城人。
葛逢夏　吴縣人。
徐　汧　長洲人。
葉重華　昆山人。
朱大受　昆山人。
朱天麟　昆山人。
顧燕詒　太倉人。
李正春　太倉人。
陳正中　華亭人。
張元始　上海人。
李逢暘　上元人。
徐一范　高淳人。
韓一光　懷寧人。
宋學顯　吴縣人。
蔣　燦　長洲人。
徐行忠　長洲人。
徐開禧　昆山人。
韋明傑　吴江人。
張　采　太倉人。
曹　勳　松江人。
李　沾　青浦人。
莊元貞　華亭人。

黄　襄　武進人。
萬户侯　武進人。
莊應會　武進人。
金　鉉　武進人。
曹　荃　無錫人。
陳于鼎　宜興人。
路文範　宜興人。
吴允初　宜興人。
張育葵　江陰人。
李恢先　金壇人。
周　鑣　金壇人。
潘永圖　金壇人。
吴起龍　丹徒人。
徐　耀　泰州人。
田見龍　如皋人。
程子繹　歙縣人。

蔣　煜　武進人。
管紹寧　武進人。
王　章　武進人。
許應弦　武進人。
胡之竑　無錫人。
張纘曾　無錫人。
周昌儒　宜興人。
路　進　宜興人。
王懋仁　丹陽人。
王　驥　丹徒人。
賀王盛　丹陽人。
荆廷鈺　丹陽人。
姚思孝　江都人。
解學尹　興化人。
冒起宗　如皋人。
王文企　歙縣人。

吴廷簡　歙縣人。
金　聲　休寧人。
李經世　休寧人。
許　捷　祁門人。
孫曰紹　宣城人。
胡士昌　建德人。
戚　伸　泗州人。
田用坤　潁州人。
胡守恒　舒城人。
楊四知　六安人。
金光辰　全椒人。

辛未科陳于泰榜

王芝瑞　江寧人。
潘世奇　六合人。
潘曾瑋　溧陽人。
汪全智　六合人。

程世培　休寧人。
程近信　休寧人。
余自怡　婺源人。
徐汝驊　宣城人。
施承緒　青陽人。
關引之　當塗人。
王養正　泗州人。
劉士名　潁州人。
張克佳　無爲州人。
張孫振　霍山人。
張國臣　含山人。
陸　朗　江寧人。
馬成名　溧陽人。
陳九一　懷寧人。

汪游龍　懷寧人。
張秉貞　桐城人。
汪國士　桐城人。
彭國祥　長洲人。
何　謙　昆山人。
王夢鼐　常熟人。
周　燦　吴江人。
吴偉業　太倉人。
張　溥　太倉人。
吕一經　吴縣人。
沈　幾　長洲人。
錢位坤　長洲人。
杜麟徵　松江人。
張世雍　青浦人。
薛　寀　武進人。
劉呈瑞　武進人。

戴　䄙　懷寧人。
吴國琦　桐城人。
張鳳翥　宿松人。
許士揚　長洲人。
孫朝讓　常熟人。
趙　康　吴江人。
申芝芳　嘉定人。
曹三用　太倉人。
錢　增　太倉人。
淩必正　吴縣人。
宋學朱　長洲人。
管正傳　長洲人。
吴　貞　華亭人。
徐天麟　上海人。
韓鍾勳　武進人。
龔可楷　武進人。

吴簡思　武進人。
卜象乾　武進人。
陸自嶽　武進人。
王孫蘭　無錫人。
唐錢蕃　無錫人。
陳于泰　宜興人，狀元。
徐懋曙　宜興人。
曹天錫　江陰人。
卞應聘　丹徒人。
葛　樞　丹徒人。
于重慶　金壇人。
王　重　金壇人。
王士鑅　金壇人。
張　夬　丹陽人。
龔　銘　金壇人。
夏曰瑚　山陽人。

岳虞巒　武進人。
馮祖望　武進人。
劉綿祚　武進人。
馬世奇　無錫人。
錢振先　無錫人。
吴其馴　無錫人。
王期昇　宜興人。
夏尚絅　宜興人。
沈鼎科　江陰人。
于　潁　金壇人。
史元調　金壇人。
曹宗璠　金壇人。
賀儒修　丹陽人。
于・鉉　金壇人。
楊若橋　鹽城人。
閻汝梅　江都人。

鄭元禧　儀徵人。

韓如愈　興化人。

方士亮　歙縣人。

江禹緒　歙縣人。

汪惟效　祁門人。

汪承詔　寧國人。

夏　儀　廣德人。

錢震瀧　鳳陽人。

史洪謨　六安人。

甲戌科劉理順榜

易震吉　上元人。

汪國策　六合人。

光時亨　桐城人。

周之璵　吴縣人。

李　清　興化人①。

汪運光　江都人。

項人龍　歙縣人。

曹　暻　歙縣人。

鍾震陽　宣城人。

張一如　蕪湖人。

戈　簡　廣德人。

吴士講　合肥人。

淩世韶　江寧人。

葉士瑛　桐城人。

陳文顯　太湖人。

周大啓　長洲人。

① 「李清興化人」五字，《四庫》本脱。

沈肩元　長洲人。
吴昌時　吴江人。
陳龍正　吴江人。
朱永佑　松江人。
翁元益　華亭人。
陳組綬　武進人。
吴鍾巒　武進人。
王孫蕙　無錫人。
唐士嶸　無錫人。
孫　謀　宜興人。
吴洪昌　宜興人。
李　青　金壇人。
荆本徹　丹陽人。
蔣拱辰　丹徒人。
劉自竑　山陽人。
李長倩　興化人。

嚴　栻　常熟人。
沈元龍　吴江人。
陶廷曙　吴江人。
吴文瀛　華亭人。
楊枝起　上海人。
陶嘉祉　武進人。
張　琦　無錫人。
王永積　無錫人。
吴國華　宜興人。
戴　英　宜興人。
路　邁　宜興人。
殷宜中　鎮江人。
鄧藩錫　金壇人。
張星煒　丹徒人。
葛維垣　沭陽人。
徐葆初　江都人。

成友謙　海門人。
楊振甲　興化人。
羅　炌　歙縣人。
汪宗友　休寧人。
吴國斗　休寧人。
楊昌祚　宣城人。
孫　襄　宣城人。
彭慶圖　太平人。
林冲霄　霍(邱)〔丘〕人。
甯予慶　潁州人。
任天成　舒城人。
朱芾煌　無爲州人。
祝啓庸　六安人。

王士英　興化人。
許　直　如皋人。
謝鼎新　溧陽人。
夏雨金　休寧人。
汪元兆　婺源人。
劉維仁　宣城人。
蘇　瓊　石埭人。
陳我德　蒙城人。
韓獻策　潁州人。
龔鼎孳①　合肥人。
姚咨稷　舒城人。
葛遇朝　巢縣人。

① 「龔鼎孳」三字，《四庫》本作空圍。

丁丑科劉同升榜

錢　源　江寧人。
吴嘉貞　吴縣人。
王　贇　吴縣人。
湯有慶　長洲人。
趙士錦　常熟人。
時　敏　常熟人。
趙玉成　吴江人。
施鳳儀　嘉定人。
孫以敬　太倉人。
包爾庚　上海人。
陳子龍　青浦人。
奚士龍　松江人。
夏允彝　華亭人。
陸自巖　武進人。
劉憲章　武進人。

台汝勵　句容人。
劉若宜　懷寧人。
吴　适　長洲人。
趙士春　常熟人。
許孟卿　常熟人。
蔣　棻　常熟人。
吴　鑄　吴江人。
吴繼善　太倉人。
吴克孝　太倉人。
章　曠　華亭人。
吴培昌　華亭人。
唐昌齡　青浦人。
袁　定　上海人。
毛毓祥　武進人。
丁　辛　武進人。

高世泰　無錫人。
堵(允)〔胤〕錫　無錫人。
秦　鏞　無錫人。
侯鼎鉉　無錫人。
吳春枝　宜興人。
王行儉　宜興人。
曹　璣　江陰人。
張明弼　金壇人。
周　銓　金壇人。
孫　鼎　江都人。
孫世貞　安東人。
曹鼎臣　如臯人。
王泰徵　歙縣人。
黄　澍　休寧人。
朱統鐄　盱眙人。
潘自得　盱眙人。

胡時亨　無錫人。
顧　棻　無錫人。
徐調元　無錫人。
吳貞啓　宜興人。
儲　堪　宜興人。
吳應恂　宜興人。
段　冠　金壇人。
王　猷　丹陽人。
蔣鳴玉　金壇人。
匡延年　贛榆人。
宮繼蘭　泰州人。
洪天擢　歙縣人。

馮欽明　祁門人。
朱充鰥　盱眙人。
王景雲　天長人。

王寖大　合肥人。
郝　錦　六安人。
庚辰科魏藻德榜
夏時泰　上元人。
羅　策　上元人。
楊宗簡　溧陽人。
宣國柱　懷寧人。
方以智　桐城人。
姚孫棐　桐城人。
馮士驊　吴縣人。
吴晋錫　吴江人。
周　鼒　太倉人。
吴永孚　上海人。
顧其言　金山衛人。
錢　綺　華亭人。
吕　陽　無錫人。
葉士彦　巢縣人。
周　星　上元人。
楊瓊芳　句容人。
葛奇祚　高淳人。
顔　渾　懷寧人。
馬之瑛　桐城人。
田有年　宿松人。
董來思　長洲人。
何　平　嘉定人。
沈雲祚　太倉人。
單　恂　華亭人。
錢世貴　青浦人。
楊　球　武進人。
趙玉森　無錫人。

鄒式金　無錫人。
路朝陽　宜興人。
李　耿　江陰人。
吕兆龍　金壇人。
陳台孫　山陽人。
洪明偉　歙縣人。
游有倫　婺源人。
徐律時　宣城人。
胡士瑾　貴池人。
高翼耀　潁上人。

癸未科楊廷鑑榜

陳丹衷　上元人。
李用楫　溧水人。
宋之繩　溧陽人。
張清議　懷寧人。
姚文然　桐城人。
周世臣　宜興人。
周正儒　宜興人。
錢志騶　丹徒人。
于華玉　金壇人。
姚宗衡　歙縣人。
曹　唐　歙縣人。
張士楚　績溪人。
翟　翼　涇縣人。
黄廷才　泗州人。
陳名夏　溧陽人。
劉餘謨　懷寧人。
汪　鉉　懷寧人。
顧之俊　長洲人。

劉　曙　長洲人。
王　澧　常熟人。
陸貽吉　常熟人。
王曰俞　常熟人。
王景亮　吴江人。
麗　霖　吴江人。
孫志儒　吴江人。
黄淳耀　嘉定人。
曾五典　太倉人。
朱　積　松江人。
陸慶衍　金山衛人。
宋徵璧　華亭人。
郁汝持　華亭人。
張翃之　青浦人。
沈　泓　婁縣人。
沈士英　華亭人。

顧咸建　昆山人。
馮夢桂　常熟人。
歸起光　常熟人。
吴　易　吴江人。
趙　庚　吴江人。
金允治　吴江人。
鈕應斗　吴江人。
王泰際　嘉定人。
吴國杰　太倉人。
徐丙晋　華亭人。
沈　龍　華亭人。
李待問　上海人。
張若羲　青浦人。
王宗熙　華亭人。
陸亮輔　武進人。

楊廷鑑　武進人，狀元。
吳伯尚　武進人。
陳震生　武進人。
卜云吉　武進人。
莊　恒　武進人。
吳剛思　武進人。
强　恂　無錫人。
許　學　無錫人。
龔廷祥　無錫人。
錢爾登　無錫人。
盧象觀　宜興人。
史夏隆　宜興人。
吳　璇　宜興人。
吳貞毓　宜興人。
馮　斐　金壇人。
江　濆　金壇人。

秦之鑑　武進人。
蔡元宸　武進人。
毛羽皇　武進人。
陶元祐　武進人。
龔九疇　武進人。
秦　汧　無錫人。
黄鍾諧　無錫人。
華洊吉　無錫人。
施召徵　無錫人。
馬　瑞　無錫人。
徐瑞麟　宜興人。
周　鍾　金壇人。
史可程　宜興人。
荆廷實　丹陽人。
于　沚　金壇人。
李　皓　金壇人。

朱日升　山陽人。
楊若梓　鹽城人。
孫　棨　鹽城人。
王玉①藻　江都人。
鄭元勳　江都人。
宫偉鏐　泰州人。
淩　駉　歙縣人。
洪維翰　歙縣人。
吴聞禮　休寧人。
朱懋華　南陵人。
程　言　太平人。
夏供佑　壽州人。
陳調元　宿州人。
方名榮　巢縣人。
周　奭　山陽人。
(邱)〔丘〕俊孫　山陽人。
梁于涘　江都人。
宗　灝　江都人。
鄭爲虹　江都人。
包壯行　通州人。
汪觀光　歙縣人。
汪姬生　休寧人。
曹鳴遠　婺源人。
李一元　太平人。
方學聖　貴池人。
王風仁　盱眙人。
朱鼎延　宿州人。
單世德　巢縣人。

① 「玉」，《四庫》本作「正」。

金拱敬　滁州人。

吴國龍　全椒人。

吴國鼎　全椒人。

江南通志卷一百二十四

選舉志

進士　六

國　朝

順　治

丙戌科傅以漸榜

高鵬南　句容人。

楊在陼　鹽城人。

胡之駿　鹽城人。

楊在陛　鹽城人。

匡蘭生　贛榆人。
王期遠　潁州人。
滑文蔚　潁州人。
蔣之紱　徐州人。

丁亥科呂宮榜

劉思敬　上元人。
郭　亮　上元人。
朱之翰　上元人。
葉　舟　上元人。
高　翔　江寧人。
李　敬　江寧人。
史允琦　江寧人。
施鳳翼　江寧人。
胥庭清　江寧人。
李廷樞　江寧人。
李　蔚　溧水人。
張光祁　江寧人。
朱廷瑞　歙縣人。
史士僎　歙縣人。
葉嘉徵　宣城人。
吴六一　黟縣人。
唐　稷　宣城人。
秦仁管　宣城人。
秦才管　南陵人。
潘泗水　南陵人。
阮鞠廷　南陵人。
羅雲逵　青陽人。
楊世學　當塗人。
張畢宿　當塗人。
徐明弼　蕪湖人。

程芳朝　桐城人，〔榜眼〕①。

方若珽　桐城人。

吴道凝　桐城人。

陸朝瑛　吴縣人。

繆慧遠　吴縣人。

蔣之紱　吴縣人。

錢祖壽　常熟人。

翁長庸　常熟人。

曾振甲　常熟人。

葉子循　昆山籍，吴縣人。

余國柱　昆山人。

張王治　太倉人。

何　棅　崇明人。

徐　鼎　華亭人。

王大仍　桐城人。

方亨咸　桐城人。

顧　鏞　吴縣人。

顧予咸　吴縣人。

劉惠恒　吴縣人。

汪永瑞　長洲人。

唐朝鼎　常熟人。

錢裔禧　常熟人。

李　瑛　昆山人。

馬雲舉　昆山人。

許　焕　太倉人。

盛　交　太倉人。

宋徵輿　華亭人。

諸舜發　青浦人。

① 據《四庫》本補。

曹垂璨　上海人。
吕　宫　武進人，狀元。
劉履旋　武進人。
陸有聲　武進人。
孫自式　武進人。
吴守寀　武進人。
徐可先　武進人。
董上治　武進人。
薛　耳　武進人。
瞿廷諧　武進人。
劉德炎　無錫人。
蔡瓊枝　無錫人。
鮑鳳仞　無錫人。
張　墀　無錫人。
季　芷　江陰人。
周啓嶲　宜興人。

張安茂　青浦人。
須兆祉　武進人。
馮達道　武進人。
莊冏生　武進人。
陳謙生　武進人。
張九嶷　武進人。
張祚先　武進人。
薛　眉　武進人。
史樹駿　武進人。
劉果遠　無錫人。
堵廷棻　無錫人。
鄭應皋　無錫人。
許　褏　無錫人。
董大翮　江陰人。
裴春魁　江陰人。
蔣永修　宜興人。

劉懤　靖江人。
楊鼎　丹徒人。
張九徵　丹徒人。
馮旦　丹徒人。
聶政新　丹陽人。
于明竇　金壇人。
馮斑　金壇人。
王康侯　金壇人。
虞宁　金壇人。
王世噩　鹽城人。
陳卓　江都人。
譚希閔　江都人。
張寬　泰興人。

朱鳳台　靖江人。
顧仁　丹徒人。
王際有　丹徒人。
陳廷楹　丹徒人。
蔣超　金壇人，〔探花〕①。
馮雷鳴　金壇人。
袁秉銓　金壇人。
于雲石　金壇人。
王家貞　淮安人。
（陽）〔湯〕②調鼎　清河人。
李宗孔　江都人。
孫自成　江都人。
季振宜　泰興人。

① 據《四庫》本補。
② 據《四庫》本校改。

呂鳴純　泰興人。
李應軫　高郵人。
石　瑋　興化人。
王　榜　寶應人。
徐我達　泰州人。
鄧　旭　壽州人。
錢世錦　盱眙人。
趙函乙　合肥人。
王鳳鼎　廬江人。
汪浴日　六合人。

己丑科劉子壯榜

謝　觀　上元人。
胡順忠　上元人。
李　楨　上元人。
陳嘉善　上元人。
丁峻飛　江寧人。

孫宗彝　高郵人。
楊藻鳳　興化人。
朱克簡　寶應人。
陳忠靖　泰州人。
劉允謙　壽州人。
李文煌　盱眙人。
劉　振　盱眙人。
程汝璞　合肥人。
徐致覺　六合人。

史象晉　上元人。
蔡祖庚　上元人。
何　采　江寧人。
徐　惺　江寧人。

胡　允　句容人。
楊元勳　句容人。
史　燧　溧陽人。
張習孔　歙縣人。
侯振世　宣城人。
戴　鉉　建德人。
楊穀汝　當塗人。
王大章　當塗人。
張超方　懷寧人。
方元成　桐城人。
周　蓳　吴縣人。
尹明廷　吴縣人。
顧　贊　吴縣人。
范　龍　長洲人。
諸保宥　昆山人。
李登雲　太倉人。

徐必遠　江寧人。
狄　敬　溧陽人。
汪　匯　六合人。
潘士璜　歙縣人。
施閏章　宣城人。
曹期嘉　宣城人。
徐鼐臣　當塗人。
葛天驊　蕪湖人。
吴道觀　桐城人。
彭　瓛　桐城人。
王應京　吴縣人。
朱　瑛　吴縣人。
周公軾　長洲人。
吴之紀　吴縣人。
諸　豫　昆山人。
黄自起　吴江人。

王廣心　華亭人。
袁國梓　華亭人。
朱紹鳳　華亭人。
陸振芬　華亭人。
莊有筠　武進人。
劉漢卿　武進人。
陳憲冲　武進人。
吴來儀　武進人。
沈摶上　武進人。
沈在湄　無錫人。
侯　杲　嘉定人。
夏　霖　江寧人。
儲　曾　宜興人。
徐徵鳳　宜興人。
韓　豫　丹徒人。
荆其惇　丹陽人。

周茂源　華亭人。
何　鏗　華亭人。
許纘曾　華亭人。
董應譽　武進人。
董巽祥　武進人。
莊朝生　武進人。
謝　宸　武進人。
吴南岱　武進人。
薛信辰　無錫人。
顧　煜　無錫人。
費國暄　無錫人。
裴春魁　江陰人。
潘瀛選　宜興人。
吴慶期　宜興人。
孫允恭　丹陽人。
袁大受　金壇人。

劉國欽　金壇人。
李銘常　金壇人。
史弘謨　金壇人。
劉芳聲　山陽人。
卜永昇　安東人。
盛　治　江都人。
季開生　泰興人。
徐　炟　興化人。
李嘉尹　泰州人。
楊模聖　懷遠人。
周永緒　盱眙人。
潘運暐　滁州人。
葉萬善　和州人。
許熙宇　金壇人。
于朋舉　金壇人。
黃宣泰　山陽人。
張新標　山陽人。
王國瑋　江都人。
張日浣　泰興人。
楊　潔　興化人。
趙尹翰　興化人。
張之璧　通州人。
夏人佺　壽州人。
蕭嗣奇　合肥人。
成　性　和州人。

壬辰科鄒忠倚榜

程　邑　上元人。
陸鳴時　上元人。
張延基　上元人。
徐　珏　上元人。

周而淳 江寧人。
笪重光 句容人。
費　達 溧陽人。
王仕雲 歙縣人。
何如龍 歙縣人。
李　焕 宣城人。
蔣汝霖 石埭人。
韋一雀 蕪湖人。
洪　琮 歙縣人。
汪宗魯 懷寧人。
陳　焯 桐城人。
黄樞臣 吴縣人。
張允欽 長洲人。
許　瑶 常熟人。
錢延宅 常熟人。
孫　魯 常熟人。

張　芳 句容人。
吴　穎 溧陽人。
史　泰 溧陽人。

戴應昌 休寧人。
胡尚衡 涇縣人。
汪可準 蕪湖人。
洪　譽 繁昌人。
徐紹芳 懷寧人。

吴弘安 桐城人。
賈　曾 吴縣人。
陸壽名 長洲人。
蘇祖蔭 常熟人。
邵　燈 常熟人。
王　勰 吴江人。

張　輔　嘉定人。
顧大申　華亭人。
許啓源　華亭人。
沈　荃　華亭人，〔探花〕①。
徐　經　武進人。
張星瑞　武進人。
龔廷歷　無錫人。
蔡元禧　武進人。
黄中瑄　武進人。
唐德亮　無錫人。
孫仁溶　無錫人。
吴　浤　無錫人。
宋士顯　江陰人。
周仲球　宜興人。

李　愫　華亭人。
施維翰　華亭人。
李延棐　華亭人。
吴　闓　武進人。
吴琪滋　無錫人。
周起岐　武進人。
徐騰暉　武進人。
岳鍾淑　武進人。
鄒忠倚　無錫人，狀元。
楊兆魯　無錫人。
張迎褉　無錫人。
徐來清　江陰人。
路　遴　宜興人。
許紹芳　宜興人。

① 據《四庫》本補。

吴晉烮　宜興人。
張定憲　宜興人。
周奕封　宜興人。
羅漢章　丹徒人。
張　灝　丹陽人。
史承謨　金壇人。
葛維屏　金壇人。
徐　越　山陽人。
林文儁　山陽人。
郭　礎　江都人。
萬物育　高郵人。
俞　鐸　泰州人。
李正蔚　盱眙人。
王　綱　合肥人。
閻允穀　巢縣人。
張愈大　巢縣人。

周季琬　宜興人。
吴龍章　宜興人。
袁　元　天長人。
賀　寬　丹陽人。
馮　標　金壇人。
蔡嘉貞　金壇人。
吴　璞　丹徒人。
周龍甲　山陽人。
張　標　江都人。
朱之焜　高郵人。
楊　演　興化人。
易象兑　海門人。
宋之儒　江都人。
沈志彬　無爲人。
曹同統　巢縣人。

葉正蓁　全椒人。

乙未科史大成榜

周景濂　上元人。
周　珽　溧陽人。
鄭嗣武　歙縣人。
汪　觀　宣城人。
劉夔生　宣城人。
謝蘭英　當塗人。
任　俊　懷寧人。
吴子雲　桐城人。
沈世奕　昆山人。
汪　琬　長洲人。
沈自南　吴縣人。
歸　泓　常熟人。
李開鄴　昆山人。
吴　翾　吴江人。

吴國縉　全椒人。
史飈廷　溧陽人。
汪有朋　歙縣人。
許　書　歙縣人。
黄雲鶴　宣城人。
洪啓槐　寧國人。
韋弦佩　蕪湖人。
項紹芳　懷寧人。
孫中麟　桐城人。
陳　謨　吴縣人。
申紘祚　長洲人。
陸廷福　常熟人。
邵世茂　常熟人。
何　訥　昆山人。
王發祥　太倉人。

黄　永　太倉人。
顧景錫　太倉人。
宋德宜　崇明人。
王日藻　華亭人。
章　霖　華亭人。
陸鳴珂　上海人。
程之明　青浦人。
楊廷錦　武進人。
許之漸　武進人。
吴佩鳴　武進人。
屠　尚　武進人。
劉維貞　武進人。
陳　常　無錫人。
秦　鉽　無錫人，［探花］。①

王登雲　太倉人。
王　撰　太倉人。
張有光　青浦人。
張雲孫　華亭人。
張錫懌　上海人。
潘堯彩　上海人。
徐元珙　武進人。
吴來绂　武進人。
巢震林　武進人。
胡宗虞　武進人。
鄒登嵋　武進人。
黄　鼎　無錫人。
嵇永福　無錫人。
秦　鑣　無錫人。

① 據《四庫》本補。

秦松齡　無錫人。
鄧種麟　江陰人。
惠　疇　江陰人。
蔣龍光　宜興人。
杜汝用　宜興人。
史繼夏　宜興人。
黄錦雯　宜興人。
蔣中和　靖江人。
蔣　寅　丹徒人。
楊志遠　丹陽人。
賀王昌　丹陽人。
曹鍾浩　金壇人。
史逸裘　金壇人。
楊名耀　山陽人。
楊文正　山陽人。
胡簡敬　沭陽人。

過松齡　無錫人。
戚　藩　江陰人。
黄雲史　武進人。
吴貞度　宜興人。
任　雄　宜興人。
周成文　宜興人。
董紹邦　宜興人。
李鏞金　丹徒人。
陳　炷　丹徒人。
荆　柯　丹陽人。
符渭英　金壇人。
王明試　金壇人。
(邱)〔丘〕象升　山陽人。
陸求可　山陽人。
張翮飛　鹽城人。
閔　叙　江都人。

郭士璟　江都人。
丁其譽　如皋人。
丁象鼎　五河人。
劉廷桂　潁州人。
周建鼎　潁州人。
徐致章　六安人。

戊戌科孫承恩榜

程　瀚　上元人。
彭士俊　溧陽人。
洪啓權　寧國人。
章采嶽　當塗人。
陶延中　蕪湖人。
郭佩璆　長洲人。
許　虯　長洲人。
顧　岱　嘉定人。
毛天麒　太倉人。
許光震　泰州人。
程天旋　通州人。
劉體仁　潁州人。
潘世晋　天長人。
倪束復　合肥人。
黄如瑾　溧陽人。
胡公著　績溪人。
徐文烜　青陽人。
張如騫　當塗人。
陸　鑑　吴縣人。
孫承恩　常熟人，狀元。
葉方恒　昆山人。
闞　選　嘉定人。
張一鵠　華亭人。

吴珂鳴　武進人。
屠德隆　武進人。
吴鼎玫　武進人。
陳禋祉　無錫人。
侯　曦　無錫人。
王于玉　宜興人。
徐鳴鳳　宜興人。
蔣　曜　宜興人。
李同亨　宜興人。
錢志進　丹徒人。
儲　士　金壇人。
陳美典　山陽人。
孫一致　鹽城人，［榜眼］。①
張樹屏　鹽城人。

徐士吉　上海人。
鄒祇謨　武進人。
劉維烈　武進人。
王　松　無錫人。
朱　選　江陰人。
淩鶚遠　宜興人。
張　炳　宜興人。
湯原清　宜興人。
陸　璿　靖江人。
鄔　昕　丹徒人。
詹之瑛　山陽人。
胡可及　山陽人。
沈　漢　鹽城人。
高淩雲　江都人。

① 據《四庫》本補。

金懷玉　江都人。
韓　爆　江都人。
萬里侯　寶應人。
吳國對　全椒人。
李敏孫　潁州人。

己亥科徐元文榜

羅蒼期　歙縣人。
王國相　歙縣人。
詹養沉　婺源人。
洪乘軒　涇縣人。
施秉文　青陽人。
倪　适　懷寧人。
蔣　繪　吳縣人。
彭　瓏　太倉人。

韓日起　江都人。
鄭爲光　江都人。
許明章　舒城人。
李天馥　合肥人。
錢中諧　吳縣人。

鮑　濟　歙縣人。
項時亨　歙縣人。
張湛逢　宣城人。
吳運新　貴池人。
姚文燮　桐城人。
金國用　吳縣人。
徐元文　昆山人，狀元。
鄒象雍　長洲人。

王履昌　常熟人。
黄與堅　太倉人。
朱　錦　上海人，會元。
楊大鯤　武進人。
華章志　無錫人。
吴景雲　宜興人。
劉　濩　清河人。
李爲霖　興化人。
陳志紀　泰州人。
潘滋樹　盱眙人。
張　斗　盱眙人。
劉壯圖　潁州人。
劉　搢　潁州人。
葉方藹　昆山人，[探花]。①
吴　貞　太倉人。
陸　篪　華亭人。
華亦祥　無錫人，[榜眼]。②
華振鷺　無錫人。
盧士登　宜興人。
鄭爲光　儀徵人。
周　漁　興化人。
謝開寵　壽州人。
金光房　全椒人。
劉佐臨　潁州人。
甯　誥　潁州人。

①② 據《四庫》本補。

辛丑科馬世俊榜

鄧士傑　上元人。
馬世俊　溧陽人，狀元。
湯　聘　溧水人。
錢　雨　當塗人。
方秉貞　徽州人。
王　尹　桐城人。
江　皋　桐城人。
申　繸　吴縣人。
趙熢晃　吴縣人。
管　捷　吴縣人。
蔣　埴　長洲人。
陳溯潢　常熟人。
徐與喬　昆山人。
潘見龍　吴江人。
周　式　太倉人。
楊士元　江寧人。
戴　遇　溧陽人。
孫　奏　高淳人。
胡永泰　當塗人。
江同海　潛山人。
姚文燕　桐城人。
姚　畚　吴縣人。
顧　宏　吴縣人。
蔣德峻　長洲人。
周慶曾　常熟人。
徐　斌　昆山人。
顧瀛秀　昆山人。
朱元袷　常熟人。
董　含　華亭人。

喬夢蛟　上海人。
宋慶遠　華亭人。
袁　瓚　華亭人。
諸嗣郢　青浦人。
惲　驌　武進人。
劉宗熹　無錫人。
萬　彥　宜興人。
程夢簡　丹徒人。
范紹淳　丹徒人。
于嗣昌　金壇人。
徐誥武　金壇人。
程　涞　山陽人。
李時震　山陽人。
(邱)〔丘〕園卜　睢寧人。
倪懋賞　江都人。
陳輔世　江都人。
王又汧　華亭人。
葉映榴　上海人。
唐子瞻　上海人。
岳宏譽　武進人。
莊名弼　武進人。
莫大勳　宜興人。
張玉書　丹徒人。
張　鵬　丹徒人。
潘之彪　丹陽人。
蔣　扶　金壇人。
王克鞏　山陽人。
李　鎧　山陽人。
李時謙　山陽人。
趙景福　江都人。
劉欽鄰　儀徵人。
王復旦　江都人。

謝　鈺　高郵人。
楊　爗　寶應人。
劉　馥　鳳陽人。
杜繼美　盱眙人。
方　舟　合肥人。
朱前詔　無爲人。
孫汝楫　全椒人。
張其善　含山人。

康　熙

甲辰科嚴我斯榜

胡士著　江寧人。
王　鉉　江寧人。
鮑一復　歙縣人。
張時英　宣城人。
岑　鶴　建平人。
陳以恂　興化人。
田顯吉　泰州人。
李　式　定遠人。
王公楷　潁州人。

洪　濟　巢縣人。
朱大乾　全椒人。

吳樹聲　江寧人。
江　蕃　江寧人。
曹有光　績溪人。
胡開生　涇縣人。
周邦鼎　吳縣人。

陸　舜　吴縣人。
翁與之　常熟人。
盛符升　昆山人。
程文彝　婁縣人。
周　弘　無錫人，［探花］。①
曹　禾　江陰人。
馬文璧　山陽人。
楊才瑰　山陽人。
宗　書　興化人。
陸　舜　泰州人。
張國城　舒城人。
金作鼎　全椒人。

丁未科繆彤榜

魏麟徵　溧陽人。
周爰訪　吴江人。
諸定遠　昆山人。
吴元龍　婁縣人。
白彦良　武進人。
秦鉅倫　無錫人。
鄒　嶧　山陽人。
劉謙吉　山陽人。
劉梁嵩　江都人。
黎　曜　興化人。
孫閎達　通州人。
王履同　無爲人。
史鶴齡　溧陽人。

---

①　據《四庫》本補。

謝文運　溧水人。
洪　玕　歙縣人。
趙時可　涇縣人。
張　英　桐城人。
楊臣鄰　桐城人。
繆　彤　吴縣人，狀元。
吴一蜚　長洲人。
黄仍緒　崇明人，〔會元〕。①
裴天錫　武進人。
儲方慶　宜興人。
儲　振　宜興人。
王家棟　金壇人。
夏　沅　丹徒人。
鄭僑生　邳州人。

汪溥勳　歙縣人。
梅　鋗　宣城人。
任　塾　懷寧人。
姚文熊　桐城人。
龍　光　望江人。
趙　炳　長洲人。
吴之頤　太倉人。
陳玉瑾　武進人。
張光第　無錫人。
儲善慶　宜興人。
張玉裁　丹徒人，〔榜眼〕。②
許國璠　山陽人。
汪懋麟　江都人。

①② 據《四庫》本補。

劉長發　江都人。
賈其音　高郵人。
昂紹善　合肥人。

庚戌科蔡啓僔榜

周道泰　江寧人。
汪浩然　歙縣人。
謝玉成　祁門人。
吴維駿　涇縣人。
魏康孫　繁昌人。
朱　典　吴縣人。
孟亮揆　長洲人。
趙廷珪　常熟人。
顧需枚　昆山人。
陳　倣　常熟人。

張　楷　江都人。
喬　萊　寶應人。

白夢鼐　江寧人。
江德新　歙縣人。
丁　宣　宣城人。
汪　虬　繁昌人。
江同淇　懷寧人。
徐乾學　昆山人，[榜眼]。①
陳二西　長洲人。
陸士炳　常熟人。
張爲焕　太倉人。
許自俊　嘉定人。

① 據《四庫》本補。

葉　燮　吴江人。
王原祁　太倉人。
黄雲企　婁縣人。
王元臣　青浦人。
莊　揩　武進人。
高爾公　武進人。
張祖籙　武進人。
林　鐘　無錫人。
于棟如　金壇人。
倪長犀　贛榆人。
厲士貞　儀徵人。
金相玉　高郵人。
江允汭　通州人。
周文郁　壽州人。
許孫荃　合肥人。
陶虞颺　全椒人。

王　掞　太倉人。
管父才　崇明人。
程化龍　青浦人。
趙申喬　武進人。
劉維祺　武進人。
吴本立　武進人。
惲啓巽　武進人。
何金藺　丹徒人。
劉始恢　山陽人。
高以位　江都人。
朱鴛鷺　泰興人。
郭　昂　寶應人。
錢世熹　五河人。
張　琦　潁州人。
胡永亨　舒城人。

癸丑科韓菼榜

羅秉倫　江寧人。
黄粤固　溧陽人。
韓　菼　長洲人，會元，狀元。
顧　汧　長洲人，大興籍。
董　闇　吴江人。
蔣　伊　常熟人。
馬鳴鑾　昆山人。
李　枏　興化人。
蔣扶暉　宜興人。
歐陽旭　丹徒人。
李欽式　金壇人。
陳　瑄　高郵人。
王曰曾　溧陽人。
繆錦宣　吴縣人。
吴　瞻　長洲人。
沈　攀　吴江人。
徐秉義　昆山人，[探花]。①
李　葉　昆山人。
王鴻緒　婁縣人，[榜眼]。②
沈復昆　丹徒人。
荆洪揚　丹陽人。
宫夢仁　泰州人，[庚戌會元]。③
殷　鼎　高郵人。

①③ 據《四庫》本補。
② 「鴻緒」，《四庫》本作「度心」。「榜眼」，據《四庫》本補。

張　琴　泰州人。

任振世　舒城人。

徐振采　和州人。

丙辰科彭定求榜

王　瑞　上元人。

彭會淇　溧陽人。

邢開雍　當塗人。

沈曾頤　吴縣人。

彭定求　長洲人，會元，狀元。

陸德元　長洲人。

顧洪善　昆山人。

王緝植　昆山人。

顧　焯　嘉定人。

翁叔元　常熟人，〔探花〕①。

韓　竹　天長人。

吴世基　無爲人。

劉淑因　潁州人。

貢　琛　上元人。

史秉直　溧陽人。

朱　雲　吴縣人。

張嵩齡　吴縣人。

丁　瑮　昆山人。

沈旭初　昆山人。

王雲鳳　昆山人。

葉舒崇　吴江人。

李嘉猷　嘉定人。

王吉武　太倉人。

① 據《四庫》本補。

錢三錫　太倉人。
黄亮可　太倉人。
王項齡　華亭人。
唐子鏘　華亭人。
范　縄　婁縣人。
張啓祚　上海人。
朱　衮　松江人。
任弘嘉　宜興人。
劉　鑣　丹徒人。
李　錦　江都人。
蕭雲起　江都人。
劉芳世　江都人。
陳啓貞　儀徵人。
張茂枝　泰興人。
劉　凡　潁州人。
吴　晟　全椒人。

黄　立　太倉人。
顧　藻　吴縣人。
高層雲　華亭人。
楊　瑄　婁縣人。
彭開祐　婁縣人。
張　集　青浦人。
季麒光　江陰人。
張仕可　丹徒人。
荆元寔　丹陽人。
許承宣　江都人。
湯彭年　江都人。
程　濬　儀徵人。
劉嗣季　泰興人。
黄　升　興化人。
(邱)〔丘〕時成　六安人。
沈支炳　武進人。

己未科歸允肅榜

陸　史　江寧人。
汪晉徵　徽州人。
茆薦馨　宣城人，探花。
劉　楷　南陵人。
鮑　薦　繁昌人。
馬教思　桐城人，[會元]。①
王　澄　吴縣人。
郁　裴　長洲人。
歸允肅　常熟人，狀元。
張振鳳　崇明人。
吴　標　崇明人。
宋廷獻　上海人。
王師旦　青浦人。
吴　琇　溧陽人。
孫　卓　宣城人，榜眼。
方　伸　南陵人。
丁宗閔　當塗人。
張廷瓚　桐城人。
沈朝初　吴縣人。
夏雲來　吴縣人。
郁世焜　吴江人。
顧　琛　嘉定人。
唐　泓　太倉人。
錢金甫　上海人。
陸祖修　青浦人。
楊大鶴　武進人。

① 據《四庫》本補。

錢二白　武進人。
秦廣之　無錫人。
陸　輿　宜興人。
吴　珙　宜興人。
荆孝錫　丹陽人。
任觀瀛　蕭縣人。
王令樹　泰興人。
成康保　寶應人。
李孚青　合肥人。

壬戌科蔡升元榜

史　夔　溧陽人。
陳悦旦　高淳人。
錢士鋐　吴江人。
朱而錡　昆山人。
徐經遠　昆山人，復姓陸。
徐　炯　昆山人。

侯麟勳　無錫人。
華　黄　無錫人。
孫朝慶　宜興人。
卞士弘　丹徒人。
張　睿　山陽人。
張玉履　泰興人。
王鼎臣　高郵人。
唐　勳　潁州人。

潘麒生　溧陽人。
余光全　潛山人。
蘇翔鳳　常熟人。
王喆生　青浦籍，昆山人。
李岳頒　吴縣人，本姓孫。
陸　虯　吴縣人，本姓陳。

彭寧求　長洲人，探花。
顧用霖　長洲人。
金大成　吴縣人。
曹國維　青浦人。
王九齡　婁縣人。
黄暉烈　武進人。
董佩笈　武進人。
萬廷詔　宜興人。
周宜振　無錫人。
徐人鳳　武進人。
于漢翔　金壇人。
吴　晟　山陽人。
劉　愈　山陽人。
汪士楚　儀徵人。
陸肇昌　泰興人。
劉國黻　寳應人。

張如錦　長洲人。
沈曾琦　吴縣人。
尤　珍　長洲人。
宋志良　婁縣人。
周金然　上海人。
萬丹詔　宜興人。
朱廷鉉　江陰人。
趙天潤　江陰人。
吴元臣　宜興人。
儲　掄　宜興人。
王之瑚　丹徒人。
劉洛中　山陽人。
張　豹　安東人。
許嗣隆　如皋人。
陳鼎元　通州人。
李湑仁　江都人。

張　祚　如皋人。
陸遐昌　泰興人。
吳　苑　歙縣人。
江清徵　歙縣人。
阮爾詢　宣城人。
王國彥　涇縣人。
章世德　貴池人。
鹿　祐　潁州人。
夏廸忱　廣德人。

乙丑科陸肯堂榜

陸肯堂　長洲人，會元，狀元。
王際康　南陵人。
許承家　江都人。
宋　衡　廬江人。
李登瀛　華亭人。
黃夢麟　溧陽人，探花。
張孟球　長洲人。
蔣陳錫　常熟人。
高　曜　婁縣人。
宋景琇　長洲人，本姓陳。
程　珣　休寧人。
金居敬　長洲人。
鄒　溶　吳縣人。
沈　藻　華亭人。
魏曰祁　興化人。
吳世杰　高郵人。
仲以嘉　寶應人。
吳　楫　吳江人。
汪　薇　歙縣人。

王　治　天長人。
馮　瑞　婁縣人。
宋大業　長洲人。
江朝宗　上元人。
許肇起　淮安人。
吴　鶚　黟縣人。
惠　潤　江陰人。
詹　宇　宣城人。
章廷表　全椒人。
江廣譽　桐城人。
昂天翻　合肥人。

戊辰科沈廷文榜

繆繼讓　昆山人。
姚士藟　安慶人。
陳　鋭　吴江人。
陶自悦　武進人。
何　牧　崇明人，本姓施。
魏壽期　繁昌人。
王允持　無錫人。
陳時泰　溧陽人。
張道源　長洲人。
魏曰郁　興化人。
甯世簪　潁州人。
葛長祚　高淳人。
錢　選　懷寧人。
徐樹穀　昆山人。
沈宗敬　婁縣人。
張尚瑗　吴江人。
唐孫華　太倉人。
何　炯　長洲人。

吳　暻　太倉人。
王　原　青浦人。
房蘭若　揚州人。
蔣　勷　長洲人，本姓汪。
馬文煜　宜興人。
李紳文　潁州人。
錢天定　常熟人。
史逸堂　金壇人。
史　伸　揚州人。
石爲崧　如皋人。
徐　賓　華亭人。
趙鳳詔　常州人。
施震銓　蘇州人。
吳世燾　高郵人。
陶元淳　常熟人。
張豫章　青浦人，[探花]。①
潘宗洛　宜興人。
王　奭　華亭人。
項亦鑾　吳縣人。
陸　毅　太倉人。
荆中渭　丹陽人。
孫致彌　嘉定人。
葉　淳　昆山人。
吳振生　常州人。
楊　崙　太倉人。
唐鴻舉　徽州人。
王　傑　高淳人。
錢　旆　安慶人。

① 據《四庫》本補。

湯傳榘　長洲人。
趙世鐸　常熟人。
錢廷銓　太倉人。
吳　煒　武進人。
陳于豫　天長人。
張恕可　丹徒人。
趙　俞　嘉定人。
戴有祺　金山衛人，辛未狀元。①
朱元徵　盧江人。

辛未科戴有祺榜

張　瑗　祁門人，[會元]。②
楊名時　江陰人。
莊清度　武進人。
張　昺　金山衛人。
惲東生　武進人。
潘從律　溧陽人。
孫維祺　盧江人。
張孝時　吴縣人。
惠周惕　吴縣人。
吳　昺　全椒人，[榜眼]。③
張嘉麟　長洲人。
楊　晁　溧陽人。
王　褱　合肥人。
李廷樞　無錫人。

① 戴有祺爲康熙二十七年戊辰科貢士，三十年辛未科狀元，當入下一科「辛未科戴有祺榜」。
②③ 據《四庫》本補。

趙匡世　昆山人。
汪　倓　吴縣人。
趙錫仁　江陰人。
莊廷偉　武進人。
陳于荆　天長人。
姜　遴　華亭人。
陳春明　常熟人，本姓錢。
任奕鑒　懷寧人。
徐樹庸　昆山人。
狄　億　溧陽人。
葉弘綬　昆山人。
陶爾穟　青浦人。
孫　謀　武進人。
邵　觀　大興籍，長洲人。
程文正　江都人。

瞿孝春　常熟人。
王奕清　太倉人。
王　楨　華亭人。
許志進　山陽人。
俞化鵬　壽州人。

趙嗣晋　廣德人。
曹延懿　太倉人。
姚弘緒　婁縣人。
徐元灝　吴縣人。
董之燧　天長人。

甲戌科胡任興榜

裴之仙　丹徒人。

胡任興　上元人，狀元。

于　采　金壇人。

程　湜　儀徵人。

程　湄　江都人。

成永健　鹽城人。

李天祐　江都人。

龔　鐸　大興籍，江寧人。

叢　澍　江寧人。

張逸少　丹徒人。

錢安世　武進人。

吴琦起　武進人。

顧圖河　江都人，［榜眼］。①

陳　璋　長洲人。

丁丑科李蟠榜

汪士鋐　吴縣人，［會元］。③

張虞惇　常熟人，［榜眼］，④本姓嚴。

趙申季　武進人。

汪　繹　常熟人，庚辰狀元。②

周　彝　婁縣人。

王　誥　江都人。

---

①③④　據《四庫》本補。

②　汪繹于康熙三十六年參加丁丑科會試得中，以回鄉奔喪未能殿試，後參加康熙三十九年庚辰科會試，取爲狀元。

徐樹本　昆山人。
孫　振　常州人。
趙昌祚　句容人。
周景岷　吴江人。
宋　宬　寶應人。
沈曾純　吴縣人。
陳　發　長洲人。
薛祖順　武進人。
許迎年　江都人。

庚辰科汪繹榜

季　愈　寶應人，[榜眼]。①
杜光先　泰州人。
王守烈　常熟人。
范　景　吴江人。

陳　蕢　吴江人。
李　蟠　徐州人，狀元。
翁大中　常熟人。
宋聚業　吴縣人。
鄭　駰　長洲人。
程本節　合肥人。
王世興　句容人。
許　穀　常熟人。
劉師恕　寶應人。
費洪學　吴江人。
胡承謀　涇縣人。

---

① 據《四庫》本補。

趙友夔　常熟人。
楊汝穀　懷寧人。
陳嘉猷　溧陽人。
張德純　青浦人。
汪升英　休寧人。
江爲龍　桐城人。
張遇隆　安慶人。
聶　恒　武進人，本姓陳。
魏嘉謀　繁昌人。
蔡　玺　上元人。
鍾銘文　宣城人。
陳沂震　吴江人。
薛士仁　武進人。
顧三典　長洲人。
史　泓　揚州人。
朱　濡　江都人。

張廷玉　桐城人。
董　麒　長洲人。
巫貞孫　廣德人。
程繩武　太平人。
盛　度　靖江人。
蔡維城　青浦人。
朱周士　昆山人。
管昂發　長洲人，本姓徐。
史貽直　溧陽人。
秦學洙　無錫人。
姚　馩　長洲人。
王　翼　無錫人。
宫建章　鳳陽人。
顧楷仁　長洲人。
張　翮　松江人。
李夢昺　江都人。

李　珍　江都人。
姜朝勳　丹陽人。
顧惟訥　婁縣人，本姓施。
包　咸　泰州人。
潘應樞　溧陽人。
徐永宣　武進人。
沈從隆　長洲人。

癸未科王式丹榜

王式丹　寶應人，狀元①。
張自超　高淳人。
唐執玉　大興籍，江南人。
俞　梅　泰州人。
吴蔚起　歙縣人。
吴廷楨　長洲人。
吴元詒　松江人。
韓孝基　長洲人。
謝舉安　無爲人。
吴　荃　丹陽人。
史　普　溧陽人。
林　鏡　婁縣人。
唐麟翔　泰州人。
張　鴻　上海籍，常熟人，本姓歸。
丁腹松　通州人。
秦源寬　無錫人。
錢晋玨　長洲人。
朱　琬　無錫人。

① 《四庫》本脱「狀元」二字。

楊開沅　山陽人。
卞咸和　江都人。
孫兆奎　興化人。
張仕驤　宣城人。
錢名世　武進人，[探花]。①
王　孚　高淳人。
阮應商　山陽人。
王元位　吴縣人。
蔣嘉猷　武進人。
沈元煉　溧陽人。
陳人文　溧陽人。
趙徵介　常熟人。
劉金聲　靖江人。
郭　誌　江都人。

陸秉鑑　吴縣人。
朱　書　宿松人。
汪文炯　休寧人。
吴瞻淇　歙縣人。
喬兆棟　寶應人。
朱廷宁　靖江人。
鄭禄天　無錫人，本姓薛。
劉　巖　江浦人。
張廷超　句容人。
雲中官　廣德人。
孔幼儀　高淳人。
張廷標　常熟人。
邵　衡　溧水人。
廖賡謨　華亭人。

① 據《四庫》本補。

徐上　江寧人。
汪份　長洲人。
欽賜進士三人：
何焯　崇明籍，長洲人。
蔣廷錫　常熟人。
汪灝　徽州人。
丙戌科施雲錦榜
蔡學洙　江寧人。
何如栻　丹徒人。
程彦　武進人。
錢志彤　丹徒人。
莊令輿　武進人。
廖賡融　婁縣人。
陸賜書　長洲人。
陳元度　江都人。
戴思訥　江都人。
徐樹敏　昆山人。
方苞　桐城人。
陳均　江陰人。
王昭被　太倉人。
陳厚耀　泰州人。
喬崇烈　寶應人。
鄒奕鳳　無錫人。
郁士超　宜興人。
史慶義　江都人。
施德涵　桐城人。

吴士玉　吴縣人。
周定範　武進人。
李玉鋐　通州人。
王　蓍　太倉人。
繆　詵　江陰人。
王兆鳳　高郵人，本姓賈。
顧趙炳　無錫人。
王　鎬　上海人。
錢榮世　武進人。
周王甲　崇明人。
齊方起　桐城人。
程　璲　貴池人。
許　進　桐城人。
何　煜　長洲人。
王允文　長洲人。
張必新　高淳人。

顧秉直　長洲人。
吴文淵　金壇人。
曹思義　無錫人。
張鳴皋　丹徒人。
吴茂陵　潁州人。
施　燾　無錫人。
楊企震　武進人。
馬　尹　常熟人。
鞠孫婁　婁縣人。
龔晋錫　常熟人。
倪文輝　崇明人。
周式金　桐城人。
顧開陸　無錫人。
劉朝講　高淳人。
蔣　進　高郵人。
王　霖　上元人。

戴兆佳　建平人。
周　憲　山陽人。
嵇曾筠　無錫人。
錢　珂　青浦人。
叢方菡　如皋人。
王志援　建平人。

己丑科趙熊詔榜

戴名世　桐城人。①
張起麟　華亭人。
黃　瓚　休寧人。
倪　溥　吴江人。
方　伯　潁州人。
趙　音　無錫人，本姓黃。
黃　越　上元人。
施雲錦　本姓王，無錫人，狀元。
柯天健　南陵人。
劉　洽　武進人。
陶元運　通州人。
諸　晋　青浦人。
朱青選　泰興人。
唐紹祖　江都人。
邵錦江　長洲人，大興籍。
儲在文　宜興人。
惠士奇　吴縣人。
孔毓璣　江陰人。
趙熊詔　武進人，狀元。

---

① 《四庫》本已删此條。

方一韓　壽州人。
黄秉銓　溧陽人。
錢甫生　武進人。
戈　輯　武進人。
祝萬選　武進人。
須　洲　武進人。
張　照　婁縣人。
馬受曾　溧陽人。
張紹賢　長洲人。
姚士勷　旌德人。
劉念椿　上海人。
孫時宜　武進人。
劉嘉本　江陰人。
郁　瑞　江寧人。
秦道然　無錫人。
蔣文淳　吴縣人。

張書紳　上海人。
王應佩　望江人。
張奎光　武進人。
韓孝嗣　長洲人。
蔣錫震　宜興人。
朱元英　上元人。
徐用錫　宿遷人。
沈　鎬　望江人。
申　瑋　吴縣人。
張學庠　長洲人。
喻覲采　潁州人。
汪　倬　休寧人。
駱壽朋　婁縣人。
錢　倬　吴縣人。

張景崧　吴縣人。

方　覲　江都人。

王履仁　江都人。

張大受　嘉定人。

涂學詩　江寧人。

莊　漢　江都人。

王　鑚　鹽城人。

史　隨　溧陽人。

楊錫恒　華亭人。

徐樹屏　昆山人。

方式濟　上元人。

程　喈　歙縣人。

徐　斌　上元人。

李同聲　江都人。

潘宷鼎　溧陽人。

郁　芳　本姓李，婁縣人。

王如芳　武進人。

路仍起　宜興人。

繆　沅　泰州人，[探花]。①

蔣　麟　婁縣人。

趙繼忭　休寧人。

王辛元　江陰人。

劉秉鉉　無錫人。

王奕鴻　太倉人。

喬　儆　江都人。

王元蘅　溧水籍，上元人。

莊令翼　江都人。

蔣　漣　常熟人。

① 據《四庫》本補。

李昉楙 合肥人。
顔　敏 鹽城人。
王鳳池 太倉人。
錢人龍 武進人。

壬辰科王世琛榜

卜俊民 常州人，[會元]。①
王淑京 昆山人。
夏慎樞 丹徒人。
楊士徽 武進人。
黄師瓊 蘇州人。
王　澍 金壇人。
馮　暠 蘇州人。
張　鏞 無錫人。
昝茹颖 懷寧人。
王時憲 太倉人。
汪洄民 六合人。
汪　誠 歙縣人。
馮汝軾 吴縣人。
曹　鳴 金壇人。
潘允敏 溧陽人。
華覲光 無錫人。
劉於義 武進人。
吴　翊 太倉人。
周　貞 句容人。
徐　依 武進人。

① 據《四庫》本補。

金　森　本姓錢，吴縣人。
周金簡　無錫人。
狄貽孫　江寧人。
陶貞一　常熟人。
湯大輅　江陰人。
鮑　開　蘇州人。
陳王謨　吴江人。
吴玉岦　武進人。
秦靖然　無錫人。
楊王岦　武進人。
汪鶴臯　江陰人。
程夢星　江都人。
景考祥　江都人。
王箴輿　寶應人。
陳以剛　天長人。
何隆遇　桐城人。

虞景星　鎮江人。
卜兆龍　武進人。
王　晦　嘉定人。
徐天球　長洲人，本姓黄。
王世琛　長洲人，狀元。
孫　順　吴縣人。
杜　詔　無錫人。
何應鰲　太平人。
孫宗緒　興化人。
洪　澤　歙縣人。
方景詡　昆山人。
王遵扆　蘇州人。
張秉亮　上元人。
田廣運　泰州人。
楊　湝　江都人。
董　洪　青浦人。

胡　宏　本姓董，青浦人。

欽賜進士四人：

王時鴻　華亭人。

徐葆光　吴縣人，［探花］。①

王圖炳　華亭人。

癸巳科王敬銘榜

劉文虎　武進人。

楊繩武　吴縣人。

任蘭枝　溧陽人，［榜眼］。②

陸榮源　本姓張，婁縣人。

蔡　嵩　上海人。

蔣　洞　常熟人。

胡承讚　涇縣人。

潘光灯　江都人。

丁　善　淮安人。

顧嗣立　長洲人。

張　梁　婁縣人。

姚培和　婁縣人。

王敬銘　嘉定人，狀元。

吴　襄　青陽人。

王希曾　崇明人。

金　鑣　潁上人。

顧飛鯤　華亭人。

莊　楷　武進人。

①② 據《四庫》本補。

蔣繼軾 江都人。 甯世藻 潁州人。
程 崟 歙縣人。 王 賚 無錫人。
顧之樽 長洲人。 王奕仁 婁縣人。
王玉璿 上元人。 秦宗淑 上海人。
蔣 杲 長洲人。 曹鑑臨 婁縣人。
徐 駿 長洲人。 吴廷揆 華亭人。
曹志宏 歙縣人。 袁 濬 武進人。
陸 翼 青浦人。 陳朝楨 武進人。
曹 儀 太倉人。 徐 鼎 徐州人，遂平籍。

乙未科徐陶璋榜

李 錦 長洲人，[會元]。① 徐學柄 上海人。
蔣恭棐 長洲人。 季運隆 邳州人。
張弘俊 山陽人。 王 淏 盱眙人。
李炳旦 興化人。 湯萬炳 長洲人。

---

① 據《四庫》本補。

(邱)〔丘〕鏞　淮安人。

楊　椿　武進人。

郭嗣齡　江都人。

曹友夏　金壇人。

徐陶璋　蘇州人，狀元。

王雲倬　吴江人。

李祖旦　潁州人。

李文鋭　長洲人。

張應造　吴縣人。

田大璽　鳳陽人。

朱天榮　江都人。

欽賜進士二人：

梅㲄成　宣城人。

張希聖　旌德人。

蔣芳洲　武進人。

朱　霖　太倉人。

胡如焕　上海人，本姓淩。

劉信嘉　淮安人。

龔相玉　昆山人。

繆曰藻　吴縣人，〔榜眼〕。①

路　衡　丹陽人。

姜朝俊　丹陽人。

嚴禹沛　常熟人。

張鳴鈞　吴江人。

吴家騏　吴江人。

① 據《四庫》本補。

戊戌科汪應銓榜

葉揚　吴縣人。

習寯　蘇州人。

張夢徵　華亭人。

戴珽　當塗人。

宋照　長洲人。

孫騏　興化人。

張廷璐　桐城人，[榜眼]。①

鄒登恒　無錫人，改名升恒。

高元昆　江都人。

嚴文在　建平人。

董鉞　本姓張，上海人。

徐模　長洲人。

楊爾德　太倉人。

顧仔　無錫人。

王懋竑　寶應人。

牛天申　上元人。

楊振翰　懷寧人。

劉運鼾　南陵人。

顧祖鎮　吴縣人。

沈承烈　本姓顧，華亭人。

汪應銓　常熟人，狀元。

顧增　松江人。

王恪　太倉人。

馮漢煒　金壇人。

---

① 據《四庫》本補。

辛丑科鄧鍾岳榜

儲大文　宜興人，[會元]。①

吴端升　武進人。

黄之雋　華亭人。

鄒世楠　吴縣人。

沈起元　太倉人。

吴啓昆　江寧人。

邵成正　青浦人。

蔣文元　武進人。

惲宗洵　武進人。

段西銘　武進人。

邵　泰　長洲人。

楊夢琰　丹徒人。

顧棟高　無錫人。

俞來求　蘇州人，榜姓張。

儲郁文　宜興人。

馮　栻　武進人。

馮懋華　太倉人。

鄭大德　如皋人。

儲雄文　宜興人。

趙可大　武進人。

莊　純　武進人。

唐繼祖　江都人。

李　鋮　吴江人。

張符驤　揚州人。

于　枏　金壇人。

① 據《四庫》本補。

蔣恭棐　長洲人。

雍　正

癸卯科于振榜

戴　瀚　上元人，榜眼。
夏之芳　高郵人。
姜穎新　如皋人。
于　振　金壇人，狀元。
朱　鑑　上海人。
胡香山　如皋人。
陶正中　無錫人。
鄒士隨　無錫人。
(邱)〔丘〕振鷺　武進人。
陳祖范　常熟人。
王景獻　昆山人。
倪師孟　吴江人。

何夢篆　江寧人。
史惇化　溧陽人。
儲龍光　宜興人。
朱仕遇　本姓張，華亭人。
吴　釗　常熟人。
潘　果　無錫人。
蔣汾功　武進人。
唐景佳　本姓黄，婁縣人。
周　琬　江都人。
周世禄　溧陽人。
朱世勳　宜興人。
邵錦濤　長洲人。

續　榜

周龍官　山陽人。

張廷珩　桐城人。

張廷瑑　桐城人。

任芝發　溧陽人。

沈　淑　常熟人。

洪肇楙　儀徵人。

胡光濤　本姓鄒，武進人。

李　音　儀徵人。

施　鍔　太倉人。

胡蛟齡　涇縣人。

張若涵　桐城人。

甲辰科陳德華榜

王安國　高郵人，[會元，榜眼]。①

繆曰芑　吴縣人。

張兆昌　本姓蔡，華亭人。

胡承璘　涇縣人。

薄履青　江寧人。

曹　鏌　金壇人。

邵大椿　吴縣籍，休寧人。

戴有禧　本姓嚴，常熟人。

徐　寧　上海人。

王　坦　本姓吴，華亭人。

王步青　金壇人。

趙錫孝　常熟人。

① 據《四庫》本補。

吉　士　本姓周，婁縣人。
莊敦厚　武進人。
程錫琮　六安人。
周廷燮　吴縣人。
儲元升　宜興人。
黎東昂　江寧人。
劉　復　武進人。
徐允年　含山人。
周大璋　桐城人。
程　恂　休寧人。
吴祖留　武進人。
吴龍應　武進人。
朱　陵　歙縣人。
秦伯龍　無錫人。
程文彝　華亭人。

蔡廷獻　吴江人。
陳畧鑑　桐城人。
朱良裘　上海人。
馬　嚴　上海人。
王　峻　常熟人。
謝朋庚　江都人。
鄧世杰　蕪湖人。
金　銘　本姓虞，無錫人。
章　台　涇縣人。
葉居仁　涇縣人。
劉　幹　嘉定人。
顧惟鑄　無錫人。
張泰基　太倉人。

續　榜

顧　贇　無錫人。

于　枋　金壇人。

李重華　吴江人。

陳　綱　宿遷人。

蔣之蘭　江都人。

鄧　鈺　六安人。

潘思榘　武進人。

程　班　本姓唐，華亭人。

吴兆雯　青陽人。

鄭　重　高郵人。

光成采　桐城人。

汪作楫　婺源人。

丁未科彭啓豐榜

彭啓豐　長洲人，[會元]，①狀元。

奚　源　當塗人。

王丕烈　青浦人。

黃斐然　溧陽人。

趙　浚　吴江人。

張仲熊　當塗人。

劉方藹　宣城人。

鄒一桂　無錫人。

錢本誠　太倉人。

于　辰　金壇人。

① 據《四庫》本補。

馬宏琦　通州人，探花。
李幹齡　建德人。
葉　滋　本姓王，上海人。
丁　斌　常熟人。
張　釗　吴縣人。
王興吾　華亭人。
唐冠賢　含山人。
章繼緒　青浦人。
陳人龍　無錫人。
王　康　大興籍，吴縣人。

庚戌科周霱榜

吴華孫　歙縣人。
胡承澤　桐城人。
陳其凝　上元人。
曹一士　青浦人。
曹守垣　金壇人。
吴鍾粵　上元人。
王祖庚　婁縣人。
汪　波　江寧人。
繆　集　泰州人。
莊　柱　武進人。
秦　甸　無錫人。
張鵬翀　嘉定人。
葉　承　青浦人。
葉　銘　武進人。
路　覲　宜興人。
何樹萼　丹徒人。
胡宗緒　桐城人。
蔣　柟　常熟人。
柏　謙　崇明人。

嵇璜　無錫人。
熊約祺　青浦人。
蔣溥　常熟人。
陶正靖　常熟人。
周範蓮　長洲人。
繆汪𦺐　溧陽人。
汪衡　無爲人。
程盛修　泰州人。
沈元陽　長洲籍，本姓謝，常熟人。
孫漉　無錫人。
程有成　華亭人。
顧成天　婁縣人。
吴瑋　歙縣人。
金嶒　江浦人。
李治運　吴江人。
劉育杰　泰州人。

張若溎　桐城人。
韓彦曾　長洲人。
段之縉　武進人。
林令旭　婁縣人。
阮學浩　山陽人。
錢志遥　丹陽人。
胡啓純　寧國人。
梁觀我　江都人。
張綸　陽湖人。
沈慰祖　吴縣人。
黄雲企　華亭人。
周朗　溧陽人。
王繩曾　金匱人。
田實發　合肥人。
羅克昌　高郵人。
高允中　通州人。

王以昌　江寧人。
黄蘭谷　休寧人。
楊廷棟　宣城人。
侯嗣達　金匱人。
徐景曾　武進人。
毛之玉　太倉人。
徐起巖　丹徒人。

癸丑科陳倓榜

陳　倓　儀徵人，［會元］，①狀元。
許　集　吴縣人。
陳堯叟　長洲人。
任啓運　荆溪人。
陳　福　太倉人。
查錫翰　休寧人。
卜松源　陽湖人。
楊又林　無錫人。
孫倪城　昆山人。
浦起龍　金匱人。
吴　卓　武進人。
吴士珣　吴縣人。

夏之蓉　高郵人。
夏廷芝　高郵人。
儲晉觀　宜興人。
張若靄　桐城人。
金洪銓　嘉定人。
徐梁棟　金匱人。

① 據《四庫》本補。

褚　禄　青浦人。
沈文鎬　崇明人。
阮學濬　山陽人。
毛旭旦　宜興人。
宫焕文　泰州人。
姚孔鋠　桐城人。
沈景蘭　元和人。
王芥園　丹徒人。
馮元欽　長洲人。
孫鳳立　揚州人。
章佑昌　吴縣人。
王　洛　桐城人。
秦莘田　無錫人。
王文充　儀徵人。
艾恩蔭　上元人。
宋　桓　宜興人。

鄒承垣　無錫人。
王家相　泰州人。
吴　超　荆溪人。
奚又灝　江陰人。
儲　燧　宜興人。
程仁秩　江都人。
朱　紅　江都人。

唐進賢　含山人。
項　樟　阜寧人。
朱士鈺　全椒人。
段珍玉　婁縣人。
吴祖修　武進人。
時鈞轍　嘉定人。
張光祺　丹徒人。
張　曾　太倉人。

金士仁　歙縣人。
吴喬齡　吴縣人。
薛復亨　武進人。
劉育傑　泰州人。

乾　隆

丙辰科金德瑛榜

趙青藜　涇縣人。
侯燕然　長洲人。
范　芝　荆溪人。
吴　泰　山陽人。
李宜春　江都人。
江　漢　望江人。
吴　鼐　無錫人。
徐學恒　無錫人。
季方馨　泰興人。

王嘉會　上元人。
張廷樾　江陰人。
張　瑚　桐城人。
汪文在　武進人。
凌應龍　上海人。
虞欽元　金壇人。
王一槐　宣城人。
黄士鈞　無錫人。
賈　霖　無錫人。
方　騫　歙縣人。
張若潭　桐城人。

吴斯鈞　上元人。
鄭毓善　靖江人。
沈　濤　江陰人。
楊大灝　上元人。
屈成霖　常熟人。
王　孚　上元人。
張必剛　潛山人。
湯永祚　常州人。
葉　遇　吴江人。
徐　鐸　鹽城人。
顧維錫　金匱人。
華　栻　金匱人。
李夢元　華亭人。
沈　雅　高郵人。

周懷濟　溧陽人。
沈宗湘　吴江人。
鄭　燮　興化人。
駱天俊　宣城人。
任震行　宜興人。
侯陳齡　金匱人。
黄　垣　靖江人。
聞　棠　鎮洋人。
葉　昱　嘉定人。
錢　度　武進人。
葛祖亮　江寧人。
徐　衡　昆山人。
秦蕙田　金匱人，[探花]。①
趙秉義　甘泉人。

① 據《四庫》本補。

金德瑛　仁和籍，休寧人，[會元，狀元]。①

張陳典　嘉定人。

續榜

王雲萬　無錫人。

蘇國棨　合肥人。

吴見龍　武進人。

王所倫　荆溪人。

鄒永綏　無錫人。

孫　略　全椒人。

金門詔　江都人。

張　尹　桐城人。

丁思顯　高郵人。

① 據《四庫》本補。

江南通志卷一百二十五

選舉志

舉人 一

唐制，館、監、州、縣學生舉其成者，送尚書省。其選舉不由館學，謂之鄉貢，皆集試於考功員外郎。開元中，始移貢舉於禮部。宋法，三年一貢舉，秋取解，冬集禮部，春考試。當時集試者，通謂之舉人。唐（元）［玄］宗罷鄉貢，舉人不由國子及郡縣學者，勿舉送是也。奏名於禮部，仍謂之舉人。宋嘉祐二年，親試舉人是也。至明洪武十五年定科舉法，以鄉試及格者爲舉人，並得銓注。

本朝因之，慎簡主司，增廣解額，典彌重焉。逮憲皇帝簡擇試用，闢仕進之門，士益斌斌思歌《鹿鳴》來矣。

明

洪武三年庚戌科

全榜龍文明等七十三人。

趙　權　句容人。
張　博　泗州人。
鄭叔雨　吴縣人。
唐　溥　常熟人。
黄　著　常熟人。
郭　疇　昆山人。
金文徵　嘉定人。
高　原　華亭人。
張　璧　華亭人。
許　澂　華亭人。

湯允政　泗州人。
孫　盛　泗州人。
張　著　常熟人。
鄒立誠　常熟人。
夏　時　昆山人。
朱　瑮　吴江人。
黄　誼　崇明人。
袁　凱　華亭人。
曹克端　華亭人。
曹　友　江陰人。

錢　蒙　宜興人。

儲正夫　宜興人。

儲立夫　宜興人。

儲益夫　宜興人。

李善本　潛山人。

汪　翔　婺源人。

魏　益　碭山人。

洪武四年辛亥科

名數無考。

傅　斛　昆山人。

陳　永　昆山人。

漆居恭　江陰人。

郭　貞　江陰人。

洪武五年壬子科

名數無考。

許士良　江陰人。

方　亨　潁州人。

洪武八年乙卯科

名數無考。

奚　殼　吴江人。

洪武十七年甲子科

全榜廖孟照等六十六人。孟照，江西人。

陳　恭　江寧人。

吴　斌　句容人。

胡　桐　溧水人。

沃　浚　溧水人。

桂　滿　臨淮人。

孫　仁　壽州人。

高　舉　潁州人。

淩　輅　句容人。

齊　德　溧水人。

劉　文　溧水人。

余　文　六合人。

李　裕　壽州人。

楊　言　壽州人。

陳　璵　潁州人。

陸鎰 吴縣人。
張迅 崇明人。
顧峘 長洲人。
胡士文 華亭人。
陳景新 華亭人。
王覲 華亭人。
唐盛 華亭人。
馬驤 丹徒人。
陳迪 丹徒人。
盛安 丹徒人。
陳友常 丹徒人。
鄒英 金壇人。
鄧祐 江都人。
陳傑 高郵人。
賈儁 如臯人。
吴衡 泰州人。

馮原智 吴縣人。
茅良驥 崇明人。
王遜 昆山人。
倪祐 華亭人。
張禮 華亭人。
顧諟 華亭人。
李敏 江陰人。
許靈 丹徒人。
唐俊民 丹徒人。
盛思明 丹徒人。
湯選 金壇人。
李宏 江都人。
陳翼 泰興人。
柏齡 高郵人。
高迪 興化人。
羅拱 安東人。

楊　靖　山陽人。
劉　勉　安東人。
惠　忠　合肥人。
方　昇　懷寧人。
羅　瓚　望江人。
周　原　繁昌人。
陳敬宗　貴池人。
程　善　婺源人。

洪武二十年丁卯科

施顯等二十六人。

王士惟　溧水人。
朱　勝　溧水人。
周秉一　吳縣人。
施　顯　常熟人，本姓桑。

楊　新　合肥人。
蕭　敏　合肥人。
劉　儼　桐城人。
俞　本　蕪湖人。
秦　逵　宣城人。
萬道傑　貴池人。
胡昌齡　歙縣人。
許　璿　貴池人。
欒　鳳　溧水人。
沈　鏞　潁上人。
王好謙　昆山人。
蔡　文　華亭人。

舒　楚　江都人。
徐　麟　泰州人。
王具瞻　山陽人。
徐　麒　山陽人。
周文舉　安東人。
倪　貴　合肥人。
甘　霖　懷寧人。
劉　得　太湖人。
程　煜　太湖人。
邢思文　當塗人。
耿　昇　當塗人。
尤　毅　當塗人。
田　游　歙縣人。
鄭道同　歙縣人。
俞　慶　婺源人。
汪宗大　婺源人。

洪武二十三年庚午科

黄文史等二十人。文史，福建人。

談　允　溧水人。
房　義　溧水人。
許　暘　六合人。
韓　進　潁州人。
陸得舉　昆山人。
姚　恕　吴江人。
倪　峻　丹徒人。
楊　元　丹徒人。

李經　沭陽人。
李瀠　六安人。
方法　桐城人。
許觀　貴池人。
程通　績溪人。

洪武二十六年癸酉科

名數無考。

俞允　江寧人。
杭濬　溧水人。
陳應奎　長洲人。
蔣鑄　丹徒人。
王孚　安東人。
林和　合肥人。
劉泳　涇縣人。

沈逵　邳州人。
錢時　桐城人。
羅寅　桐城人。
谷瑢　石埭人。
王嘉　建平人。

焦敏　潁州人。
王性　溧水人。
陳良　昆山人。
袁昇　丹徒人。
王規　海州人。
白塤　合肥人。
宗廣　涇縣人。

程仕儀　貴池人。

江　虎　歙縣人。

程　尚　休寧人。

柯文彬　績溪人。

洪武二十九年丙子科

尹昌隆等共七十七人。昌隆，江西人。

于　源　上元人。

陶　鎔　江寧人。

李　崇　江寧人。

趙　麟　江寧人。

嚴　篪　句容人。

馬　驤　溧陽人。

陳　儒　溧陽人。

陳　鎰　溧陽人。

趙　昱　溧水人。

梅　哲　溧水人。

莫　英　江浦人。

趙　鼎　臨淮人。

吴　玨　六合人。

傅　謙　六合人。

尹　綬　定遠人。

鄭　誼　臨淮人。

李　默　定遠人。

陳　貫　霍(邱)〔丘〕人。

杜　琦　泗州人。

王　儉　天長人。

諸葛珙 潁上人。
姜信 吴縣人。
趙宗禮 長洲人。
王永年 長洲人。
何德源 吴江人。
賀文善 華亭人。
石潤 華亭人。
王徵 上海人。
尤實 江陰人。
湯銘 江陰人。
張順 丹陽人。
倪端 江都人。
糜焕 儀真人。
陳讓 高郵人。
張忠 通州人。
潘毅 清河人。

楊旭 泗州人。
姚山 吴縣人。
宋玘 長洲人。
沈熊 長洲人。
范仝 崇明人。
王原 華亭人。
李學 華亭人。
徐子信 上海人。
潘吉 江陰人。
湯文顯 丹徒人。
周郁 丹陽人。
劉斌 江都人。
吕昱 泰興人。
郭觀 如皋人。
崔昇 山陽人。
盧欽 清河人。

張材　沭陽人。
王春　贛榆人。
俞淵　合肥人。
汪貫　六安人。
黄懷　英山人。
李儀　當塗人。
秦瑀　當塗人。
汪求　休寧人。
戴善應　績溪人。
劉泰　徐州人。

建文元年己卯科

劉政等二百十四人。

張欽　上元人。
任安　上元人。

馬節　海州人。
欒榮　合肥人。
宋獻　六安人。
段亮　英山人。
陶誼　當塗人。
陶升　當塗人。
洪文洽　歙縣人。
江原宗　婺源人。
王政　滁州人。

時泰　上元人。
方矩　上元人。

何閏 上元人。

王憲 江寧人。

陳善 江寧人。

吳觀 江寧人。

鍾回 溧陽人。

潘鵾 溧陽人。

張禮 溧水人。

夏廉 溧水人。

宋鎬 溧水人。

孫讓 溧水人。

史雄 江浦人。

夏潤 六合人。

談哲 臨淮人。

王希善 五河人。

周節 五河人。

陳璟 靈壁人。

王良 上元人。

李誠 江寧人。

王賓 江寧人。

王滿 溧陽人。

彭守學 溧陽人。

謝嘉 溧陽人。

朱旭 溧水人。

湯茂 溧水人。

經綸 溧水人。

劉觀 江浦人。

吳智 江浦人。

馮善 臨淮人。

胡敏 定遠人。

陳謐 五河人。

胡潛 霍(邱)〔丘〕人。

范淵 太和人。

李瑛　亳州人。
劉政　長洲人。
尤安禮　本姓欽，吴縣人。
陸貞　長洲人。
姚思聰　長洲人。
黄本　昆山人。
宋珩　嘉定人。
陳善　昆山人。
吴仲文　華亭人。
謝徵　華亭人。
穆良　華亭人。
楊銓　上海人。
周霖　上海人。
劉庸　上海人。
蔣賢　江陰人。
顧行　江陰人。

俞本　吴縣人。
王皜　吴縣人。
浦陟　長洲人。
馬昇　昆山人。
錢紳　吴縣人。
姚伯善　常熟人。
錢公慶　華亭人。
蕭潭　吴江人。
吴綱　華亭人。
石璞　華亭人。
錢蒙　華亭人。
劉信　上海人。
馮吉　上海人。
劉琳　上海人。
沈斯　江陰人。
楊輝　江陰人。

王冕　江陰人。
王衡　江陰人。
周欽　江陰人。
謝莊　江陰人。
鄧蒙　江陰人。
宋參　江陰人。
何澄　江陰人。
郎祐　丹徒人。
鄒旭　江都人。
趙理　江都人。
林正　江都人。
彭真　儀徵人。
馮輅　寶應人。
張真　如皋人。
許孚　如皋人。
陳復　通州人。

許節　江陰人。
鈕慶　江陰人。
許勝　江陰人。
沈端　江陰人。
王諒　江陰人。
張善　江陰人。
施敬　江陰人。
倪敬　丹徒人。
劉鎮　金壇人。
張英　江都人。
黃惟正　江都人。
張敬　江都人。
王宗學　寶應人。
王翦　如皋人。
蔡昇　如皋人。
劉鑑　如皋人。

王澤 通州人。
郭敬 山陽人。
王宣 山陽人。
姚文玉 山陽人。
李縉 山陽人。
賀誠 山陽人。
胡勉 鹽城人。
王悦 清河人。
徐敬 贛榆人。
沈昭 合肥人。
王寧 巢縣人。
任泰 巢縣人。
王恕 英山人。
李誠 當塗人。
孫璟 當塗人。
郭貞 當塗人。

陳昇 通州人。
姚忠 山陽人。
徐貴 山陽人。
張訓 山陽人。
朱諒 山陽人。
李鼎 山陽人。
金衡 山陽人。
倪忠 清河人。
王循 清河人。
袁文 合肥人。
正復 合肥人。
霍懋 巢縣人。
孫儁 六安人。
胡暹 當塗人。
耿原 當塗人。
陶進 當塗人。

侯　汝　宣城人。

駱　善　宣城人。

張　祖　寧國縣人。

阮　誠　宣城人。

董希仲　貴池人。

王良中　太平人。

儲必用　貴池人。

倪　信　貴池人。

汪明善　績溪人。

王宗善　婺源人。

孫　恭　滁州人。

胡彦申　績溪人。

邵　著　徐州人。

任　肅　徐州人。

杜　暘　沛縣人。

胡　秩　徐州人。

王　庸　和州人。

撒仲謙　和州人。

盛德洪　和州人。

計　澄　和州人。

楊　彬　和州人。

永樂元年癸未科

王仲壽等一百四十五人。壬午兵興，癸未補試。

遲　讓　上元人。

嚴　璐　上元人。

謝　濟　上元人。
王仲壽　江寧人。
楊　勉　江寧人。
卞　安　江寧人。
王　鼎　句容人。
尹　鑑　句容人。
史　彬　溧陽人。
張宗直　溧水人。
馮　懋　懷遠人。
彭守信　虹縣人。
曠　敏　宿州人。
李　恂　亳州人。
殷　㝷　吴縣人。
李　玉　吴縣人。
沈　達　吴縣人。
高　庸　吴縣人。

丁　璿　上元人。
曹　廣　江寧人。
范　進　江寧人。
范　進　句容人。
陳　壽　句容人。
張　誠　溧陽人。
徐　昱　溧水人。
馮　理　鳳陽縣人。
許　宏　懷遠人。
王　遜　天長人。
李　泰　潁州人。
陳紹先　吴縣人。
范　彬　吴縣人。
沈　忠　吴縣人。
張　庸　吴縣人。
顧　紳　吴縣人。

俞友諒 吴縣人。
沈暘 吴縣人。
張敬 吴縣人。
周瀚 長洲人。
諸質 長洲人。
周文郁 長洲人。
吴文華 長洲人。
楊忠 昆山人。
諸塤 吴江人。
朱常 崇明人。
金真 華亭人。
諸英 華亭人。
潘敬 華亭人。
姜士儀 華亭人。
王玭 嘉定人。
徐迪 嘉定人。

葉廉 吴縣人。
季曎 長洲人。
成印 長洲人。
吴顒 長洲人。
曹鼎 長洲人。
陳逵 長洲人。
楊旻 長洲人。
張信 常熟人。
陳璠 嘉定人。
顧彧 崇明人。
楊茂 華亭人。
顧文達 華亭人。
何清 華亭人。
殷瓚 常熟人。
邵翼 嘉定人。
葉承宗 嘉定人。

唐誠 丹徒人。
郜安 儀徵人。
黄翔 泰興人。
俞黻 興化人。
徐庸 興化人。
陳益 泰州人。
許忠 如皋人。
邵義 通州人。
袁茂宗 海門人。
萬億 山陽人。
吴豫 山陽人。
張進 山陽人。
吕開 沭陽人。
王弼 合肥人。
胡堅 舒城人。
吕文中 無爲人。

婁誠 丹徒人。
胡肅 丹陽人。
時景華 儀徵人。
王立 泰興人。
方進 興化人。
薛廣 泰州人。
陳聚 如皋人。
冒祐 如皋人。
陳志剛 通州人。
夏正 山陽人。
崔廉 山陽人。
金輝 山陽人。
段祥 清河人。
徐順 合肥人。
濮斐 合肥人。
張昇 無爲人。

鄭亨　無爲人。
丁堅　懷寧人。
曹譁　宿松人。
朱戬　太湖人。
陳麒　當塗人。
楊幹　當塗人。
俞遜　蕪湖人。
張謙　繁昌人。
鄭舉　繁昌人。
李純　宣城人。
莫福　宣城人。
柯長　寧國縣人。
蘇戫　太平人。
桂諒　青陽人。
劉時敏　銅陵人。
查山　建德人。

嚴膺　懷寧人。
胡咸　太湖人。
王益　當塗人。
邢思敬　當塗人。
陳紀　當塗人。
陳恭　蕪湖人。
陳巽　繁昌人。
陳銓　宣城人。
張紳　宣城人。
陶歆　宣城人。
徐昶　宣城人。
儲泳　宣城人。
朱宗　寧國縣人。
張瓛　貴池人。
余可才　銅陵人。
葉昶　銅陵人。

余文恕 婺源人。
鄭景曜 建德人。
陳壽 婺源人。
黄汝濟 祁門人。
周政 全椒人。
張威 沛縣人。
李善 和州人。
晏善 含山人。

永樂三年乙酉科

朱璚等一百六十二人。

王舉 上元人。
沈維 江寧人。
趙益 江寧人。
邢端 江寧人。
劉震 建德人。
吴淵 青陽人。
汪宗順 祁門人。
胡綬 建平人。
鄭忠 全椒人。
張渙 和州人。
胡全 含山人。
唐經 江寧人。
張貞 江寧人。
陳恭 江寧人。
唐彬 江寧人。

盛衍 江寧人。
王原 句容人。
張豫 溧水人。
王信 江浦人。
孫智 六合人。
趙彬 臨淮人。
張孔善 臨淮人。
林春 臨淮人。
劉亨達 懷遠人。
文英 定遠人。
戴儼 宿州人。
董敏 潁州人。
秦忻 潁州人。
季冬 吴縣人。
湯新 吴縣人。
劉紹 吴縣人。

張逵 句容人。
劉濬 句容人。
張彦聲 溧水人。
尹旻 六合人。
胡誠 鳳陽人。
賈節 臨淮人。
賀鑑 臨淮人。
鄭鉉 臨淮人。
李哲 懷遠人。
姜理 霍(邱)〔丘〕人。
張鐸 靈璧人。
吴翔 潁州人。
張藴 太和人。
錢鑑 吴縣人。
陳傑 吴縣人。
仇忠 吴縣人。

倪文富 長洲人。
鄭宗 長洲人。
曹澄 常熟人。
朱泰安 昆山人。
蘇廷珪 嘉定人。
楊豫 嘉定人。
倪桓 華亭人。
瞿顥 華亭人。
鄭文俊 華亭人。
劉昌安 崇明人。
張垌 崇明人。
趙端 上海人。
康勉 上海人。
姚訥 無錫人。
徐震 無錫人。
楊浩 無錫人。

金庠 長洲人。
鄭庚 昆山人。
陳寛 常熟人。
吕旦 昆山人。
孫武 吴江人。
陳敬宗 嘉定人。
朱璚 華亭人。
王澄宗 華亭人。
朱文顯 華亭人。
徐基 崇明人。
何德淳 崇明人。
沈驥 上海人。
張翔 上海人。
金鑄 無錫人。
袁璧 無錫人。
謝寅 無錫人。

戈珣　江陰人。
唐理　宜興人。
徐鑑　宜興人。
范怡　丹徒人。
張洪　丹陽人。
沈固　丹陽人。
李英　江都人。
朱迪　江都人。
蔣暹　金壇人。
陳昇　泰興人。
卜英　高郵人。
舒紳　興化人。
朱寧　寶應人。
王義　泰州人。
王信　通州人。
徐豫　山陽人。

宋珉　江陰人。
黃珩　江陰人。
范璿　宜興人。
儲祉　宜興人。
王斌　丹徒人。
戚思賢　丹陽人。
張斌　江都人。
劉順　江都人。
董綸　泰興人。
楊宗　泰興人。
紀績　高郵人。
許敬　興化人。
王謐　寶應人。
李素　如皋人。
蘇瞻　山陽人。
楊忠　山陽人。

盧臻 山陽人。
闞誠 山陽人。
劉洵 鹽城人。
尹任 沭陽人。
張觀 合肥人。
徐琪 舒城人。
朱淵 懷寧人。
李揚 太湖人。
豐畹 當塗人。
謝震 當塗人。
陳安 繁昌人。
李芳 宣城人。
汪亮 宣城人。
邵員 涇縣人。
李開 南陵人。
陳琳 石埭人。

畢昱 山陽人。
史良 山陽人。
成均 鹽城人。
陸澄 合肥人。
張昱 舒城人。
張忠 六安人。
沈讓 潛山人。
鄒裴 宿松人。
章本 當塗人。
蔣義 當塗人。
陳榦 宣城人。
沈穆 宣城人。
董塤 寧國縣人。
吴暹 太平人。
范懋 南陵人。
方傑 建德人。

陳　俊　貴池人。
檀　凱　建德人。
柯　暹　建德人。
倪　瑢　東流人。
洪　淵　歙縣人。
王孟容　歙縣人。
曹　昇　婺源人。
江　同　婺源人。
朱　紱　滁州人。
楊　守　徐州人。
戴　安　徐州人。
王　獻　豐縣人。
陶　鎔　和州人。
黃　敬　建德人。
徐　俊　建德人。
陳　璿　東流人。
鮑　敏　東流人。
汪文簡　歙縣人。
程仲和　婺源人。
方月同　婺源人。
夏時敏　建平人。
陳　寔　滁州人。
蔣　煥　徐州人。
杜　禮　蕭縣人。
李　巽　沛縣人。
管　忠　和州人。

永樂六年戊子科

王壽生等五十九人。壽生，福建人。

姜　壽　上元人。
劉　璉　江寧籍，昆山人。
史　詠　溧陽人。
王　恕　江浦人。
繆　衍　六合人。
章　儀　吴縣人。
吕　信　吴縣人。
陳　祚　吴縣人。
(邱)〔丘〕達　長洲人。
陸　彝　長洲人。
周　冕　常熟人。
顧　逵　華亭人。
郁文盛　華亭人。
諸文亮　華亭人。
秦　彧　丹徒人。
張　默　丹徒人。

史　循　江寧人。
吕　和　溧陽人。
王　廣　江浦人。
李　鉉　江浦人。
任　祉　靈壁人。
吴　繪　吴縣人。
談　和　吴縣人。
施　驥　長洲人。
張　璣　昆山人。
嚴　敬　常熟人。
朱　琦　華亭人。
范　忠　華亭人。
許道中　丹徒人。
周　鎬　丹徒人。
强　善　丹徒人。
左　德　江都人。

張孝先　丹陽人。
張　豫　江都人。
程　鑑　江都人。
車　遜　高郵人。
周　驥　山陽人。
陳九齡　贛榆人。
孫　郁　合肥人。
陸　義　六安人。
張　傑　合肥人。
羅　英　太湖人。
湯　濟　太平人。
胡　寬　石埭人。
李志忠　婺源人。
薛永寧　來安人。

胡　震　江都人。
鄒　旭　江都人。
劉　清　江都人。
李　寬　泰州人。
王　敬　沭陽人。
鍾　豫　合肥人。
李　鉞　合肥人。
黄　鐸　英山人。
翟　瑀　舒城人。
程　富　涇縣人。
吳必聞　貴池人。
吳　璉　休寧人。
黄　章　廣德人。

永樂九年辛卯科

徐則寧等一百六十九人，則寧，江西人。

顧敬 上元人。

童文 上元人。

莊約 上元人。

王正 江寧人。

鄭璥 江寧人。

劉麒 江寧人。

吴謙 句容人。

曹義 句容人。

錢敏 溧陽人。

錢覺 溧陽人。

傅安 溧水人。

李昂 鳳陽縣人。

陽清 上元人。

虞祥 上元人。

王本 上元人。

劉宣 江寧人。

韓謙 江寧人。

巫泰 句容人。

陳遜 句容人。

黄琮 溧陽人。

黄玉 溧陽人。

楊瑛 溧陽人。

魏組 溧水人。

周尚文 鳳陽縣人。

顧敏 臨淮人。
張思敬 五河人。
傅茂 盱眙人。
韓璽 潁州人。
許恭 潁州人。
林英 潁上人。
楊誠 潁上人。
王震 吴縣人。
張益 吴縣人，江寧籍。
范達 吴縣人。
徐備 長洲人。
淩盛 長洲人。
俞士悦 長洲人。
吴著 長洲人。
周啓 長洲人。
邵璉 昆山人。

金貴 臨淮人。
朱矩 定遠人。
陳致中 虹縣人。
仲奇 靈璧人。
閔銘 潁州人。
卜謙 潁上人。
陳鎰 吴縣人。
陳祈 吴縣人。
顧敬 吴縣人。
倪本 吴縣人。
仰瞻 長洲人。
陳融 長洲人。
沈善 長洲人。
周倫 長洲人。
吴文貴 長洲人。
杜春 昆山人。

周璪　崑山人。
虞祥　崑山人。
楊仲　常熟人。
張政　華亭人。
諸㖦　華亭人。
汪澂　華亭人。
陸承宗　華亭人。
范賢　華亭人。
潘嶼　上海人。
孫璞　丹徒人。
嚴獻　丹徒人。
張貞　丹徒人。
吕獻　丹徒人。
吴顯　丹陽人。
嚴敬　丹陽人。
徐卿　江都人。

王希　崑山人。
魏謙　常熟人。
彭奋　嘉定人。
吴敬　華亭人。
陶育　華亭人。
錢銓　華亭人。
俞昱　華亭人。
孫源　華亭人。
趙琬　武進人。
陳時敏　丹徒人。
湯銘　丹徒人。
朱瑾　丹徒人。
劉銓　丹徒人。
史遷　金壇人。
史鑑　金壇人。
徐定　江都人。

劉　旺　高郵人。
周　鑑　寶應人。
秦　瓛　如皋人。
葉思智　海門人。
帥　正　山陽人。
高　義　山陽人。
楊　寔　山陽人。
侯　迪　山陽人。
馮　軏　清河人。
王　琇　贛榆人。
楊　善　睢寧人。
袁　容　合肥人。
馬　端　無爲人。
王汝霖　無爲人。
葉　貴　懷寧人。
周　善　桐城人。

張　翥　寶應人。
曹　源　如皋人。
王　璟　通州人。
賈　堅　山陽人。
鄧　勉　山陽人。
陳　和　山陽人。
胡　暹　山陽人。
張　政　清河人。
陳　康　沭陽人。
閻　濟　邳州人。
張　珩　合肥人。
陳　瑾　盧江人。
孔　彝　無爲人。
胡思魯　無爲人。
汪　儉　懷寧人。
黄　文　桐城人。

李悦 潛山人。
鄧恂 宿松人。
胡忠 當塗人。
王衕 當塗人。
陳儀 當塗人。
柳方 當塗人。
楊景立 當塗人。
謝斆 蕪湖人。
徐巖 宣城人。
陳貴 宣城人。
趙彬 涇縣人。
陳愷 貴池人。
韓敬 貴池人。
吳賜 貴池人。
張友清 銅陵人。
趙希範 婺源人。

徐昱 潛山人。
郝源 望江人。
仰高 當塗人。
徐觀 當塗人。
徐倫 當塗人。
戴謙 當塗人。
汪觀 當塗人。
吳愷 宣城人。
臧信 宣城人。
陶鎔 宣城人。
王淵 涇縣人。
周鼎 貴池人。
吳汝昌 銅陵人。
吳安 青陽人。
莊觀 歙縣人。
倪以孚 婺源人。

黄仲餘　休寧人。
黄友諒　祁門人。
張宗傑　祁門人。
康　華　祁門人。
舒宗辰　黟縣人。
舒　泰　黟縣人。
張　諶　滁州人。
劉　昭　滁州人。
王　顯　滁州人。
邵　顯　來安人。
武　俊　來安人。
王　演　徐州人。
薛　昶　徐州人。
孫士用　和州人。
趙　斌　沛縣人。
唐　弼　含山人。

永樂十二年甲午科

謝瑶等一百三十人。

謝　鑑　上元人。
任祖壽　上元人。
朱　鎔　上元人。
徐　賁　江寧人。
張　益　江寧人。
宋　敏　江寧人。
吴　名　江寧人。
吴　璘　江寧人。

姚堅 江寧人。
宋拯 江寧人。
謝璘 句容人。
馬進 溧陽人。
夏源 溧陽人。
陳芳 靈璧人。
齊敬 太和人。
謝瑶 吴縣人。
陳端 吴縣人。
沈理 吴縣人。
徐謙 吴縣人。
金鎧 吴縣人。
邵明 吴縣人。
曹洪 吴縣人。
陳邵 昆山人。
王永和 昆山人。

劉敬 江寧人。
徐琳 江寧人。
把士聰 溧陽人。
史常 溧陽人。
鄭猷 六合人。
趙理 靈璧人。
王質 太和人。
陳圭 吴縣人。
尹昴 吴縣人。
周璣 吴縣人。
高進 吴縣人。
徐方 吴縣人。
嚴珪 吴縣人。
戴義 昆山人。
曹瑜 昆山人。
許玉 昆山人。

唐敏　常熟人。
陶安　常熟人。
顧巽　長洲人。
周璲　長洲人。
陸良能　嘉定人。
袁方　常熟人。
盛平　崇明人。
曹孟莊　華亭人。
張鑑　上海人。
張衡　上海人。
陸徵　上海人。
朱暹　丹徒人。
張森　丹陽人。
蔣琮　金壇人。
鄭安　江都人。
劉潤　泰興人。

陳泰　常熟人。
連恭　常熟人。
李賁　長洲人。
李義　長洲人。
朱昶　昆山人。
李士貞　崇明人。
戴謙　華亭人。
劉士賢　華亭人。
張趨　上海人。
李昇　上海人。
姚璧　上海人。
劉善　丹徒人。
儲懋　金壇人。
王玨　江都人。
謝雯　泰興人。
董福　興化人。

陳鏞　寶應人。
沈珩　泰州人。
劉勉　山陽人。
高祥　山陽人。
賈進　安東人。
宋宗　合肥人。
胡紀　舒城人。
向侃　巢縣人。
張瑩　桐城人。
詹豫　宿松人。
曹源　當塗人。
朱鐸　當塗人。
李茂　蕪湖人。
李懿　繁昌人。
趙麟　宣城人。
張簡　宣城人。

俞進　泰州人。
楊謙　山陽人。
趙振　山陽人。
劉鐸　山陽人。
王鋭　宿遷人。
牛孺　合肥人。
徐智　盧江人。
奚銓　巢縣人。
程政　桐城人。
陳隆　望江人。
陶究　當塗人。
陶器　蕪湖人。
張志　繁昌人。
韋經　宣城人。
林敬　宣城人。
張啓　宣城人。

陳　祥　宣城人。　張　昇　宣城人。
孫　貴　南陵人。　王　佐　貴池人。
周　䄡　銅陵人。　徐　昇　建德人。
陳　䄡　青陽人。　徐　智　青陽人。
劉安定　歙縣人。　金宗善　歙縣人。
程　富　歙縣人。　汪　璪　休寧人。
吴　彬　休寧人。　游希曾　婺源人。
夏惟中　婺源人。　杜宗順　婺源人。
李居正　祁門人。　周敏學　祁門人。
康　懷　祁門人。　李　富　績溪人。
許　璧　廣德人。　李　福　廣德人。
張　方　廣德人。　張　鉅　來安人。
魏　鑨　徐州人。　王　鎬　和州人。

永樂十五年丁酉科

楊珙等六十八人。

徐榮　上元人。
馮履　江寧人。
劉江　江寧人。
曹暹　句容人。
年富　懷遠人。
胡式　泗州人。
張學　宿州人。
瞿端　吴縣人。
吴得　吴縣人。
王懌　碭山人。
袁誼　長洲人。
黄鐸　昆山人。
倪傑　華亭人。
王端　華亭人。
陸萱　華亭人。
韓著　上海人。

尹弼　上元人。
施誠　江寧人。
李輅　江寧人。
劉晏　六合人。
葉安道　定遠人。
戴璣　盱眙人。
沈轔　吴縣人。
莫珪　吴縣人。
夏瑜　吴縣人。
孔友諒　長洲人。
姚華　吴江人。
陳臻　嘉定人。
李敬　華亭人。
夏正　華亭人。
馮敬　華亭人。
朱忠　上海人。

楊珙 上海人。
陳直 丹徒人。
謝涇 江都人。
陳益 江都人。
徐佖 興化人。
徐瑊 泰州人。
孫純 通州人。
蔣佑 山陽人。
金濂 山陽人。
潘岳 六安人。
張昊 六安人。
谷安 繁昌人。
王弼 繁昌人。
陳文紳 繁昌人。
黄榮 貴池人。
劉善從 東流人。

朱慥 丹徒人。
周仕宏 丹徒人。
戴禮 江都人。
王齡 儀真人。
冀寧 寶應人。
莊元 通州人。
李永常 海門人。
馬驤 山陽人。
董智 合肥人。
楊昇 六安人。
端莊 繁昌人。
蘇震 當塗人。
甘志 繁昌人。
謝勝 南陵人。
陳謨 銅陵人。
汪子友 婺源人。

曾用濟　休寧人。

權　倫　徐州人。

永樂十八年庚子科

劉鋐等七十八人。

張文昌　上元人。

陸　彦　上元人。

馬　麟　江寧人。

孫　熙　江寧人。

鄧　序　江寧人。

胡　諒　句容人。

陳　長　溧陽人。

沈　佑　鳳陽縣人。

顧　原　臨淮人。

王　謙　虹縣人。

盧伯深　祁門人。

王　俊　上元人。

胡　玉　上元人。

達　旺　江寧人。

邵　頫　江寧人。

李　素　江寧人。

王　焕　句容人。

王　琳　溧陽人。

丹　衷　鳳陽縣人。

施　祥　定遠人。

陳　穀　泗州人。

趙畿　宿州人。
范寛　太和人。
柳華　吴縣人。
蔡旭　吴縣人。
成規　長洲人。
成矩　長洲人。
周觀　長洲人。
吴凱　昆山人。
衛敬　常熟人。
李萱　華亭人。
相衡　華亭人。
楊森　上海人。
俞雍　宜興人。
(邱)〔丘〕誠　宜興人。
陳肅　丹徒人。
丁智　丹徒人。

錢浩　靈壁人。
(邱)〔丘〕澄　吴縣人。
沈繼　吴縣人。
劉鉉　長洲人。
吴潞　長洲人。
繆讓　長洲人。
郭璘　長洲人。
章賢　昆山人。
冷融　常熟人。
范勉　華亭人。
黄泰　上海人。
蔣柱中　上海人。
儲益　宜興人。
陳麟　丹徒人。
姚翔　丹徒人。
管敏　丹徒人。

胡清 丹徒人。
韓珙 江都人。
秦鏞 江都人。
鄧肅 如皋人。
羅銓 山陽人。
魯敏 懷寧人。
劉常 望江人。
童俊 當塗人。
章禧 宣城人。
程山 休寧人。
張中 婺源人。
黄純 全椒人。
劉定 和州人。

永樂二十一年癸卯科

王政等八十人。

張英 金壇人。
張輯 江都人。
蔣義 江都人。
吴衡 如皋人。
汪洪 六安人。
陳慶 懷寧人。
許逵 當塗人。
黄綬 當塗人。
胡本惠 銅陵人。
許遠 休寧人。
余徽 黟縣人。
劉清 全椒人。
陳信 和州人。

王政 上元人。
梅森 上元人。
陳昇 江寧人。
史歷 溧陽人。
陳紀 溧水人。
周彬 潁上人。
吳惠 吳縣人。
虞貞 吳縣人。
王瓛 長洲人。
陳遜 長洲人。
錢永 長洲人。
王文美 長洲人。
王資 昆山人。
張經 昆山人。
盧瑛 昆山人。
王濔 常熟人。

翟瑛 上元人。
張祺 江寧人。
蔣勸 江寧人。
孫達 溧陽人。
談道 懷遠人。
朱晟 吳縣人。
許震 吳縣人。
賀廉 吳縣人。
楊謹 長洲人。
張果 長洲人。
沈源 長洲人。
王鎧 長洲人。
顧讓 昆山人。
王復 昆山人。
蔣明 昆山人。
錢浩 華亭人。

魚侃 常熟人。
龔定 華亭人。
沈英 華亭人。
嚴勵 華亭人。
顧繼 華亭人。
趙禮 上海人。
姚震 江陰人。
吴實 江陰人。
魏楫 江陰人。
葉瑩 江陰人。
劉忠 丹徒人。
管貞 丹徒人。
施敬 江都人。
王震 江都人。
楊顒 泰州人。
邵進 山陽人。

程式 常熟人。
林文俊 華亭人。
尹恭 華亭人。
沈濟 華亭人。
吴讓 華亭人。
陳質 上海人。
陳源 江陰人。
鄭昭 江陰人。
倪偉 江陰人。
胡忠 江陰人。
駱玉 丹徒人。
劉誠 江都人。
朱真 江都人。
李義 興化人。
尹信 通州人。
侯林 山陽人。

朱　翀　鹽城人。
雲　衢　桃源人。
湯思恭　睢寧人。
陳　安　六安人。
芮　誠　蕪湖人。
章　程　石埭人。
項福慶　休寧人。
周　昌　祁門人。

宣德元年丙午科

潘延等六十五人。

黃　榮　上元人。
吳　善　上元人。
師　政　江寧人。
潘　延　句容人。

井　禮　安東人。
劉　聰　桃源人。
張　浩　無爲人。
趙　憲　當塗人。
汪　誼　宣城人。
何　閏　休寧人。
江　振　祁門人。
潘　顒　建平人。

周　永　上元人。
雷　和　上元人。
徐　復　江寧人。
朱　珉　句容人。

劉能　句容人。

史鑑　鳳陽縣人。

楊義　盱眙人。

李瑛　天長人。

駱敬　吴縣人。

金奎　昆山人。

陳晟　崇明人。

周讓　華亭人。

柴豫　華亭人。

辛珪　華亭人。

景信　武進人。

顧善　武進人。

潘諒　武進人。

錢寧　丹徒人。

丁寧　丹徒人。

桑愔　江都人。

史徽　溧陽人。

葉凱　鳳陽縣人。

于瑛　盱眙人。

顧恂　吴縣人。

李繼　吴縣人。

趙昺　昆山人。

周士行　嘉定人。

沈迪　華亭人。

李伯璵　上海人。

陳光　上海人。

陳璿　武進人。

左惟庸　武進人。

許恭　丹徒人。

阮政　丹徒人。

王宣　金壇人。

王禮　泰興人。

宋毓　興化人。

仝宇　泰州人。

吳源　通州人。

沈傑　通州人。

米容　山陽人。

胡靖　山陽人。

祝銘　山陽人。

莊永　海州人。

羅溥　宿遷人。

丁琦　合肥人。

朱昂　無爲人。

張仕安　無爲人。

李亨　懷寧人。

陳旼　桐城人。

陳政　蕪湖人。

嚴昌　繁昌人。

汪深　宣城人。

左景　涇縣人。

汪印　旌德人。

谷敬　南陵人。

陳全壽　休寧人。

查琳　休寧人。

馮靖　績溪人。

宋賢　滁州人。

袁紱　和州人。

宣德四年己酉科

沈謙等八十人。

王琮 上元人。
沈慶 上元人。
李瑛 江寧人。
謝卓 江浦人。
徐珵 吴縣人。
夏思義 長洲人。
張梲 長洲人。
葉詵 常熟人。
范宗 吴江人。
章衡 昆山人。
蕭翰 吴江人。
沈珣 華亭人。
李恭 華亭人。
蔡昱 江陰人。
左惟賢 江陰人。
卞經 江陰人。

王麟 上元人。
顧誠 江寧人。
周倫 江浦人。
賀圭 虹縣人。
王恭 長洲人。
趙忠 長洲人。
沈諫 常熟人。
徐牧 昆山人。
龔理 昆山人。
吴奎 吴江人。
陳宣 吴江人。
高暹 華亭人。
朱璿 江陰人。
徐忠 江陰人。
陶鑛 江陰人。
許鳳翔 江陰人。

賀思中　丹徒人。
吳山　丹徒人。
張瓛　儀真人。
馮信　高郵人。
曹琳　通州人。
唐騏　鹽城人。
艾敬　海州人。
許敬　宿遷人。
甘紱　無爲人。
劉澄　巢縣人。
楊璧　蕪湖人。
徐述初　繁昌人。
施茂　宣城人。
饒駙　寧國縣人。
曹定　涇縣人。
潘潛　銅陵人。

范敏　丹徒人。
張坦　丹陽人。
徐良　儀真人。
游悌　泰州人。
王庸　山陽人。
田倫　清河人。
謝興　宿遷人。
李端　合肥人。
王宣　巢縣人。
詹瑾　宿松人。
高謙　繁昌人。
朱宣　繁昌人。
曾謹　宣城人。
柯森　寧國人。
陳宇　貴池人。
程奎　婺源人。

汪　芳　祁門人。

張　芳　和州人。

鞠　恭　和州人。

宣德七年壬子科

謝琺等七十人。

謝　琺　丹徒人。

魏　榮　江浦人。

田　盛　應天人。

顧　瞻　蘇州人。

馬　諒　和州人。

顧　遜　吴縣人。

楊　瓛　吴縣人。

淩宗政　長洲人。

王　良　應天人。

張彥清　績溪人。

陳　正　和州人。

孫　信　江都人。

張　謙　江都人。

吴　昇　安慶人。

紀　輔　山陽人。

劉端書　國子生。

李　昌　吴縣人。

盛　璟　應天人。

李文敬　長洲人。

談　泰　無錫人。

馬惠 徐州人。
沈鑑 丹徒人。
張中 合肥人。
楊宜 徽州人。
張貞 當塗人。
王懋 貴池人。
耿純 應天人。
璩瓏 宣城人。
楊寧 江都人。
張福 揚州人。
唐世良 武進人。
顧仲賢 應天人。
高德 常熟人。
朱敬 常熟人。
張顴 上海人。
徐哲 昆山人。

夏靖 五河人。
徐昱 應天人。
張璚 松江人。
陳忠 池州人。
羅瑛 貴池人。
鮑旭 青陽人。
張璧 華亭人。
陳希孟 長洲人。
俞斌 江都人。
黄鉞 舒城人。
胡敳 含山人。
高祥 淮安人。
汪瑗 六安人。
陳璞 嘉定人。
楊琛 滁州人。
丁剛 東流人。

談理　應天人。
陳紀　常熟人。
周文　壽州人。

宣德十年乙卯科

郭綸等八十人。

孫本　上元人。
武城　盱眙人。
伊侃　吴縣人。
祝灝　長洲人。
趙勉　昆山人。
周瑢　昆山人。
張穆　昆山人。
沈玒　嘉定人。
黃鑑　華亭人。

孫震　上海人。
朱福　當塗人。
宋禧　泰州人。

陶元素　上元人。
練剛　長洲人。
陸阜　吴縣人。
鄭綱　長洲人。
沈訥　昆山人。
唐元　常熟人。
郭綸　華亭人。
張彝　華亭人。
陳昂　華亭人。

孫瓛　華亭人。
盛忠　華亭人。
白珂　武進人。
邢寧　江陰人。
章瑜　江陰人。
孫謙　江陰人。
蔡紳　江陰人。
俞濟　丹徒人。
王昱　江都人。
張頎　泰州人。
李誼　合肥人。
方通　舒城人。
王休　英山人。
周益　當塗人。
張勇　宣城人。
王瑄　旌德人。

徐溥　上元人。
許諒　江陰人。
彭瑛　江陰人。
陳綸　江陰人。
殷禮　江陰人。
王瑾　江陰人。
王斌　江陰人。
俎迪　丹徒人。
陶濱　高郵人。
逄鑑　海州人。
束宗　舒城人。
孔阜　廬州人。
張鐸　當塗人。
李觀　當塗人。
姚裕　旌德人。
章俊　南陵人。

胡清 東流人。
江浩 歙縣人。
陳賓 徐州人。
朱信 蕭縣人。
顏琮 和州人。

正統三年戊午科

徐瑄等八十人。

徐瑄 嘉定人。
吕囦 常熟人。
包瑛 山陽人。
方瀚 國子生。
謝仕俊 邳州人。
朱瓛 吴縣人。
周賢 蘇州人。

高朗 東流人。
程志學 歙縣人。
王鄰 蕭縣人。
蔣讓 沛縣人。
鄒順 吴縣人。

黄鐸 國子監生。
周郁 吴縣人。
季璘 六合人。
牛吉 滁州人。
孟澂 長洲人。
張瓛 吴縣人。
周瑛 淮安人。

徐綱 長洲人。
鄒翰 應天人。
陳恕 淮安人。
陳瑄 松江人。
王紀 嘉定人。
周泰 長洲人。
康拯 六安人。
徐良 太和人。
李友聞 祁門人。
姜清 松江人。
王訥 無錫人。
朱瑄 松江人。
金潤 應天人。
王旻 望江人。
馮譓 無錫人。
侯俊 上海人。

施盤 吴縣人。
蔣霽 丹陽人。
鄭夏 國子生。
胡珉 舒城人。
鄭文康 昆山人。
汪子嚴 國子監生。
程尚義 黟縣人。
周中 國子生。
張信 應天人。
汪淵 績溪人。
徐潤 丹徒人。
胡深 祁門人。
周承 江都人。
楊璿 無錫人。
任溶 江陰人。
史敏 淮安人。

陳禮 國子生。
李質 句容人。
厲鏞 興化人。
尹弼 宜興人。
倪謙 應天人。
莫震 吴江人。
吴淳 常熟人。
周昂 上海人。
夏政 寧國人。
王璟 海州人。
顧祐 鎮江人。
盛銓 松江人。
朱良 國子生。
張貞 巢縣人。
程昊 婺源人。
鄭瑄 歙縣人。

傅鴻 徐州人。
劉珏 長洲人。
錢浩 五河人。
陳宣 蘇州人。
盛汝德 吴江人。
薛良 和州人。
黄鑑 長洲人。
周讓 定遠人。
柳春 臨淮人。
朱驥 常州人。
胡棨 蕪湖人。
孔斐 舒城人。
張鵬 淮安人。
潘暄 嘉定人。
朱紱 蘇州人。
張和 昆山人。

戚綱 松江人。
謝騫 太平人。
夏遂 昆山人。
林恂 當塗人。

正統六年辛酉科

名數無考。

錢博 華亭人，解元。
魏篪 吴縣人。
莊瑜 吴縣人。
吴僖 吴縣人。
張淵 吴縣人。
張和 吴縣人。
顧璚 長洲人。
王讓 長洲人。
顧昌 長洲人。
韓雍 長洲人。
葉盛 昆山人。
徐昌 昆山人。
金聰 常熟人。
孫紀 常熟人。
盧信 常熟人。
王蘭 常熟人。
張懋 常熟人。
陳璧 常熟人。
崔璵 吴江人。
徐正 吴江人。

鄭温

錢俊 上海人。

趙習 嘉定人。

舒瑄 貴池人。

正統九年甲子科

王濬等一百人。《南國賢書》第一人劉昌。

王濬 上元人。

謝溢 上元人。

潘鏞 上元人。

羅濂 江寧人。

嚴純 句容人。

王永寧 句容人。

沈琮 旗手衛人。

孫達 廣洋衛人。

全智 上海人。

浦清 上海人。

周文 崇明人。

金鎬 上元人。

朱瑛 上元人。

任孜 上元人。

劉鑑 江寧人。

張紳 句容人。

徐金 溧水人。

周欽 水軍右衛人。

丁顗 五河人。

陳端　盱眙人。
陳侃　吴縣人。
奚昌　吴縣人。
吴浩　吴縣人。
沈曙　長洲人。
陳翊　昆山人。
朱旻　昆山人。
項璁　昆山人。
章格　常熟人。
陸琦　吴江人。
顧浩　嘉定人。
張銘　常熟人。
曹安　華亭人。
李桓　華亭人。
陳錡　鎮海衛人。
姚霖　上海人。

劉昌　吴縣人。
唐維　吴縣人。
施寧　吴縣人。
謝會　長洲人。
盛箴　長洲人。
王汝霖　昆山人。
章儀　常熟人。
錢昕　常熟人。
褚璵　常熟人。
梅倫　吴江人。
陳瑜　嘉定人。
衛縉　華亭人。
葉藻　華亭人。
施謙　華亭人。
陳璉　鎮海衛人。
蔡敏　上海人。

劉弘　興化人。
黄時　興化人。
王𡬶　興化人。
李昂　山陽人。
孫芳　沭陽人。
余泰　六安人。
高泰　當塗人。
周嵩　宣城人。
張璘　貴池人。
程道隆　休寧人。
莫旻　滁州人。
鄭誼　蕭縣人。

濮智　興化人。
陳㫒　興化人。
劉暘　興化人。
李淳　沭陽人。
謝瓌　海州人。
危山　懷寧人。
萬宣　當塗人。
趙璿　涇縣人。
汪仲瀚　歙縣人。
鄒節　婺源人。
沙傑　徐州人。

正統十二年丁卯科

周興等一百人。《南國賢書》作「周輿」。

相迪　上元人。
陳鉞　江寧人。
鄭瑛　六合人。
胡寬　天策衛人。
王惟善　鷹揚衛人。
陳鑑　長洲人。
朱芹　昆山人。
吴璘　上元籍。
沈祥　昆山人。
周泰　昆山人。
徐忕　常熟人。
范文　崇明人。
李毓　常熟人。
吴琳　常熟人。
陳銓　鎮海衛人。
周興　華亭人。

朱華　上元人。
居輔　句容人。
童軒　欽天監人。
周清　江陰衛人。
沈英　泗州人。
任孜　長洲人。
梁昱　昆山人。
孫瓊　本姓陸，長洲籍。
瞿泰安　昆山人。
張汝昌　常熟人。
朱鉉　常熟人。
張鉉　崇明人。
王儀　常熟人。
莫灝　吴江人。
温厚　鎮海衛人。
何全　華亭人。

張豫　華亭人。
張濟　華亭人。
王佑　華亭人。
顧韶　華亭人。
張琳　華亭人。
成繪　丹徒人。
唐旭　丹徒人。
莊容　丹徒人。
李玘　江都人。
章玘　儀真人。
王澄　泰州人。
李開　海門人。
曹璽　山陽人。
廖泰　巢縣人。
陶愷　宣城人。
程懋　青陽人。

駱旺　華亭人。
何溥　華亭人。
吴玘　華亭人。
唐瑜　上海人。
戴昕　上海人。
應行　丹徒人。
畢昇　丹徒人。
張朴　江都人。
王琳　江都人。
趙瑪　寶應人。
韓斐　泰州人。
周祐　山陽人。
高旭　巢縣人。
楊源　建陽衛人。
王郁　旌德人。
丁暉　銅陵人。

孫允恭　滁州人。　朱　璽　徐州人。
孫　仁　貴池人。

江南通志卷一百二十六

選舉志

舉人 二

景泰元年庚午科

章表等共二百二人。《大政紀》作「章袁」等。

章表 常熟人。　方暕 徽州人。

章璧 貴池人。　羅義 金山衛人。

沈清 山陽人。　徐溥 宜興人。

劉觀 常州人。
吴維 應天人。
蔣紱 常熟人。
徐毅 應天人。
湯洪 常熟人。
汪冲 國子生。
朱瓚 徐州人。
陸紱 華亭人。
陸衵 常熟人。
陳椂 泰州人。
符俊 國子生。
張雲 華亭人。
胡介 當塗人。
楊永年 廣德人。
李景脩 六合人。
陳璣 國子生。

江豫 太平人。
彭盛 國子生。
高崧 松江人。
陳僎 吴縣人。
貢端 寧國人。
談經 無錫人。
程宗 常熟人。
伍福 國子生。
徐鍺 常州人。
吴慶 國子生。
趙昌 涇縣人。
任漾 江陰人。
劉瀚 蘇州人。
周完 無錫人。
戴春 上海人。
金鐸 臨淮人。

朱　愷　高郵人。
高　經　無錫人。
賀　良　泗州人。
游　貴　歙縣人。
盛　昶　吴江人。
鄭　珪　松江人。
王　欽　清河人。
胡汝霖　舒城人。
孫　鉉　松江人。
王　魯　溧水人。
陳穎昌　吴縣人。
淩　煜　國子生。
葉　淇　山陽人。
吴　賢　徽州人。
趙繼先　霍(邱)〔丘〕人。
秦　朴　泰州人。

劉　安　國子生。
莊　歙　徽州人。
劉　瑛　國子生。
程　永　婺源人。
蘇　慶　安東人。
陳　頎　長洲人。
徐安行　國子生。
齊　諫　淮安人。
陳　旦　常州人。
吴　璘　應天人。
張　杰　松江人。
范　澄　寶應人。
杜　立　國子生。
俞　誠　應天人。
葉　鸞　舒城人。
蔣　寬　池州人。

康永韶　祁門人。
高恒　江都人。
許鑾　國子生。
阮亨　國子生。
黄文瑞　祁門人。
周敬　太倉衛人。
李楫　松江人。
沈謔　廬州人。
李鼐　太平人。
郭貞　海州人。
王經　揚州人。
胡信　丹徒人。
吴遜　無錫人。
王奎　如皋人。
陳田　國子生。
饒欽　祁門人。

陳信　淮安人。
周斌　江都人。
孔宗顯　武進人。
王誼　江陰人。
周崧　沛縣人。
劉浩　長洲人。
宋瑛　松江人。
王韶　句容人。
張城　泰興人。
孔彦綸　句容人。
史昱　吴縣人。
鄭謹　武進人。
鄭昇　山陽人。
李思聰　池州人。
潘貞　六安人。
曹謙　吴縣人。

張銘 國子生。
沈律 昆山人。
余慶 國子生。
于經 海州人。
淩文 應天人。
管澄 應天人。
顧珣 吴縣人。
戴魯 太平人。
應暄 國子生。
戴曦 上海人。
李清 上海人。
繆樸 常熟人。
劉永通 太平人。
楊集 常熟人。
趙博 昆山人。
姚旭 桐城人。

郭演 盧江人。
石正 應天人。
龔謙 高郵人。
尚忠 巢縣人。
李芳 國子生。
湯懋 國子生。
夏璣 蘇州人。
徐鴻 蘇州人。
崔綸 淮安人。
陳杰 武進人。
劉海 吴縣人。
章度 常熟人。
李欽 五河人。
徐春 昆山人。
鄒謙 太平人。
朱賢 六安人。

沈鐸 泰州人。
沈顯 常熟人。
張珍 松江人。
姚冕 松江人。
張貞 太和人。
曹瓚 宣城人。
曹泰 松江人。
楊璧 太平人。
石澄 滁州人。
沈瑄 武進人。
管淳 南陵人。
張晥 松江人。
李應 國子生。
鍾城 太平人。
謝鵬 潁上人。
夏雲 太平人。

邢寬 太平人。
蔣鐸 國子生。
張厚 常熟人。
吴宣 鎮江人。
李鏞 蘇州人。
馮鉉 蕪湖人。
張鋼 蘇州人。
吴璘 江都人。
王璟 徐州人。
儲理 太平人。
龔禹 武進人。
張銘 國子生。
唐濬 泰興人。
胡正 應天人。
吴節 山陽人。
王琮 應天人。

趙紳　無錫人。
羅瑄　應天人。
朱允　上海人。
朱佑　上海人。
張宸　淮安人。
王璘　應天人。
江偉　巢縣人。
笪貴　桐城人。
朱弘　國子生。
王濟　山陽人。
謝潤　祁門人。
張九方　無錫人。
姚昇　吴縣人。
高安　國子生。
汪轍　蕪湖人。
洪寬　徽州人。

黄玹　昆山人。
黄孟麟　武進人。
錢賓　應天人。
陳顒　昆山人。
趙璿　太平人。
江淵　桐城人。
盛謙　銅陵人。
顧俊　應天人。
馬顒　山陽人。
張贇　六安人。
尤謂　無錫人。
段璣　常州人。
沈湛　上海人。
靳敏　盱眙人。
浦鏞　應天人。
耿熙　懷寧人。

李春 桐城人。
鄭時 舒城人。
曹璟 句容人。
李浩 蘇州人。

景泰四年癸酉科

葉琦等二百五人。《大政紀》作「羅崇嶽」等。

葉琦 祁門人。
湯琛 常熟人。
郁文博 上海人。
顔正 華亭人。
楊完 定遠人。
吴理 應天人。
韓準 和州人。
潘傑 上元人。
李應貞 太醫院儒士。
羅寧 應天人。
程廣 婺源人。
徐珪 武進人。
左暳 涇縣人。
姚恒 應天人。
仰昇 無爲人。
孔鏞 長洲人。
華誠 山陽人。
張僖 靈壁人。
鄒和 應天人。
雍熙 應天人。

李庭芝　宜興人。
金良弼　山陽人。
童璽　全椒人。
江傑　應天人。
尤瓛　國子生。
莊澈　應天人。
高安　國子生。
高宗本　太倉人。
曹祐　松江人。
唐傑　泰州人。
李祥　松江人。
孫瀚　高郵人。
黄琳　昆山人。
張駿　松江人。
貢璧　寧國人。
吴淳　邳州人。

陳翼　崇明人。
唐冕　常熟人。
尹洪　滁州人。
鄧震　應天人。
張澥　嘉定人。
劉瑀　應天人。
陶亮　桐城人。
王佑　淮安人。
歐陽璉　國子監生。
陳貴　合肥人。
李顯　太倉人。
談倫　上海人。
朱珙　吴縣人。
方璟　應天人。
洪灝　海州人。
羅淮　應天人。

陳蕙 江陰人。
呂旻 溧陽人。
杭鏞 華亭人。
余敏 國子生。
陳昂 海州人。
張倫 徐州人。
龍晋 應天人。
王銓 太平人。
沈瓚 應天人。
章律 常熟人。
高清 句容人。
吴淵 武進人。
陳震 蘇州人。
羅剛 應天人。
李琛 安慶人。
黄玉 崇明人。

蔣珍 太倉人。
彭鼎 溧陽人。
周偉 東流人。
饒賓 山陽人。
柳瑛 臨淮人。
莫宏 吴縣人。
黄澤 宜興人。
殷晋 丹陽人。
汝訥 吴江人。
汪振 國子生。
吉惠 丹徒人。
王震 高郵人。
蔣昂 長洲人。
顧崙 常熟人。
趙宣 松江人。
葛賁 應天人。

張玘　巢縣人。
張俌　蘇州人。
葉萱　松江人。
張昂　嘉定人。
汪濬　婺源人。
徐宗　通州人。
劉貴　丹徒人。
鄒士奇　無錫人。
杜庠　長洲人。
鄭鋹　國子生。
端宏　當塗人。
高能　和州人。
金紳　上元人。
戴璋　揚州人。
孫中　國子生。
王珪　松江人。

王澤　靈璧人。
沈琺　淮安人。
李傑　滁州人。
沈和　宣城人。
王爵　和州人。
羅麟　應天人。
葉華　安慶人。
徐誌　太平人。
陳問　常熟人。
高鑑　淮安人。
袁道　丹徒人。
張瓛　徽州人。
徐禮　應天人。
茂彪　江都人。
時濟　儀真人。
高祐　上海人。

孫璚 常州人。
向義 盧江人。
方銘 六安人。
韓雄 潁上人。
金章 國子生。
周澤 太倉人。
朱貞 應天人。
張琳 山陽人。
侯廣 應天人。
王淵 桃源人。
沈瑜 上海人。
陸璇 山陽人。
嚴萱 常州人。
陳孟晟 銅陵人。
王貞 溧陽人。
高敬 應天人。

周廣 江浦人。
梅鼎 吴縣人。
强英 應天人。
孫掄 淮安人。
朱穩 婺源人。
李安 婺源人。
李瓘 和州人。
鄭敬 泰州人。
鄧義 宿松人。
趙宗繼 武進人。
柳昇 泗州人。
朱萱 昆山人。
吴裕 宿遷人。
胡璉 巢縣人。
楊靚 溧陽人。
汪瀚 祁門人。

汪榮 徽州人。
張俊 儀真人。
林洪 應天人。
尤淳 長洲人。
金璧 盧江人。
劉瑛 淮安人。
潘孜 海門人。
吕銘 丹陽人。
王寧 國子生。
李震 淮安人。
蔡琮 應天人。
胡敬 徽州人。
梁淵 國子生。
朱毅 國子生。
吕慶 潁州人。
李林 國子生。

王淵 國子生。
程鵬 太平人。
何浩 銅陵人。
孫迪 祁門人。
張弼 華亭人。
方瑜 華亭人。
張翯 蘇州人。
周昌 東流人。
汪鏞 祁門人。
鄭元亨 華亭人。
李振聞 祁門人。
葉穆 國子生。
程熙 徽州人。
畢玉 山陽人。
芮毓 淮安人。
何珪 國子生。

盧雍　應天人。
楊埏　徽州人。
徐瓛　松江人。
周亮　國子生。
陳敏　天長人。
高濬　常州人。
施靖　應天人。
張倫　太和人。
陳旒　昆山人。
楊英　松江人。
李鏞　淮安人。
朱鏞　淮安人。
黃遂　定遠人。

景泰七年丙子科

貝春等一百三十五人。

周震　吴縣人。
張謹　定遠人。
何明　太倉人。
張述古　宜興人。
劉玘　淮安人。
胡登　國子生。
趙振　宿州人。
費鏞　應天人。
陳昌　松江人。
蓋鏵　安東人。
徐進　安東人。
賀徽　國子生。

貝春　江寧人。
鄭禮　江寧人。
徐曦　江寧人。
李旻　江寧人。
唐玨　溧陽人。
王玉　錦衣衛人。
密璉　太醫院人。
高諤　句容人。
郁珍　江浦人。
李拱　吴縣人。
陳貞　長洲人。
陳政　長洲人。
王永　昆山人。
盧琮　常熟人。
吴璠　吴江人。
葉廣　嘉定人。

邰傑　江寧人。
宋讓　江寧人。
趙智　江寧人。
鮑墠　上元人。
徐濂　錦衣衛人。
周昌裔　太醫院人。
蘇潤　句容人。
曾黻　水軍衛人。
嚴翰　吴縣人。
查文　長洲人。
惠榮　長洲人。
沈存　昆山人。
桑瑾　常熟人。
汝楫　吴江人。
顔昱　嘉定人。
金洞　嘉定人。

陸鏞 昆山人。
吴昊 華亭人。
張克廉 華亭人。
顧祥 華亭人。
周麟 華亭人。
李寅 華亭人。
顧珉 上海人。
戚繹 上海人。
蔡鼐 上海人。
楊勳 江陰人。
王嵎 江陰人。
顧愉 江陰人。
馮泰 武進人。
張遜 無錫人。
王孟堅 金壇人。
李紀 海門人。

毛觀 華亭人。
顧章 華亭人。
傅迪 華亭人。
陳瓛 華亭人。
顧純 華亭人。
金珙 華亭人。
李澄 上海人。
蘇源 上海人。
吴啓 江陰人。
淩樞 江陰人。
鄭綸 江陰人。
徐泰 江陰人。
毛理 武進人。
王� 無錫人。
戴正 江都人。
劉鈺 懷寧人。

(邱)〔丘〕禧　懷寧人。
高堂　桐城人。
陳坦　太湖人。
潘亨　山陽人。
尹進　江都人。
蔣英　鹽城人。
李通　清河人。
張瑄　海州人。
蔣倫　祁門人。
汪恕　祁門人。
方秉琦　祁門人。
吴與顯　貴池人。
陳廷節　石埭人。
陳謨　霍(邱)〔丘〕人。
屠剛　全椒人。
夏孚　當塗人。

羅顯　桐城人。
王相　桐城人。
陳治安　山陽人。
姚鵬　山陽人。
楊清　鹽城人。
田驄　清河人。
陸璟　海州人。
范順　休寧人。
帥慶　歙縣人。
吴紳　歙縣人。
汪杲　休寧人。
桂寧　貴池人。
余宥　霍(邱)〔丘〕人。
歐陽迴　武平衛人。
張倫　徐州人。
於弼　當塗人。

陶懃　蕪湖人。
孫義　合肥人。
姜玉　無爲人。
陳綱　六安人。
朱紳　六安人。
鮑敏　英山人。

天順三年己卯科

張文等一百三十五人。

張文　泰州人。
張泰　太倉人。
顧厚　定遠人。
芮畿　宜興人。
任忱　應天人。
張銘　泰州人。

胡烈　蕪湖人。
鮑德　舒城人。
王興　巢縣人。
楊忭　六安人。
黃裳　六安人。
夏志明　太平府人。

趙昂　常州人。
謝瑄　祁門人。
孔舉　舒城人。
陳讓　山陽人。
陳暉　靈璧人。
張悅　松江人。

王　霽　上海人。
王道　潛山人。
李穆　虎賁左衛軍餘。
錢璧　常熟人。
孟怡　常熟人。
葉贇　山陽人。
顧英　上海人。
徐濂　蘇州人。
王嶠　常州人。
李秉衷　應天人。
錢寧　高郵人。
饒璽　徽州人。
歐陽榮　應天人。
張冕　揚州人。
陳逵　泰州人。
何璿　松江人。

章廷珪　石埭人。
張鼐　江都人。
趙資興　巢縣人。
徐容　昆山人。
沈蒙　昆山人。
汪溥　績溪人。
易謙　應天人。
郭經　太倉人。
喬樊　上海人。
徐完　應天人。
桑瑜　常熟人。
陳英　金山人。
夏正　監生。
胡璨　太湖人。
李璡　懷寧人。
乙瑄　海州人。

孫冠　婺源人。
陳奎　寶應人。
胡璉　太倉人。
樂經　全椒人。
張齡　松江人。
陳肅　上海人。
吕鎧　吴縣人。
曹節　松江人。
唐忠　含山人。
史紘　溧陽人。
胡澄　含山人。
徐傅　蘇州人。
金杲　昆山人。
張鋭　揚州人。
朱暹　蘇州人。
陸仁　華亭人。

羅鵾　宿遷人。
張璪　太倉人。
江賓　旌德人。
黄縉　六合人。
方員　無爲人。
褚祚　常熟人。
蔣達　江浦人。
張廷瑞　池州人。
秦夔　無錫人。
婁俊　應天人。
夏時　太倉人。
楊興　松江人。
莊琳　應天人。
朱祥　盱眙人。
金澤　應天人。
沈暉　宜興人。

唐寬　應天人。
莊楚　歙縣人。
吳鈗　太倉人。
金洪　嘉定人。
顧鑑　應天人。
徐宣　淮安人。
劉珪　潛山人。
曹靖　通州人。
李宗羨　常州人。
林榮　華亭人。
徐玉　句容人。
李傑　常熟人。
黃孟瓛　武進人。
張福　應天人。
張誥　松江人。
江漢　金壇人。

莫諲　松江人。
徐珉　常州人。
周雲　山陽人。
任讓　應天人。
童紳　應天人。
王謙　廬江人。
方崖　休寧人。
董綸　上海人。
張盛　宜興人。
麗珵　太倉人。
周觀　蘇州人。
蔣賢　安慶人。
倪進賢　婺源人。
汪浤　舒城人。
陶悦　寧國人。
裴欽　常州人。

劉璵　上海人。

萬瓚　山陽人。

蕭用　宜興人。

張溥　江都人。

任蘭　溧水人。

鈕文　吳江人。

王鼎　常熟人。

沈璐　上海人。

高舉　鳳陽縣人。

詹倗　六合人。

天順六年壬子科

任彥常等一百三十五人。

任彥常　應天人。

何恂　桐城人。

汪道　休寧人。

汪鏞　丹徒人。

黃澄　鳳陽縣人。

左偬　江都人。

劉鎮　桃源人。

秦孚　無錫人。

章瑩　貴池人。

鄒冕　宜興人。

丁輗　鎮海人。

范昌世　吳縣人。

程宏　祁門人。

於弼　當塗人。

胡熙 武進人。
江漢 旌德人。
石淮 江浦人。
姚光顯 旌德人。
王庭 昆山人。
談綱 無錫人。
陳賓 無錫人。
胡漢 句容人。
汪貴 徽州人。
汪現 太湖人。
陳章 華亭人。
張華 應天人。
鄒本淳 金山人。
劉愷 滁州人。
徐旭 涇縣人。
吴璟 無爲人。

張文輝 婺源人。
戴仁 句容人。
汪進 婺源人。
姚倫 常州人。
夏瓛 高郵人。
劉傅 蘇州人。
徐淳 武進人。
丁璿 廣德人。
李塾 高郵人。
繆昌 無錫人。
張玉 祁門人。
李聰 安東人。
胡匡 壽州人。
汪正 徽州人。
王昶 靈壁人。
葉珍 常熟人。

徐震 應天人。
達毅 鎮江人。
周冕 太平人。
程奇 婺源人。
華秉彝 江陰人。
瞿俊 常熟人。
許濳 池州人。
李蕙 太平人。
黄文琰 祁門人。
王瀚 宜興人。
蕭貴路 涇縣人。
聶敏 六安人。
周紹榮 常熟人。
柳淳 松江人。
夏賓 太倉衛人。
楊瓚 廬江人。

汪直 祁門人。
陳鏡 南京太醫院儒士。
曹瀾 句容人。
尹珍 山陽人。
費闓 鎮江人。
林符 吴縣人。
李昌隆 應天人。
蘇鏞 應天人。
孫珩 徐州人。
朱輔 懷遠人。
曾長 江浦人。
吴凱 廬州人。
楊淮 淮安人。
俞俊 江都人。
王瑞 望江人。
蔣琛 無錫人。

吴善　六合人。

淩杞　常熟人。

李昊　應天人。

方陟　盧州人。

董育　寧國人。

陳瓛　應天人。

馮鈂　昆山人。

孫蕃　江都人。

靳璽　揚州人。

陳易　常熟人。

沈倫　蘇州人。

沈瓚　太倉衛人。

吴璋　常熟人。

蔡久　常熟人。

陶永淳　松江人。

王綸　松江人。

馬岱　揚州人。

楊惇　六安人。

姚春　上海人。

徐忭　嘉定人。

徐博　嘉定人。

王達　寧國人。

陳紋　應天人。

謝黼　松江人。

張珂　太平人。

詹熙　歙縣人。

張瑛　應天人。

陸廷玉　華亭人。

顧欽　上海人。

袁嵩　武進人。

康墀　祁門人。

張暄　松江人。

貢武寧國人。
吴憲徽州人。
崔誠太倉衛人。
周洪上海人。
黄瑜無錫人。
吴鉉吴江人。
聞鑑常熟人。
王鑑昆山人。
李澄句容人。
張善無錫人。
黄著吴江人。
余衍黟縣人。
沈瑄常熟人。
陸明銅陵人。

方進徽州人。
沈秩昆山人。
湯全松江人。
顧貞長洲人。
魏奇寧國人。
洪漢徽州人。
姚昺松江人。
沈鎏嘉定人。
王耕淮安人。
徐瓚寧國人。
唐韶常熟人。
陳道盱眙人。
方佐徽州人。
蔣輅溧陽人。

成化元年乙酉科

陸簡等一百三十五人。

陸簡 常州人。
袁富 揚州人。
蔣容 泗州人。
陳策 蘇州人。
柳琰 儀真人。
謝恭 休寧人。
蔣誼 應天人。
張䍁 寶應人。
汪雲 徽州人。
高銓 江都人。
錢山 滁州人。
薛爲學 武進人。
李震 宜興人。
俞鏽 應天人。
諸祺 華亭人。
劉竑 常熟人。
張端 武進人。
陸奎 嘉定人。
畢宗賢 常州人。
顔瑄 江陰人。
陳昕 武進人。
方早 歙縣人。
謝理 太平人。
姜洪 廣德人。

陶淵 應天人。
吴文度 江寧人。
邵暉 宜興人。
張瓛 泰州人。
莫旦 吴江人。
冀綺 寶應人。
達穎 丹徒人。
王進 上海人。
陳貴 太和人。
陸鑑 昆山人。
章英 績溪人。
徐源 蘇州人。
黄華 徽州人。
戴讓 淮安人。
范希時 吴縣人。
沈海 常熟人。

方瓘 桐城人。
戴儼 上海人。
石渠 清河人。
王鸞 滁州人。
姚晟 淮安人。
桑悦 常熟人。
陳秉彝 沭陽人。
朱紳 江陰人。
王僑 昆山人。
戴昌民 常熟人。
張素 山陽人。
鮑珪 青陽人。
周廣 常州人。
李參 江陰人。
張鵬 沭陽人。
陳紀 應天人。

汪琦 祁門人。
曹鼐 松江人。
顧竑 蘇州人。
吴傑 揚州人。
馬岱 江都人。
李紀 江都人。
胡琮 長洲人。
汪宗禮 繁昌人。
楊綸 鎮江人。
王秉彝 太平人。
朱信 太倉衛人。
伊乘 上元人。
吴萱 無錫人。
潘齡 嘉定人。
章元應 左衛軍餘。
唐鏞 常州人。

徐綬 常熟人。
徐鷹 武進人。
朱玨 無錫人。
黄文珪 祁門人。
俞俊 江都人。
邵瑜 松江人。
談世善 宜興人。
董舜 江浦人。
陳樸 松江人。
張文獻 山陽人。
劉福 上海人。
夏祚 太平人。
侯方 華亭人。
俞禄 六合人。
孫衍 華亭人。
鞠惠 和州人。

葛萱　高郵人。
印洪　海州人。
李理　無錫人。
陸潤　常熟人。
沈誌　淮安人。
童昕　太平人。
孫鼒　常熟人。
余順　安慶人。
魏璽　淮安人。
高政　無錫人。
王珮　上海人。
沈浩　松江人。
楊塤　嘉定人。
謝瓊　祁門人。
翟永齡　常州人。
(邱)〔丘〕俊　江都人。

吴璋　全椒人。
陸清　無錫人。
吴俊　應天人。
劉昭　海州人。
李貞　應天人。
吴信　祁門人。
曾佐　丹陽人。
屈轞　常熟人。
汪奎　婺源人。
楊鋼　蘇州人。
丁廣　江浦人。
顏涇　蘇州人。
許昕　常熟人。
(邱)〔丘〕嶽　徐州人。
張恪　句容人。
李廷璋　石埭人。

王珦 祁門人。
張清 婺源人。
陳鋼 太醫儒士。
郁容 常熟人。
方定 當塗人。
顧餘慶 蘇州人。

成化四年戊子科

賀恩等一百三十五人。
賀恩 蘇州人。
吴寬 長洲人。
俞經 應天人。
顧佐 鳳陽人。
陳瓊 蘇州人。
張稷 寶應人。

陳琛 上海人。
許鵬 山陽人。
文洪 吴縣人。
宋論 松江人。
施文顯 蘇州人。
顏箎 太倉衛人。

鄧存德 欽天監生。
許瑢 祁門人。
江璪 祁門人。
邵賢 宜興人。
朱雁 應天人。
儲材 宜興人。

江寯　徽州人。
張術　松江人。
董彝　常熟人。
陶端　太平人。
李良　嘉定人。
葛鏞　嘉定人。
章斌　淮安人。
魯昂　應天人。
瞿明　常熟人。
吴瑞　昆山人。
巫儼　儀真人。
俞雄　應天人。
邵珪　宜興人。
金源　應天人。
胡俊　舒城人。
高雲　山陽人。

蔣琮　山陽人。
周儀　嘉定人。
危隆　鳳陽人。
沈鎧　應天人。
王鋭　蘇州人。
陳璲　蘇州人。
汪山　歙縣人。
張浩　松江人。
孫榮　淮安人。
白玢　常州人。
宣䄉　監生，嘉定人。
吴愈　昆山人。
張璽　常州人。
沈瓌　宿遷人。
余莊　黟縣人。
錢中　松江人。

羅　繹　來安人。
李景華　揚州人。
張　穀　上海人。
杜　瀚　宜興人。
潘　京　嘉定人。
王　嶽　靈璧人。
李　雲　宜興人。
顧　博　松江人。
胡　昂　貴池人。
劉　海　長洲人。
丁　鏞　上元人。
張　鑾　松江人。
陳　效　南陵人。
張　佶　徐州人。
潘　容　儀真人。
吴　淑　宜興人。

趙　琦　松江人。
李　濬　常州人。
汪　堅　婺源人。
華　山　無錫人。
沈　縯　山陽人。
雷　翀　常熟人。
吴　湜　歙縣人。
陳　洵　嘉定人。
李大本　懷寧人。
周　安　太倉衛人。
沈　純　淮安人。
吴　琳　吴縣人。
張　習　吴縣人。
方　賢　昆山人。
胡　承　太倉衛人。
湯　魯　常州人。

樊錡　山陽人。
周鑾　山陽人。
李宗祐　嘉定人。
唐佐　徽州人。
高巽　常熟人。
葛暄　江陰人。
王欽　應天人。
張鑑　應天人。
潘清　宿遷人。
姚源　應天人。
莊溥　應天人。
楊纓　常州人。
李鼎　昆山人。
陳愷　太倉衛人。
顧源　長洲人。
吴澤　吴縣人。

薛承學　武進人。
邢春　無爲人。
鈕天錫　常熟人。
趙祥　鎮江人。
文林　長洲人。
奚昊　松江人。
蔣岳　常熟人。
朱文昌　如臯人。
葉相　徽州人。
楚貞　太平人。
施裕　太倉人。
張昞　江陰人。
艾能　金壇人。
鄭膏　昆山人。
宋驥　舒城人。
張超　臨淮人。

謝　鎣　祁門人。
程丕才　婺源人。
汪　勉　太平人。
張　鋭　江都人。
鄭　循　徽州人。
胡　愈　績溪人。

成化七年辛卯科

濮晋等一百三十五人。

王　進　江寧人。
曹　玉　江寧人。
陸　錫　溧陽人。
吳　泰　江浦人。
黄　肅　六合人。
姚　昺　錦衣衛人。

王　纓　宜興人。
顧景昌　應天人。
吳　傑　江都人。
高　銓　江都人。
王　冕　祁門人。
葉　祚　吳縣人，武功左衛籍。

沈　景　江寧人。
黄　謙　江寧人。
張　儒　溧水人。
余　深　六合人。
朱　福　吳縣人。
薛　瑞　留守左衛人。

張陞 留守左衛人。
張翔 鳳陽人。
李譽 盱眙人。
黃瓚 留守中衛人。
孫霖 長洲人。
張學 昆山人。
龔紱 昆山人。
高鼎 常熟人。
郁昆 常熟人。
任順 常熟人。
周珙 華亭人。
侯靖 華亭人。
陸銍 華亭人。
王景祥 華亭人。
張汶 上海人。
范綺 江陰人。

俞綸 留守左衛人。
石景 臨淮人。
王章 太和人。
施悌 長洲人。
梁紈 昆山人。
吳綸 昆山人。
吳源 常熟人。
錢昆 常熟人。
周惠 常熟人。
周怡 鎮海衛人。
錢和 華亭人。
盛廣 華亭人。
金麒 華亭人。
顧鼒 上海人。
濮晋 武進人，解元。
阮宗 江陰人。

張　靖　江陰人。

夏　彜　江陰人。

李景華　江都人。

徐　信　江都人。

陶　成　寶應人。

何　瓚　泰山人。

趙　沄　山陽人。

張尚武　山陽人。

陳　軒　山陽人。

曹　錀　清河人。

王　瑀　沭陽人。

魯　昂　睢寧人。

吴　浩　無爲人。

張　祥　懷寧人。

謝　璧　當塗人。

張　武　當塗人。

金　瑮　江陰人。

王　齊　丹徒人。

高　洪　金壇人。

陸　鑾　興化人。

張　瓚　寶應人。

王　信　山陽人。

林　昂　山陽人。

許　貴　鹽城人。

陳　逵　沭陽人。

岑　英　邳州人。

劉　溥　盧江人。

單　傅　六安人。

黄　泰　桐城人。

范　昕　當塗人。

李　鐸　蕪湖人。

崔廣 宣城人。
吳必顯 石埭人。
王昇 銅陵人。
葛洪 銅陵人。
莊英 歙縣人。
汪中 歙縣人。
胡巖 歙縣人。
程儀 歙縣人。
吳紋 歙縣人。
曹觀 歙縣人。
汪浩 休寧人。
王祺 婺源人。
周英 祁門人。
汪浩 祁門人。
張鼎 徐州人。
卞祥 徐州人。
馬暾 徐州人。
馬湘 徐州人。
裴紀 豐縣人。

成化十年甲午科

王鏊等一百三十五人。

王鏊 蘇州人。
陳賓 上海人。
張旭 休寧人。
葉孟 徽州人。

湯鼐 壽州人。
范謂 宜興人。
程寬 歙縣人。
徐傑 繁昌人。
楊洪 常州人。
吴謙 長洲人。
徐誥 常州人。
楊楷 昆山人。
白晟 武進人。
陳亮 廣德人。
繆樗 溧陽人。
龔弘 嘉定人。
周木 常熟人。
陳粟 松江人。
冒政 泰州人。
沈林 長洲人。

徐寬 太平人。
陸琪 吴縣人。
向明 巢縣人。
胡綱 通州人。
徐欽 應天人。
陳鉞 溧陽人。
尹鎰 金壇人。
賀俊 歙縣人。
王鑨 軍餘。
管琪 昆山人。
馬永賢 和州人。
金楷 嘉定人。
汪璽 婺源人。
馬英 溧陽人。
馮瑢 績溪人。
朱稷 常熟人。

楊珵　江都人。
劉鎡　鎮江人。
張鉞　太倉衛人。
過鶴　無錫人。
張黼　松江人。
王勛　應天人。
陳謨　建德人。
王廷　華亭人。
韓暉　和州人。
賈宗錫　常熟人。
王朴　應天人。
徐澤　常熟人。
許矗　江都人。
鄭莊　徽州人。
耿銓　當塗人。
王恩　華亭人。

顧綸　松江人。
劉源　徽州人。
許禮　無錫人。
張敬　鎮海衛人。
歸鳳　昆山人。
王槃　嘉定人。
江昌　歙縣人。
謝瑄　六合人。
林濟　松江人。
王傑　桐城人。
馮玘　鳳陽人。
周誠　績溪人。
汪成　安東人。
孫裕　昆山人。
鄭昕　吴江人。
袁清　邳州人。

徐濂　欽天監生。
葉綖　吴江人。
王璣　鎮海衛人。
李忠　宣城人。
杜啓　吴縣人。
張价　蒙城人。
曾達　應天人。
鄭鏞　含山人。
馬越　揚州人。
袁宏　桐城人。
張地　松江人。
宗鉞　宜興人。
蔡宥　常熟人。
陸廣　無錫人。
劉杲　長洲人。
許慶　常州人。

葉戀　常熟人。
葉昶　華亭人。
史效　淮安人。
程經　金山衛人。
劉福　臨淮人。
吴裕　徽州人。
鄒魯　太平人。
莫驄　無錫人。
柯忠　安慶人。
王屏　華亭人。
王謙　應天人。
商清　揚州人。
張綱　來安人。
陳榮　應天人。
於琮　當塗人。
許璘　華亭人。

湯鑑　太平人。
江曜　徽州人。
曹祥　徽州人。
丁璣　鎮江人。
顏信　丹徒人。
皇甫福　安東人。
陳釗　蒙城人。
葉鼐　祁門人。
朱恩　松江人。
沈淮　涇縣人。
張汝舟　昆山人。
周楷　常熟人。

成化十三年丁酉科

劉繼武等一百三十五人。

陳洪謨　長洲人。
汪瀅　績溪人。
潘杲　宜興人。
顧達　淮安人。
陳教　吴縣人。
姚黼　應天人。
張剛　吴縣人。
朱軒　徐州人。
楊琛　宜興人。
洪遠　徽州人。
汪洪　祁門人。

劉繼武　江陰人。
芮鑑　應天人。
倪皼　松江人。
李用文　京衛人。
程玠　歙縣人。
吴景　桐城人。
趙寬　吴江人。
楊循吉　吴縣人。
吴瀚　徽州人。
張寧　無爲人。
潘行健　六安人。
朱應祥　華亭人。
褚垠　常熟人。
程倫　太湖人。
陳質　金山衛人。
顧雄　通州人。

董傑　涇縣人。
姜溥　廣德人。
潘密　嘉定人。
唐欽　常州人。
林芳　應天人。
楊觀　太平人。
陳延　定遠人。
達洪　溧陽人。
沈智　應天人。
陳筐　宣城人。
沈希達　應天人。
全英　泰州人。
朱文　蘇州人。
汪嵩　婺源人。
茹昂　蘇州人。
陳璘　常州人。

周郁　應天人。
張弘宜　松江人。
王靖　祁門人。
胡璉　宜興人。
施璟　松江人。
談容　嘉定人。
傅謐　崇明人。
舒偉　貴池人。
劉漢　高郵人。
楊舫　常熟人。
何義　常州人。
周彬　常熟人。
張敏　祁門人。
黄暐　吴縣人。
張縉　華亭人。
楊春　淮安人。

浦應祥　蘇州人。
俞弼　太倉衛人。
周曆　常州人。
林鈺　江浦人。
蕭鉷　宜興人。
陳周　無錫人。
孫儒　鳳陽人。
李蕙　無爲人。
戴初　建平人。
陳言　應天人。
張愷　無錫人。
范祺　溧水人。
金琇　江都人。
夏瓚　英山人。
方印　桐城人。
袁文紀　六合人。

劉瓏　建德人。
黄尚禮　祁門人。
周楫　無錫人。
胡玉　泰州人。
劉溥　安慶人。
周良材　武進人。
湯冕　華亭人。
孫昊　南陵人。
姜煦　宿遷人。
袁翱　松江人。
梅純　應天人。
楊錦　嘉定人。
朱玉　華亭人。
李直　嘉定人。
程文　祁門人。
吴欽　蘇州人。

李永亨　句容人。
朱瑭　昆山人。
韋經　高郵人。
毛理　吴縣人。
周鎧　太平人。
華烈　無錫人。
諸綸　松江人。
汪舜民　婺源人。
萬琛　寧國人。
方天然　揚州人。
朱栻　昆山人。
殷鎰　常州人。
李濬　鳳陽人。
朱廣　華亭人。
馬鉉　山陽人。
李萱　松江人。

薛悅　安東人。
朱大用　應天人。
聞釗　常熟人。
朱希古　常熟人。
孫怡　祁門人。
趙瑞　宣城人。
吳傑　滁州人。
朱訥　寶應人。
姚明　吳江人。
高以政　昆山人。
張杲　海門人。
吳鋆　吳江人。
韋顯　丹陽人。

成化十六年庚子科

貢欽等共一百三十五人。

魏祥　蕪湖人。
朱木　蘇州人。
施堯臣　應天人。
黃玭　宜興人。
胡申　宜興人。
陳軏　華亭人。
邊文顯　無錫人。
達雲　溧陽人。
岳山　松江人。
徐珫　應天人。
陶鸞　常熟人。
祝富　舒城人。
顧達　崇明人，大河衛籍。

貢　欽　寧國人。
徐元獻　江陰人。
談　詔　上海人。
邵　寶　無錫人。
徐　津　蘇州人。
鮑　楠　徽州人。
夏　易　揚州人。
葉　紳　吴江人。
王　鸞　安慶人。
魯　敏　懷寧人。
高　綬　淮安人。
喬　衍　京衛人。
劉子順　應天人。
張宗政　武進人。
薛　格　江陰人。

吴鳳鳴　華亭人。
王　弘　六合人。
吕　卣　常州人。
王　秩　昆山人。
黄　瓚　儀真人。
朱　昕　江陰人。
俞世德　無錫人。
徐　瓚　無爲人。
蔣　浤　應天人。
韓　鼐　松江人。
郭　説　寧國人。
曹　廉　上海人。
潘　珩　應天人。
孫元佐　徐州人。
陸　昇　嘉定人。

陳大章　盱眙人。

盧　翊　常熟人。

戴　恩　安慶人。

孫　昆　金壇人。

周亮采　蘇州人。

王　琚　望江人。

黃　金　定遠人。

汪　濬　黟縣人。

李　環　歙縣人。

朱　杲　溧水人。

方　向　安慶人。

金麒壽　上元人。

陳　瀚　松江人。

沈　杰　蘇州人。

陶　纘　昆山人。

王　春　嘉定人。

馮盛時　無錫人。

瞿　霆　上海人。

汪　瑛　歙縣人。

邢　曰　無爲人。

王　鈞　揚州人。

施　釴　崇明人。

吕　鴻　蘇州人。

潘　文　丹陽人。

丁友貞　常州人。

沈　鼎　常熟人。

虞　賓　溧陽人。

陳大經　盱眙人。

張　仁　當塗人。

吴宗儒　寧國人。

倪　鉞　松江人。

紀　鏞　太和人。

陳　德　高郵人。
(邱)〔丘〕鎬　蘇州人。
汪宗器　繁昌人。
戴　璽　丹陽人。
侯　直　松江人。
冒　鸞　如皋人。
胡　孝　宜興人。
徐　源　吴江人。
吴　璨　桐城人。
佘以能　銅陵人。
湯　佐　應天人。
梁德宏　應天人。
楊　塤　常州人。
張　時　邳州人。
程　迪　徽州人。
曹　文　常熟人。

胡　崋　常州人。
陸　里　宜興人。
沙　立　徐州人。
陶　奎　松江人。
沈　鶴　華亭人。
徐　雲　應天人。
吴　愷　徽州人。
徐　相　歙縣人。
趙　容　和州人。
薛　英　蘇州人。
孫世欽　寧國人。
茹　鑾　無錫人。
蘇　璉　當塗人。
熊宗德　江寧人。
沈　誠　太倉衛人。
張　舫　松江人。

陳霖　華亭人。
史經　吴縣人。
王敞　應天人。
谷誠　虹縣人。
王益謙　安東人。
李貢　蕪湖人。
王傅　銅陵人。
陳昌　無錫人。
李富　淮安人。
吴懷　宿松人。
劉剛　太和人。
盛端　通州人。
胡璟　應天人。
王世貞　應天人。
羅璜　婺源人。

唐弼　徽州人。
張約　長洲人。
李贊　蕪湖人。
康廉　淮安人。
周詔　蘇州人。
錢宗廣　常州人。
童瑾　應天人。
吴山　高郵人。
邵溥　江都人。
鄧澤　應天人。
朱華　來安人。
吴彦華　應天人。
錢鑑　江寧人。
周佐　吴縣人。
印寶　六合人。

成化十九年癸卯科

儲巏等共一百三十五人。

儲巏　泰州人。
陸完　蘇州人。
謝理　祁門人。
盛洪　昆山人。
陳翰　宿松人。
蘇奎　常熟人。
張安甫　昆山人。
胡曰章　廣德人。
周掖　江陰人。
趙欽　句容人。
張縉　鎮江人。
陳汴　蘇州人。
莫昊　華亭人。
徐志　淮安人。
高博　松江人。
吴泰　江陰人。
馬瓛　應天人。
方榮　歙縣人。
周珮　松江人。
方岳　昆山人。
黄瑄　昆山人。
唐貞　金山衛人。
蔣純　常熟人。
杜昂　霍(邱)〔丘〕人。

徐恂 嘉定人。
徐鼎 江陰人。
王恂 常州人。
黄中 建德人。
王泰 上海人。
王瑺 揚州人。
馬隆 安慶人。
張瑋 蘇州人。
孫冕 金壇人。
李經 吴江人。
劉璨 六安人。
羅柔 無錫人。
易良 臨淮人。
貢冕 常州人。
曾瑛 京衛人。
謝監 無錫人。

李應夔 常熟人。
潘澤 建平人。
沈時 昆山人。
陳璞 溧陽人。
胡濬 婺源人。
劉珩 滁州人。
危容 安慶人。
丁仁 常熟人。
楊瑞 和州人。
錢瓚 盧江人。
徐美 祁門人。
張汝粟 昆山人。
童寬 涇縣人。
胡光 績溪人。
吴世英 鹽城人。
殷溥 宿松人。

郭　忱　蘇州人。
姚　壽　舒城人。
吴　濟　太醫院生。
沈孟儀　昆山人。
姚　衡　華亭人。
汪　度　績溪人。
王　珀　武進人。
趙　璽　蕪湖人。
胡　拱　府軍衛人。
張　金　廣德人。
楊　溥　應天人。
(邱)〔丘〕雲鶚　常熟人。
李嗣賢　常熟人。
汪　應　黟縣人。
余　忠　無錫人。
錢　杲　懷遠人。

潘　絡　欽天監生。
胡拱暘　績溪人。
楊　昇　蘇州人。
瞿　鑑　鹽城人。
孫　序　滁州人。
韓　和　和州人。
趙　鈇　常熟人。
蔡　坤　常熟人。
汪　亨　徽州人。
傅　綬　豹韜衛人。
程　昊　祁門人。
尤　弼　無錫人。
潘　玨　婺源人。
白　圻　武進人。
王　壽　婺源人。
陸　勉　江陰人。

夏聰　應天人。
王曙　婺源人。
陸昆　昆山人。
華津　無錫人。
馮浩　江浦人。
吴學　無錫人。
范濼　太平人。
金獻民　上海人。
俞琳　松江人。
吴彰　昆山人。
趙夔　武進人。
周端　高郵人。
潘鑑　華亭人。
印治　六安人。
張泰　無錫人。
居軫　句容人。

周昶　華亭人。
賀泰　吴縣人。
趙淮　應天人。
張琳　天長人。
張經　昆山人。
許黼　松江人。
戴達　靈壁人。
許魁　績溪人。
惠遠　無錫人。
汪淵　歙縣人。
王相　潁上人。
鄭宗綰　常州人。
王綸　當塗人。
邵棠　通州人。
王瑩　淮安人。
汪侃　歙縣人。

許　立　昆山人。

李士元　高郵人。

周　雲　徐州人。

陸　鍾　巢縣人。

成化二十二年丙午科

陳鎬等共一百三十五人。

陳　鎬　應天人。

王元龍　巢縣人。

曹　貞　徽州人。

馮　琨　昆山人。

錢　福　松江人。

沈　僎　昆山人。

聞　武　常熟人。

余　洙　溧陽人。

鄭　時　徽州人。

田　瑞　霍(邱)〔丘〕人。

何　瀾　六安人。

鄭　貞　揚州人。

高　濟　江都人。

徐　欽　句容人。

湯　沐　江陰人。

段　恢　懷寧人。

史　禦　溧陽人。

陳　言　長洲人。

程　遵　長洲人。

張　琮　應天籍，吴縣人。

陳　玉　沂州衛人。
芮　思　宜興人。
吳　儼　宜興人。
吳一鵬　蘇州人。
秦　偉　無錫人。
任　順　華亭人。
徐　芸　長洲人。
文　森　長洲人。
許　寅　無錫人。
鞠　愈　和州人。
胡　熙　舒城人。
張　淳　合肥人。
毛　澄　鎮海衛人。
胡　煜　徽州人。
趙　欒　淮安人。
王　奎　桐城人。

鄒　禮　應天人。
楊　瑛　嘉定人。
方　直　祁門人。
蔣　鑛　儀真人。
徐夢麒　應天人。
孫　鄘　定遠人。
吳　遠　徽州人。
康聞韶　祁門人。
顧　潤　上元人。
陳　欽　應天人。
馬　儒　常熟人。
趙　勣　常熟人。
吳　鎏　吳江人。
阮　玘　歙縣人。
胡弘仁　望江人。
沈　燾　蘇州人。

龔詵 常州人。
董璋 常州人。
張金 邳州人。
丁榮 懷寧人。
周塤 常州人。
陳震 常熟人。
泰金 無錫人。
馬寶 盧州人。
李璋 歙縣人。
胡鳳 安慶人。
錢灝 應天人。
王稷 昆山人。
張衮 鳳陽人。
王道 華亭人。
史學 溧陽人。
榮爵 桐城人。

葛嵩 常州人。
張輝 石埭人。
汪儼 婺源人。
湯禮敬 丹陽人。
陳廣 吴江人。
汪祥 徽州人。
須震 常熟人。
白坊 武進人。
吴熙 江陰人。
盧欽 泰州人。
趙履祥 涇縣人。
陳訥 太倉衛人。
李珽 徽州人。
闔謹 吴縣人。
蔚春 盧州人。
石禄 滁州人。

楊俊 江陰人。
周昂 祁門人。
王容 含山人。
周翰 上海人。
陳謨 揚州人。
姜普 江都人。
徐振 祁門人。
謝瓛 吴縣人。
董恬 上海人。
王裕 銅陵人。
李錦 江浦人。
段泰 清河人。
陳哲 江陰人。
王琦 興化人。
王大用 上海人。
井康 江寧人。

丁珮 六安人。
夏璲 高郵人。
鄭允宣 應天人。
胡奎 淮安人。
王珍 和州人。
姚光啓 旌德人。
汪星 徽州人。
諸弘濟 上海人。
嵇鋼 安東人。
汪濂 歙縣人。
錢啓宏 華亭人。
曾選 安慶人。
王瓚 太平人。
江溥 旌德人。
張紡 應天人。
李性明 蕭縣人。

弓　元　江浦人。

曹　豹　金山衛人。

倪　鼎　婺源人。

曹　忠　江陰人。

吴　鸞　江浦人。

鄭　肅　祁門人。

徐繼宗　應天人。

潘　鏜　六安人。

陸　坦　蘇州人。

方思潤　徽州人。

李　嶽　五河人。

王　瑄　江淮衛人。

郭　蒙　上元人。

董　忱　松江人。

鄧　鎮　靈璧人。

屈　霖　江陰人。

吴　焕　山陽人。

江南通志卷一百二十七

選舉志

舉人　三

弘治二年己酉科

靳貴等共一百三十五人，〔衹列一百二十四人〕①。

靳　貴　丹徒人。

楊　文　無錫人。

① 據《四庫》本補。

馬性魯　溧陽人。
章　鑾　清河人。
余　溢　溧陽人。
方　罃　休寧人。
黄孟珩　常州人。
張　昊　天長人。
丁　佶　安慶人。
周　明　蕪湖人。
胡大全　徽州人。
蔣　訓　常州人。
王　哲　吴江人。
朱　輔　廬江人。
王　悌　昆山人。
馬繼祖　如皋人。
於　鄣　太平人。
唐　貴　常州人。

汪　循　休寧人。
淩雲翰　上元人。
李　鐼　高郵人。
王文翰　高郵人。
顏　林　蘇州人。
徐　紘　常州人。
陳　斌　婺源人。
冀　業　寶應人。
陸　筌　常州人。
畢　隆　和州人。
王　階　應天人。
王　材　望江人。
宋　愷　華亭人。
錢仁夫　常熟人。
馮　夔　無錫人。
程　瑄　歙縣人。

魯鉞 句容人。
王彪 應天人。
周烔 常熟人。
王翰 江寧人。
徐南 上海人。
周滌 常熟人。
朱光 臨淮人。
王俸 蘇州人。
余瑄 婺源人。
馮經 金壇人。
張天爵 松江人。
陳英 應天人。
顧潛 昆山人。
陸鈞 高郵人。
呂盛 建平人。
武皋 和州人。

陸舉 興化人。
陳策 無錫人。
周鉞 宿州人。
張斯昺 旌德人。
潘濂 山陽人。
羅鳳 應天人。
曹椅 徽州人。
潘相 蒙城人。
石城 徐州人。
李梁 揚州人。
陳珍 祁門人。
王顏 應天人。
李貞祥 池州人。
楊紳 長洲人。
方謙 祁門人。
奚純 長洲人。

楊珙 無錫人。
王安 滁州人。
吳景 南陵人。
白輔 徐州人。
盧瀚 揚州人。
褚圻 常熟人。
趙宗彝 武進人。
夏輯 溧水人。
秦慶 常熟人。
周溥 泰州人。
周冕 池州人。
丁倫 懷寧人。
陶金 天長人。
汪鋐 婺源人。
儲珊 潁州人。
儲秀 宜興人。

張興 績溪人。
李希顔 松江人。
汪浙 全椒人。
王矩 旌德人。
嚴謨 江陰人。
陸徵 溧陽人。
王度 徐州人。
邵勷 嘉定人。
楊鉞 句容人。
徐憲 合肥人。
陳偉 興化人。
陳雲 上海人。
劉崧 桐城人。
朱天民 六安人。
夏槐 廣德人。
周淵 邳州人。

梁魁 武進人。
馬慶 太倉衛人。
楊溢 武進人。
薛經 武進人。
汝泰 吴江人。
魏文傑 合肥人。
周冕 應天人。
李貞 京衛人。
陶廷威 江陰人。
湯暉 蕪湖人。
曹泰 太倉人。
段敏 金壇人。
卞文明 武進人。
藍郁 鹽城人。
陸冒 吴縣人。
鄭賢 徽州人。

章瑞 績溪人。
胡恩 常熟人。
廖縉 金山衛人。
王儼 江都人。
陳玠 上元人。
孫瑜 淮安人。
施懋 應天人。
封瀓 嘉定人。
楊溱 常州人。
曹鏷 吴江人。
楊炯 鎮江人。
趙文 蘇州人。
王琦 淮安人。
馬萱 無錫人。
陶襘 江陰人。

弘治五年壬子科

顧清等共一百三十五人，〔衹列一百三十四人〕[①]。

顧　清　華亭人。
吴大有　昆山人，應天籍。
張弘至　華亭人。
顧伯謙　臨淮籍，吴縣人。
李嘉祥　池州人。
戴　銑　婺源人。
胡宗海　通州人。
趙　經　松江人。
安　金　江都人。
莫　驥　無錫人。
吴　璲　揚州人。
何　忱　松江人。
華　昶　無錫人。
龍　霓　應天人。
于　鏊　滁州人。
張復禮　蘇州人。
胡　爟　蕪湖人。
王　格　靖江人。
華　夫　無錫人。
王　濟　鎮江人。

① 據《四庫》本補。

張芝　徽州人。
黃祥　合肥人。
鄒琥　廬州人。
周在　昆山人。
盛應期　蘇州人。
許陳謨　鹽城人。
趙鶴　江都人。
李仁　歙縣人。
陳孜　南陵人。
曹閔　松江人。
徐蕃　泰州人。
辛銘　無錫人。
夏璪　常州人。
陸伸　昆山人。
薛金　常州人。
曹時信　松江人。

蘇霑　清河人。
錢榮　無錫人。
夏從壽　常州人。
宋臣　松江人。
鄒韶　常熟人。
陳符　宜興人。
陳彝　昆山人。
程杲　祁門人。
白金　常州人。
郭輊　長洲人。
吴龍　蘇州人。
吴宗周　寧國人。
劉桐　蘇州人。
王德　無錫人。
程材　徽州人。
王賢　海州人。

顧綸　嘉定人。
潘衡　婺源人。
程忠顯　徽州人。
李熙　應天籍，昆山人。
范岡　南陵人。
王軏　揚州人。
陳秬　廣德人。
趙遐齡　武進人。
錢祚　華亭人。
唐誥　徽州人。
丁容　應天人。
張宏　京衛人。
周倫　昆山人。
李重　金吾衛人。
邵清　應天人。
耿弘　廣德人。

張拱　寶應人。
張霆　上海人。
顧梗　常熟人。
李儀　應天人。
錢季玉　無錫人。
邢珣　當塗人。
陳濟　儀真人。
徐冠　涇縣人。
顧達　常熟人。
李偉　潛山人。
劉麟　京衛人。
夏寅　廬江人。
朱袓　江陰人。
王翊　潁上人。
顧守元　常熟人。
李杲　宜興人。

王相　句容人。
汪文奎　旌德人。
談一鳳　無錫人。
王頡　寶應人。
趙松　上海人。
王瓚　丹徒人。
鄭諫　應天人。
夏(歷)〔曆〕　高郵人。
陳清　蕪湖人。
王纘祖　宜興人。
程轍　歙縣人。
黄明　華亭人。
方欽　巢縣人。
徐環　望江人。
祝允明　蘇州人。
秦鎰　無錫人。

朱堂　吴縣人。
張憲　揚州人。
齊貴　營繕匠。
連憲　常熟人。
徐賢　涇縣人。
陳謐　上元人。
孫繹　來安人。
張菜　丹徒人。
蔡哲　宜興人。
宗悌　太倉衛人。
周璽　盧州人。
張朝儀　長洲人。
程隆　徽州人。
胡獻　興化人。
夏梁　高郵人。
王緒　應天人。

宗　璽　建平人。

江　瑄　徽州人。

呂元夫　無錫人。

嚴　桂　無錫人。

皇甫録　蘇州人。

陳　林　鎮海衛人。

樊光世　合肥人。

陸隆恩　常熟人。

李　問　應天人。

張　湖　巢縣人。

汪天民　婺源人。

張　翀　泰興人。

章　洗　常熟人。

杭　濟　宜興人。

汪允厚　婺源人。

胡　蒙　祁門人。

殷　鏊　應天人。

吴　金　吴江人。

弘治八年乙卯科

王昶等共一百三十五人，〔秖列一百三十四人〕①。

王　昶　華亭人。

黄　昭　江陰人。

① 據《四庫》本改。

徐鸞　沭陽人。
葉藟　祁門人。
薛球　江陰人。
徐昂　泰興人。
唐錦　上海人。
姚湘　華亭人。
張羽　泰興人。
楊瑋　松江人。
陸節　常州人。
莊襗　常州人。
章嵩　涇縣人。
陳言　常熟人。
卞思敏　江陰人。
張鳴鸞　松江人。
高夔　金山衛人。
吴堂　常熟人。

葉天爵　婺源人。
徐圭　江陰人。
曹廷直　望江人。
沈信　昆山人。
蔣欽　常熟人。
顧璘　上元籍，吴縣人。
吴璽　通州人。
左唐　江都人。
汪標　祁門人。
陳霽　吴縣人。
邵經　江陰人。
陳鉞　鳳陽人。
左輔　涇縣人。
鄭瓛　應天人。
趙宬　吴江人。
沈壽　嘉定人。

鄭　信　武進人。
趙　袓　歙縣人。
王　蓋　宣城人。
徐　經　江陰人。
虞　夔　金壇人。
張　瓚　六合人。
陳　瞻　靖江人。
淩　相　通州人。
吳　完　宜興人。
張承仁　泰州人。
楊文昇　無錫人。
沈　恩　上海人。
汪　澗　歙縣人。
嚴　經　吳縣人。
張邦瑞　宜興人。
龔　淵　華亭人。

繆　覲　無錫人。
劉　貢　徐州人。
康　佑　祁門人。
張鳴鳳　松江人。
陳　播　常熟人。
吳　寅　常熟人。
杭　淮　宜興人。
惲　巍　武進人。
王　鎬　揚州人。
沈　冕　長洲人。
汪　謙　祁門人。
王良佐　松江人。
吳　蒙　昆山人。
楊　修　無錫人。
吳　山　武進人。
吳　漳　歙縣人。

王佑　建平人。
貢安甫　江陰人。
高節　應天人。
吴閲　泰興人。
周臣　通州人。
洪通　徽州人。
吴鸞　昆山人。
戴敏　婺源人。
張宗道　休寧人。
葉相　揚州人。
吕璁　廬江人。
范邦彦　應天人。
朱希周　昆山人。
胡寧道　江陰人。
顧克毅　常州人。
都穆　吴縣人。

高賓　江陰人。
龔震　昆山人。
何宗伊　應天人。
吕律　常州人。
梁材　應天人。
錢朝鳳　廬江人。
郁勳　常熟人。
王槐　常熟人。
林鶚　江陰人。
顧棠　吴縣人。
丁楷　安慶人。
張斯昌　旌德人。
王輔　涇縣人。
桑翹　常熟人。
徐瓚　涇縣人。
貢斌　江陰人。

林元吉　龍江左衛人。
徐　方　江陰人。
祝　亨　江寧人。
吴　蘭　昆山人。
高　貫　江陰人。
胡　璉　淮安人。
張　本　金山衛人。
宇　賓　京衛人。
卞　鼎　武進人。
吴　山　吴江人。
胡　輔　祁門人。
周　銘　武進人。
李　瓚　太平人。
徐　聯　鳳陽人。
張　鎮　溧水人。
儲　南　宜興人。

田　璁　江都人。
蔣　達　應天人。
包　祥　嘉定人。
楊　清　清河人。
嚴　紘　江浦人。
吴　笈　青陽人。
胡時正　松江人。
黄　俊　常州人。
史　鑑　長洲人。
林正茂　泰州人。
蔡　貞　常熟人。
徐　怡　當塗人。
陳良珊　華亭人。
袁　經　京衛人。
單　稙　六安人。
莫　息　無錫人。

何惟能　武進人。　陳天祥　武功衛籍，吴江人。

陸　鰲　錦衣衛籍，吴江人。　夏　誠　吴江人。

弘治十一年戊午科

唐寅等共一百三十五人，［秪列一百二十六人］。①

唐　寅　蘇州人。　陸　山　長洲人。

孫　溥　池州人。　李　汛　徽州人。

杜　瀾　淮安人。　盛　儀　江都人。

吴　戀　宿松人。　朱　睿　無錫人。

李　璞　龍江右衛人。　趙榮顯　京衛人。

陸景先　松江人。　曹　憲　松江人。

孫　鶚　上海人。　楊　果　興化人。

方　學　無錫人。　周明弼　吴縣人。

① 據《四庫》本補。

姚隆　留守衛籍，嘉定人。
張憲　鳳陽人。
曹銈　句容人。
姜岐　松江人。
劉楷　京衛人。
李淳　安慶人。
蘇遨　句容人。
陳猷　丹陽人。
童仁　安慶人。
李時　鎮江人。
王奎　常州人。
左暹　涇縣人。
桂鏊　池州人。
胡楷　望江人。
陳榮　嘉定人。
牛璠　淮安人。

杭東　昆山人。
唐澤　徽州人。
陳鑭　泰興人。
朱應登　寶應人。
王錫　常熟人。
馬玉　泗州人。
宋大章　太湖人。
張貴　昆山人。
沈炤　嘉定人。
程相　祁門人。
吳建　長洲人。
徐璋　昆山人。
王本　江寧人。
唐天恩　常熟人。
王俸　長洲人。
錢如京　桐城人。

段善　寧國人。
姚惟寶　江陰人。
錢貴　長洲人。
高贇　江陰人。
石雲　江都人。
張蹈德　旌德人。
董珪　涇縣人。
王芳　五河人。
徐昇　蘇州人。
周鷫　華亭人。
李懋　鎮江人。
潘敬　舒城人。
章諍　太湖人。
王傑　天長人。
張桓　儀真人。
王恩　宜興人。

陳鯤　吴縣人。
王栻　金壇人。
黄鎧　蘇州人。
李時　休寧人。
龔坤　昆山人。
張堯輔　靈璧人。
曹英　無錫人。
顔翀　丹陽人。
徐縉　吴縣人，留守後衛籍。
方鳳　昆山人。
朱嘉會　寶應人。
胡偉　含山人。
唐恩　嘉定人。
程文　婺源人。
汪濟民　婺源人。
尤樾　長洲人。

顧　欽　應天籍，常熟人。
史良佐　太醫院生，昆山人。
潘　珍　婺源人。
宋　貴　如皋人。
張　珠　婺源人。
許文顯　江寧人。
沈　譙　蘇州人。
張　維　松江人。
楊　本　江都人。
謝　溥　徽州人。
沙　鵬　揚州人。
蔡　儒　鳳陽人。
華　綸　應天人。
易　蓁　錦衣衛人。
邵道宗　太平人。
鄭　浦　徽州人。

張　暉　無錫人。
陸應祚　銅陵人。
顧　蘭　長洲人。
陸應龍　長洲人。
顧　瑛　太倉人。
吕　祚　常熟人。
胡　忠　宜興人。
周　坤　常熟人。
朱　洪　蕭縣人。
曹尚和　建德人。
張　聰　和州人。
淩　雲　上海人。
張　萱　松江人。
步　槐　廣德人。
吴　棠　無錫人。
景　暘　應天人。

湯　峻　武進人。
陶　成　常熟人。
董　銀　涇縣人。
張　鈳　南陵人。
江　賢　徽州人。
劉　乾　靖江人。
沈　鰲　嘉定人。
蔣朝用　六安人。
金　鏡　應天人。
孔　彪　盧州人。
陳　綸　應天人。
陳　輔　松江人。
楊　輔　邳州人。
陸　鍾　長洲人。

弘治十四年辛酉科

陸深等共一百三十五人。

陸　深　上海人。
方　鵬　昆山人。
周　用　吳江人。
鄒　輗　武進人。
汪元錫　休寧人。
柴　奇　昆山人。
陳　察　常熟人。
丁　沂　溧水人。
朱　恩　無錫人。
吳　鐩　無錫人。

曹環 巢縣人。
張永泰 定遠人。
王瑋 江浦人。
沈灼 嘉定人。
范韶 寶應人。
黃志達 溧水人。
錢恩 華亭人。
貢珊 宣城人。
王介 應天人。
孫綱 當塗人。
方進 婺源人。
王偉 江都人。
於旻 合肥人。
吳伯深 應天人。
朱寅 常熟人。
聞韶 常熟人。

徐南州 常熟人。
張偉 應天人。
郁侃 上海人。
劉布 蘇州人。
何棐 泰興人。
錢承業 常熟人。
陶驥 松江人。
嚴廷紀 常州人。
王良翰 常熟人。
李覺 無錫人。
張寬 昆山人。
戴慈 松江人。
王寵 徽州人。
吳櫝 盧州人。
盛鍾 昆山人。
楊欽 盧州人。

張鷗　上海人。
張奎　松江人。
陳沂　太醫院生。
張澍　太平人。
夏克義　句容人。
許完　鎮江人。
(邱)〔丘〕焕文　江陰人。
畢伸　貴池人。
徐珍　定遠人。
趙琨　涇縣人。
張紘　上海人。
陳端甫　武進人。
徐秉　宿州人。
邵鏞　羽林衛人。
方禾　泰州人。
金鼎　應天人。

索承學　邳州人。
劉貢　宣城人。
何宗海　常熟人。
周廣　太倉人。
潘鑑　婺源人。
楊瓘　通州人。
沈霽　松江人。
高誨　廬州人。
蔣焕　長洲人。
董懌　上海人。
金賢　應天人。
程定　績溪人。
冒良　泰州人。
徐(貞)〔禎〕卿　蘇州人。
朱紘　無錫人。
周墨　太倉人。

劉弼　錦衣衛人。
鄭正義　建德人。
吴拯　休寧人。
黄堂　霍(邱)〔丘〕人。
王瑞芝　常州人。
唐符　太倉人。
錢貞　府軍衛人。
朱昴　華亭人。
孫方　鎮江人。
徐楠　常州人。
張應隆　華亭人。
王錞　宿州人。
楊諫　太平人。
徐問　武進人。
葉鈇　上海人。
黄宏　六合人。

潘琨　婺源人。
倪鶚　涇縣人。
俞泰　無錫人。
顧鼎臣　昆山人。
彭辨之　霍山人。
馬雲翱　揚州人。
李文泮　應天人。
梅珂　蕪湖人。
潘資　無錫人。
衡準　寶應人。
羅輿　應天人。
曹琥　巢縣人。
金緯　太倉人。
甯輝　廣德人。
王幹　蘇州人。
崔雲　南陵人。

邵天和　常州人。

唐　懽　松江人。

唐　洪　松江人。

沈一夔　武進人。

毛　震　昆山人。

劉　芳　徽州人。

陳汝翊　昆山人。

汪　彬　祁門人。

蕭　杲　鎮江人。

錢　烔　常熟人。

何　棠　泰興人。

邊永寧　無錫人。

陳良瑚　華亭人。

史　魯　嘉定人。

曹　儔　松江人。

金　皋　上海人。

金　澄　上海人。

金　濂　上海人。

陳　瑞　江浦人。

李　璨　應天人。

成　周　無錫人。

白　鸞　儀真人。

鄭　選　太倉人。

陳　才　無錫人。

趙印①宗　鎮江人。

高　滂　江都人。

唐　源　淮安人。

程　政　貴池人。

① 「印」疑當作「胤」，避清世宗諱而改。

汪　城　建德人。

弘治十七年甲子科

眭紘等共一百三十五人，〔衹列一百三十一人〕①。

眭　紘　常州人。

王　韋　錦衣衛人。

張文麟　常熟人。

蕭世賢　桐城人。

程　昌　祁門人。

曹　鎡　常州人。

儲　宗　合肥人。

潘　選　婺源人。

藍　英　應天人。

魏　校　昆山人。

程　美　婺源人。

蔣　亨　常州人。

何　璧　太倉人。

黄　琮　應天人。

楊　翱　應天人。

潘　潤　建平人。

周　金　應天人。

王　沐　華亭人。

① 據《四庫》本補。

黄簪　宜興人。
王世芳　太倉人。
潘旦　徽州人。
曹仿　丹徒人。
常道　來安人。
張翊　應天人。
盛德　桐城人。
秦雷　昆山人。
方用　祁門人。
潘鵬　安慶人。
沈相　寶應人。
莊鉞　吴縣人。
芮京　宜興人。
王憬　太倉人。
姚繼巖　通州人。
秦銓　無錫人。

顧斌　華亭人。
楊璨　松江人。
吴周　松江人。
潘相　無錫人。
毛汝乾　常州人。
丁致祥　武進人。
吴哲　華亭人。
李傑　六合人。
吴瓚　休寧人。
姜輅　海門人。
儲璉　鎮江人。
鄒武　常熟人。
陸表　昆山人。
李琪　太平人。
徐待　無爲人。
徐懋　昆山人。

王莘　江陰人。

段金　武進人。

莊簡　應天人。

陳復　常熟人。

楊豳　嘉定人。

陸範　常州人。

姚奎　常熟人。

張申甫　昆山人。

姜濟　廣德人。

朱表　太倉人。

李穩　碭山人。

諸傑　上海人。

徐申　昆山人。

余鎣　婺源人。

張瑩　鎮江人。

沈環　上元人。

何欽　合肥人。

李珵　宜興人。

吴瑄　歙縣人。

王宥　無錫人。

張士鎬　歙縣人。

方升　婺源人。

陳九章　吴江人。

李楫　安慶人。

吉棠　丹陽人。

孫承恩　華亭人。

姜龍　太倉人。

張元澄　金山衛人。

顧天祐　常州人。

龔吉　松江人。

蘇恩　華亭人。

季泰　無錫人。

鍾縉 宣城人。
吴錦 無錫人。
楊武 嘉定人。
李元 淮安人。
朱韶 貴池人。
茆世昌 溧水人。
顧可學 無錫人。
周愚 昆山人。
許貴 休寧人。
李惟貞 太倉人。
陳詢 上元人。
徐永年 昆山人。
秦鎧 無錫人。
夏宗仁 建平人。
張簡 江陰人。
吕繪 昆山人。

高瑁 睢寧人。
柴虞 左衛總旗。
洪伊 徽州人。
陸槐 宣城人。
蔣舜民 江陰人。
楊謙 應天人。
高越 鳳陽人。
鄭晃 祁門人。
楊琦 溧陽人。
顧聽 松江人。
楊世賢 當塗人。
范初 休寧人。
曹廷桂 武進人。
張大鵬 旌德人。
湯繼文 常熟人。
江文敏 旌德人。

陳勉　六安人。　王敞　泰州人。
陸俸　吴縣人。　趙華　臨淮人。
江珙　歙縣人。　吴瑛　應天人。
羅仁　上元人。　華忠　句容人。
陸禮　無錫人。　俞徽　京衛人。
何珊　泰興人。　李溶　安慶人。
王玭　青陽人。　王漢　江寧人。
趙政　太平人。　施鐸　寧國人。
朱經　蕪湖人。

正德二年丁卯科

吴仕等共一百三十五人，〔此科列一百三十六人〕①。

吴仕　宜興人。　蔡昂　淮安人。

① 據《四庫》本補。

陳寰 常熟人。
汪思 婺源人。
余翱 定遠人。
張楠 滁州人。
顧可適 無錫人。
陳璦 常州人。
何鉞 應天籍，吴江人。
祝鑾 太平人。
田秀 霍(邱)〔丘〕人。
張䎽 泰興人。
梅珊 池州人。
陸巽章 常州人。
夏麟 鳳陽人。
楊中 無錫人。
白謨 武進人。
徐之鸞 桐城人。

曹深 徽州人。
梅鶚 旌德人。
陸埜 吴縣人。
王文傑 臨淮人。
李漢 應天人。
淩楷 通州人。
酈塤 丹陽人。
金約 休寧人。
王臯 金壇人。
俞燦 鎮江人。
李紹賢 盱眙人。
劉宗啓 京衛人。
史臣 吴江人。
浦瑾 無錫人。
余珊 桐城人。
吴富 應天人。

王舜漁　常熟人。
汪瑄　婺源人。
狄沖　溧陽人。
王經　太倉人。
孫芝　當塗人。
吴泮　桐城人。
陶麟　吴縣人。
楊谷　山陽人。
袁秦　蘇州人。
孫漢　江陰人。
屈儒　昆山人。
聶瑩　潛山人。
程淳　常熟人。
秦表　豐縣人。
陶震　昆山人。
浦旒　常熟人。

史鸞　丹陽人。
潘塤　淮安人。
秦璽　金壇人。
唐鵬　丹徒人。
聞東昌　常熟人。
楊秉義　華亭人。
趙鎣　常州人。
胡德　婺源人。
伊伯熊　上元籍，長洲人。
張賢　無錫人。
梁幹　武進人。
洪儒　太平人。
蔣愷　松江人。
孔彦光　蘇州人。
陸卿　常州人。
李謨　休寧人。

朱洸　太倉人。
張璠　溧水人。
倪容　無錫人。
章彬　青陽人。
吴巖　吴江人。
金師古　華亭人。
承天秀　靖江人。
陸遠　淮安人。
于良相　松江人。
尹京　淮安人。
周南　羽林右衛人。
沈高　吴江人。
趙相　淮安人。
程貞　婺源人。
羅輅　江寧人。
王相　宜興人。

張汝欽　無錫人。
張其協　華亭人。
蕭瑞　涇縣人。
儲洵　泰州人。
周鈺　鳳陽人。
劉贊　宣城人。
胡文祥　歙縣人。
路逵　建德人。
方鐸　盧州人。
吴繼隆　徽州人。
周箕　長洲人。
袁澤　寧國人。
丁奉　常熟人。
魏修　興化人。
葛恒　無錫人。
甘永昂　溧水人。

潘　鋭　六安人。
張南升　松江人。
江　琇　歙縣人。
沈　壁　嘉定人。
陳　言　揚州人。
朱　觀　昆山人。
祝　續　長洲人。
劉　尚　山陽人。
錢　憲　無錫人。
陸　堊　應天人。
吴　鑄　鎮江人。
陳　忠　吴縣人。
谷　遷　太平人。
韓　選　安慶人。
曹　濛　句容人。
姜　芳　儀真人。

俞　璉　休寧人。
華　湘　泰州人。
高　獻　太倉人。
張　鵠　上海人。
王　岷　潛山人。
瞿　奎　蘇州人。
曹　驄　霍（邱）〔丘〕人。
方　瓊　太平人。
張孟周　豐縣人。
余　信　無錫人。
王　木　南陵人。
葉永春　巢縣人。
蕭　佐　鎮江人。
袁　焕　江浦人。
褚　嵩　松江人。
王　浩　應天人。

陸翺　華亭人。　徐度　江陰人。

汪本　徽州人。　申惠　吴江人。

汪珊　貴池人。　金皡　上海人。

正德五年庚午科

孫繼先等共一百三十五人。繼先，餘姚人。

顧彦夫　無錫人。　喻義　無錫人。

華金　常州人。　唐侃　徽州人。

吴闓　常州人。　王遵　寧國人。

惲釜　武進人。　童楷　應天人。

王鋐　金壇人。　于湛　金壇人。

毛憲　武進人。　胡統　武進人。

柴太　昆山人。　韓鸞　泰州人。

陳應武　高郵人。　韋松　常熟人。

沈櫝　太倉人。　程鋭　祁門人。

丁延年　無錫人。
戚　濟　宣城人。
王　留　常熟人。
姚　相　常州人。
李元祥　華亭人。
周鳳鳴　昆山人。
沈　本　興化人。
陳世輔　鳳陽人。
唐　濂　徽州人。
王　鑾　錦衣衛籍，吴江人。
許　繼　儀真人。
劉　羽　江陰人。
方　節　合肥人。
王　昆　靈璧人。
蔣同仁　武進人。
汪　溱　祁門人。

李　翔　上海人。
周　鰲　江陰人。
吴文之　吴縣人。
曹　祥　昆山人。
郁　山　華亭人。
趙　守　應天人。
周　埜　太倉人。
李　鼐　常州人。
孫　峻　高郵人。
李　儒　華亭人。
蔣　嶽　應天人。
章　楝　青陽人。
鄭　賓　武進人。
顧　康　江陰人。
吴　鯉　安慶人。
龔　儼　太倉人。

俞　召　常州人。
盛應望　蘇州人。
史　簠　溧陽人。
黃　訓　吴縣人。
張　參　華亭人。
李　葵　上元人。
張明儒　應天人。
林　倌　盱眙人。
陳　續　石埭人。
戴　恩　松江人。
張　淵　江浦人。
徐　旒　華亭人。
朱鴻漸　蘇州人。
吴　迪　休寧人。
范汝興　蘇州人。
王以旂　江寧籍，吴縣人。

韓　恢　應天人。
王　堅　山陽人。
王　卿　霍(邱)〔丘〕人。
馮　祥　績溪人。
白　繒　靈壁人。
喻　智　當塗人。
楊　璉　松江人。
都　咨　蘇州人。
周　衡　宜興人。
沈存肅　上海人。
吴文獻　歙縣人。
胡　岳　華亭人。
顧　溱　蘇州人。
龔大有　常州人。
江一桂　婺源人。
周　震　昆山人。

金寵　休寧人。
張寰　昆山人。
孔欽　武進人。
(邱)〔丘〕節　通州人。
陸鰲　昆山人。
馬惠民　揚州人。
陳輔　儀真人。
劉紀　旗手衛人。
彭昉　吴縣人。
陸乾元　寧國人。
裴居易　五河人。
蔣益　武進人。
周懋文　昆山人。
徐晉　揚州人。
潘錡　婺源人。
鮑鳳　安慶人。

瞿祥　太倉人。
蔣洽　武進人。
張烈　應天人。
鄒經　無錫人。
富好禮　華亭人。
嵇元鳳　常熟人。
葉明　儀真人。
王欽　無爲人。
蘇驥　建德人。
魏應召　吴縣人。
高鳳　武進人。
方遠宜　徽州人。
黄永椿　江都人。
唐珯　常州人。
俞敦　江都人。
江涯　徽州人。

沈峻　盧州人。

唐周　上海人。

盧雍　蘇州人。

王紀　泰州人。

馮冠　常熟人。

蔣貫　祁門人。

陳桓　定遠人。

蔡元用　常州人。

周懋　常熟人。

戴吉　婺源人。

余琛　歙縣人。

俞璋　太倉人。

周儀　南陵人。

方紀達　歙縣人。

陳堯恩　吴江人。

俞瓚　蘇州人。

黄海　壽州人。

蔡昂　淮安籍，嘉定人。

浦鋐　登州衛籍，嘉定人。

侯山　普定衛籍，嘉定人。

正德八年癸酉科

王大化等共一百三十五人，〔秖列一百三十二人〕①。

① 據《四庫》本補。

王大化　儀真人。
尹　賢　應天人。
程　旦　徽州人。
潘　照　徽州人。
馮　玠　昆山人。
華　誎　無錫人。
王　用　長洲人。
張　翊　太倉人。
王　濂　金壇人。
茅　貢　常熟人。
唐　侃　鎮江人。
顧　磐　通州人。
何　遵　應天籍，吴江人。
楊綱立　六安人。
王　鵬　安慶人。
吴邦祐　歙縣人。

唐　皋　徽州人。
薛　蕙　亳州人。
王　庭　長洲人。
徐　著　高郵人。
萬雲鵬　鹽城人。
黄　傑　淮安人。
姚　儒　常州人。
毛　經　江浦人。
顧　璘　上元籍，吴縣人。
吴昌齡　六安人。
黄文光　休寧人。
吴　仲　武進人。
王舜耕　常熟人。
江元輔　徽州人。
秦　璧　松江人。
孔　曆　江浦人。

宋邦輔 東流人。
柯相 貴池人。
董紹 常州人。
王洪 華亭人。
金藻 潛山人。
胡松 績溪人。
查應兆 蘇州人。
李德霖 滁州人。
方渠 巢縣人。
周在 太倉人。
鄭恭 績溪人。
沈潑 吴縣人。
武旹 溧水人。
沈觀 應天人。
陳府 應天人。
張國紀 定遠人。

吴襄 宜興人。
邊崳 無錫人。
馬騆 揚州人。
方潤 歙縣人。
馬駙 揚州人。
李應虞 常熟人。
李崧祥 池州人。
高廉 昆山人。
鄭佐 徽州人。
吴弼 宜興人。
貢汝成 寧國人。
江淇 徽州人。
張愷 六合人。
戴嘉猷 績溪人。
王應宿 太倉人。
孫悦 金壇人。

汪如珍　休寧人。
張　昫　壽州人。
葉　澤　昆山人。
王　欽　泗州人。
嚴　瀾　吴縣人。
莫　愚　松江人。
顧　昺　吴江人。
戴静夫　徽州人。
徐九經　江寧籍，吴縣人。
張　綖　高郵人。
舒　經　徐州人。
沈　雲　上海人。
王應恩　上海人。
焦　煜　太平人。
王　惠　無錫人。
黄　絅　歙縣人。

王　問　吴江人。
陳永芳　石埭人。
周　恕　揚州人。
馮　鼒　松江人。
楊　珙　溧陽人。
葉　林　常州人。
江文中　旌德人。
蔣山卿　儀真籍，常熟人。
汪　昉　徽州人。
董　騫　婺源人。
莫　同　無錫人。
楊　璧　嘉定人。
周　音　金山衛人。
徐九疇　江寧籍，吴縣人。
朱希皋　昆山人。
方明育　徽州人。

(邱)〔丘〕峻　嘉定人。
謝　表　常熟人。
陳紹宗　應天人。
周　易　蕪湖人。
陳　鐸　宿州人。
曹　懷　無錫人。
侯　泰　嘉定人。
陳　鈇　池州人。
王　儒　蕪湖人。
夏　赦　太平人。
王　瑭　虹縣人。
梅　鷟　旌德人。
程　達　婺源人。
顧可久　無錫人。
孫　存　滁州人。
吴　稷　松江人。

張　緯　寧國人。
劉　炯　蘇州人。
王萬年　盧江人。
曹　錦　松江人。
丁　瓚　鎮江人。
朱　豹　上海人。
韓　鼎　合肥人。
趙時勉　歙縣人。
張　辰　太倉人。
汪　遵　績溪人。
陸　冕　昆山人。
楊　淮　無錫人。
孫　昺　太平人。
王　宗　江寧人。
周　潮　太倉人。
王世禄　廣德人。

鄭琦 應天人。
盧昂 亳州人。
蔣詔 吴縣人。
李僑 江寧人。

正德十一年丙子科

崔桐等共一百三十五人，〔秖列一百三十人〕①。

崔桐 海門人。
黄魯曾 吴縣人。
晋憲 昆山人。
高瀹 揚州人。
顧濟 太倉人。
張真 南陵人。
袁翼 蘇州人。
鄭建 祁門人。
仲選 沭陽人。
程然 徽州人。
馬津 徐州人。
王淶 合肥人。
盧襄 蘇州人。
黄玠 廬州人。
馬坤 通州人。
徐嵩 泰州人。

① 據《四庫》本補。

方明顯　徽州人。
劉霽　徐州人。
伍餘福　蘇州人。
張寅　華亭人。
周振　常州人。
沈漢　吴江人。
朱侃　蕪湖人。
孫益　常州人。
鄭濂　應天人。
沈椿　蘇州人。
甘元雋　嘉定人。
沈人傑　松江人。
周土　太倉人。
胡宗華　績溪人。
高桂　寶應人。
孫舟　常熟人。

曹弘　江陰人。
徐夔　吴江人。
姚介　泰州人。
程資　婺源人。
汪堅　旌德人。
許寰　鎮江人。
唐仕　徽州人。
顧純　臨淮人。
沈紹　武進人。
邵思忠　贛榆人。
彭謙　溧陽人。
周鎧　長洲人。
程霆　婺源人。
張應瑞　松江人。
王暐　句容人。
沈珠　揚州人。

李　勳　常熟人。
龔大稔　武進人。
端廷赦　太平人。
鄔　紳　鎮江人。
邢　霖　當塗人。
顧中立　華亭人。
朱　深　松江人。
白　經　儀真人。
費　坤　吴江人。
郜周先　高郵人。
朱　衮　無錫人。
趙　默　無錫人。
吴大本　寧國人。
盛　鳳　合肥人。
魏景星　寧國人。
程　煌　婺源人。

汪　峻　祁門人。
曹邦彦　金壇人。
錢　文　應天人。
楊　森　京衛人。
金　洲　嘉定人。
董　威　廬州人。
吉　梁　丹陽人。
孫崇德　太和人。
沈　暄　華亭人。
馬致遠　丹陽人。
章　秀　應天人。
胡宗明　績溪人。
周　冕　滁州人。
張　鵬　鳳陽人。
張鳴謙　松江人。
楊　儀　常熟人。

嚴　肅　常州人。
呂大綸　華亭人。
顧夢圭　昆山人。
方　克　安慶人。
呂　朋　常州人。
成　舉　興化人。
章　琥　石埭人。
許廷桂　蒙城人。
胡　橒　蘇州人。
王　召　無錫人。
陸　愚　太倉人。
汪居安　桐城人。
楊　沔　句容人。
夏玉麟　常熟人。
許承厚　通州人。
陳　悦　吴江人。

丁　暘　應天人。
何　桐　泰興人。
劉守良　贛榆人。
張　玠　太倉人。
鄭　道　江都人。
江　曙　徽州人。
楊　偉　昆山人。
張　衮　江陰人。
費　曾　泰州人。
陳　玠　常州人。
朱象賢　無錫人。
吴　蘭　霍山人。
施一德　崇明人。
沈大楠　昆山人。
江　軾　徽州人。
徐行健　鳳陽人。

王　表　無錫人。
夏　津　昆山人。
鄧　戴　常熟人。
秦　霆　太倉人。
陸　金　吴江人。
吴鵬舉　宣城人。
王　勛　寶應人。
汪　屺　祁門人。
葉　觀　江都人。

潘潢等共一百三十五人。

正德十四年己卯科

潘　潢　徽州人。
楊春芳　宿松人。
吴廷翰　無爲人。

汪　玩　徽州人。
蔣　偁　宜興人。
張　淮　太倉人。
江　鋭　應天人。
王　確　潁上人。
胡效才　淮安人。
葛　豫　無錫人。
陳　近　常熟人。
達　忠　鎮江人。

吴　淮　鎮江人。
張鳳來　常熟人。
李時芳　揚州人。

繆尚志　常熟人。
殷　輅　華亭人。
曹　珂　宜興人。
謝應龍　祁門人。
盧　淮　淮安人。
朱隆禧　昆山人。
潘　英　徽州人。
楊　琬　鎮江人。
張　翀　全椒人。
黄　炳　歙縣人。
王　問　無錫人。
許道隆　懷寧人。
馬舜民　揚州人。
馬　紳　如皋人。
曹　卿　武進人。
孫　本　通州人。

趙　欽　江陰人。
王　守　蘇州人。
朱　節　吴縣人。
李　松　長洲人。
劉　澄　嘉定人。
朱　軏　泰州人。
褚　寶　鳳陽人。
曹嗣榮　松江人。
沈應徵　嘉定人。
吕　章　徽州人。
吴　琳　徽州人。
方廷璽　歙縣人。
胡道芳　歙縣人。
潘　楷　鎮江人。
高　相　江都人。
沈　啓　吴江人。

錢　鐸　海門人。
張　寅　太倉人。
汪堯卿　徽州人。
孫時勉　常州人。
丁　柷　懷寧人。
薛　璠　江陰人。
丁　礦　六安人。
樊希雍　山陽人。
馬　節　通州人。
吴九華　徐州人。
陸　南　長洲人。
陳中立　祁門人。
范　慶　壽州人。
陸　爵　金壇人。
洪　忠　徽州人。
高　澤　揚州人。

吴　環　常州人。
朱良訓　松江人。
陳　僩　江陰人。
陸期范　興化人。
張京安　常熟人。
楊　雷　吴縣人。
趙　鎧　潁上人。
陳　周　昆山人。
張　羽　昆山人。
程　澤　徽州人。
李芳春　無錫人。
王同祖　昆山人。
薛　昕　武進人。
楊　經　臨淮人。
周伯孝　來安人。
段　藻　金壇人。

吴筐　青陽人。
胡效忠　淮安人。
程輅　績溪人。
沈恩　應天人。
管禄　鹽城人。
顧經　華亭人。
謝霖　祁門人。
司馬泰　應天人。
吴檄　桐城人。
何鉞　舒城人。
朱紈　蘇州人。
胡有恒　山陽人。
潘鎰　婺源人。
錢籍　常熟人。
王涣　長洲人。
王積　太倉人。

王金　蘇州人。
王評　常熟人。
錢卿　吴江人。
黄鏜　徽州人。
盛應陽　蘇州人。
張代　霍山人。
劉鳳　句容人。
楊科　華亭人。
李夢周　海門人。
潘鈺　婺源人。
沈奎　涇縣人。
陸經　松江人。
段儒　懷遠人。
王堂　應天人。
孫鑾　常州人。
鮑象賢　歙縣人。

張鳴岐 松江人。
吴 惠 應天人。
連 璧 常熟人。
顧文隆 華亭人。
曹 完 華亭人。
王文光 應天人。
祁 澎 寶應人。
蔣繼蕃 應天人。
王 濙 潛山人。
王 臣 興化人。
何 唐 桐城人。
吴 商 常州人。
張 仁 六安人。
朱 伸 蘇州人。

孫 雲 昆山人。
方 岑 揚州人。
楊復春 吴縣人。
胡思忠 桃源人。
華 胄 無錫人。
趙 綸 上海人。
王 佐 上海人。
張 鴻 上海人。
胡明善 霍(邱)〔丘〕人。
吕 綸 江都人。
柯 燾 建德人。
程 文 太平人。
高 遞 華亭人。
唐伯健 泰州人。

江南通志卷一百二十八

選舉志

舉人　四

嘉靖元年壬午科

華鑰等共一百三十五人,〔祇列一百二十八人〕①。

華　鑰　無錫人。

張　激　鎮江人。

① 據《四庫》本補。

顧承芳 鳳陽人。
趙　磬 長洲人。
夏允中 松江人。
孫　經 鎮江人。
許　瑄 太平人。
沈天麟 江陰人。
汪　鑾 應天人。
楊世賢 華亭人。
許百朋 徽州人。
陳　鳳 鎮江人。
黄　福 休寧人。
袁　積 江浦人。
郟　鼎 太倉人。
葉　金 武進人。
陳　鏞 昆山人。
王　瑛 無錫人。

杜　炳 鳳陽人。
徐　階 華亭人。
潘　恩 上海人。
余　鏞 婺源人。
諸邦憲 昆山人。
盧　蕙 淮安人。
陳　堯 通州人。
胡鳴鸞 崇明人。
金　清 應天籍，昆山人。
徐　槐 宣城人。
汪　漢 懷寧人。
薛　甲 江陰人。
龔　轅 太倉人。
沙　稷 儀真人。
謝　袞 安慶人。
葛　昴 嘉定人。

石英中　上海人。
浦南金　嘉定人。
閻大祥　贛榆人。
吴蕡　江陰人。
胡師賢　含山人。
徐偉　昆山人。
陳交　常熟人。
黄河　通州人。
徐瀚　寧國人。
毛衢　吴江人。
陸瑚　太倉人。
張國維　定遠人。
張源　蘇州人。
錢文爵　無錫人。
張銓　吴江人。
鍾暘　天長人。

張珪　太倉人。
王希喆　太和人。
華察　無錫人。
汪瑋　徽州人。
王鏜　揚州人。
張情　昆山人。
童宣　太平人。
潘珪　建平人。
顧津　常熟人。
蘇子來　常熟人。
周表　太倉人。
唐純　泰州人。
宋錦　和州人。
孫良德　通州人。
龔大倫　常州人。
鄭淮　應天人。

王可立　上海人。
葉　份　徽州人。
盛廷蘭　鎮江人。
孫世禄　來安人。
程光顯　黟縣人。
陸　堂　常熟人。
陳有容　休寧人。
方　鵬　懷寧人。
董子儀　上海人。
李日章　華亭人。
張一鳳　霍(邱)〔丘〕人。
陳元頤　松江人。
張文鳳　常熟人。
袁　仁　全椒人。
陳　桐　泗州人。
李良楨　安慶人。

陳　策　吴江人。
邢　埴　太平人。
唐　溥　太倉人。
吴希賢　宣城人。
吕　德　蘇州人。
茆　觀　寶應人。
江　鼎　青陽人。
唐　稷　上海人。
楊　東　太平人。
李　椿　蘇州人。
黄　約　歙縣人。
吴子孝　蘇州人。
吴　慎　宜興人。
李　觀　錦衣衛人。
紀　鰲　臨淮人。
劉　章　沛縣人。

聶瑭　潛山人。
張鶚　上海人。
童顔　豹韜左衛人。
徐充　六安人。
沈震　興化人。
孫堂　華亭人。
董鉉　涇縣人。
李宜　華亭人。
陳訓　鹽城人。
談承儒　上海人。
華周　常熟人。
趙鑒　江陰人。
王僎　江都人。
馬奇　長洲人。
卞嵩　江都人。

王希成　溧水人。
王𤍞　昆山人。
王暄　興化人。
高應奎　常州人。
尤敷　昆山人。
王世顯　吴縣人。
陳澍　合肥人。
馬承學　蘇州人。
程容　績溪人。
汪淳　安慶人。
張偉　應天人。
孫鍾　合肥人。
劉鑾　靖江人。
孫繼禄　上海人。
單越　嘉定人，武功衛籍。

嘉靖四年乙酉科

袁袠等共一百三十五人，〔秖列一百三十三人〕①。

袁　袠　吴縣人。
陸　粲　長洲人。
程　廉　歙縣人。
繆希亮　溧陽人。
吴　誠　休寧人。
戚　賢　全椒人。
曾　翀　霍（邱）〔丘〕人。
金大車　應天人。
汪應奎　徽州人。
蔣應奎　江都人，山西籍。
黄萬善　武進人。
程　默　徽州人。
陳　鳳　應天人。
馮　恩　松江人。
黄　訓　徽州人。
史　際　溧陽人。
王獻芝　徽州人。
徐與言　常熟人。
胡德純　績溪人。
潘　鈇　婺源人。

① 據《四庫》本補。

方　涯　太平人。
張　裕　長洲人。
陳天貴　長洲人。
伊敏生　吴縣人，上元籍。
金本陶　應天人。
周復俊　太倉人。
胡文翰　望江人。
金　珸　灊山人。
汪仲成　績溪人。
余　棐　婺源人。
吴　介　壽州人。
程　途　歙縣人。
張　梁　寧國人。
許　鐗　貴池人。
王　諭　建平人。
繆中孚　常熟人。

顧中孚　華亭人。
葉　奭　祁門人。
王　縉　徽州人。
曹　逵　太倉人。
蔣　孝　常州人。
郭　山　嘉定人。
葉遇春　太倉人。
葛　桂　上海人。
夏　初　江陰人。
王　鉅　婺源人。
楊　成　應天人。
徐獻忠　松江人。
王穀祥　長洲人。
潘　鈂　婺源人。
陳　儒　昆山人。
戴邦正　松江人。

程　鐸　徽州人。
胡大紳　廣德人。
丁　鵬　如皋人。
詹元相　徽州人。
謝九成　繁昌人。
尤　魯　無錫人。
仲言永　寶應人。
許　穀　應天人。
朱存瑩　休寧人。
諸邦正　太倉人。
姜　鎮　丹陽人。
楊子亨　松江人。
劉兆元　上海人。
姜　節　吴縣人。
趙　鐘　江陰人。
李　湘　泰州人。

皇甫汸　蘇州人。
王任用　太倉人。
夏　敞　應天人。
沈服采　松江人。
林文甲　吴縣人。
夏　雷　鹽城人。
陳　瀛　蒙城人。
高　淳　徐州人。
張　夔　桐城人。
張立敬　松江人。
陳　瑚　華亭人。
徐　冕　太平人。
何　玨　松江人。
戴　鍊　婺源人。
胡　晟　婺源人。
王良金　松江人。

方築　昆山人。
方效　桐城人。
張嶅　揚州人。
許僎　長洲人。
丁謹　無錫人。
顧子厚　松江人。
倪嵩　太平人。
方舟　徽州人。
梁焕　懷寧人。
牛愷　六安人。
蔡洞　宿遷人。
沈正　太平人。
朱祚　高郵人。
王一陽　江都人。
薛鎧　松江人。
茆秀　江浦人。

錢淵　靈壁人。
談愷　無錫人。
張儀鳳　靈壁人。
水杞　蘇州人。
潘曠　婺源人。
李錦　蕪湖人。
徐瑛　常州人。
袁杉　泰州人。
葉聯芳　應天人。
彭儒　全椒人。
徐伯虬　蘇州人。
任太　昆山人。
姚資　長洲人。
劉璧　長洲人。
秦鰲　昆山人。
陳澶　江陰人。

陸果　無錫人。　張道　高郵人。
董玠　涇縣人。　沈越　應天人。
徐珮　山陽人。　陸邦臣　太倉人。
曹寅　無錫人。　戴冠　松江人。
王標　金壇人。　楊鉦　武進人。
劉坤　懷寧人。　張愚　懷寧人。
楊嘉慶　寧國人。　朱勳　華亭人。
馬逢伯　六合人。　楊欽　太平人。
竇潤　滁州人。

嘉靖七年戊子科

許仁卿等共一百三十五人。仁卿，浙江人，〔祇列一百二十九人〕。①

皇甫涍　蘇州人。　程烈　徽州人。

① 據《四庫》本補。

程尚寧　徽州人。
唐順之　常州人。
吴藩　全椒人。
周相　吴江人。
顧明　常州人。
王大度　黟縣人。
李參　蘇州人。
柯喬　青陽人。
趙承謙　常熟人。
楊沛　松江人。
劉鈺　蕪湖人。
劉昺　鳳陽人。
張溪　壽州人。
姚文誥　武進人。
周乾　昆山人。
顧聞　蘇州人。

浦應麒　無錫人。
潘滋　婺源人。
康載　祁門人。
陸應寅　松江人。
邢址　太平人。
史伋　溧陽人。
潘鉉　婺源人。
包節　華亭人。
皇甫沖　蘇州人。
胡介　通州人。
趙憲　上海人。
陸奎章　武進人。
王心　天長人。
胡川楫　徽州人。
吴旦　休寧人。
楊樞　松江人。

謝　鎰　祁門人。
楊　金　太平人。
徐世用　宿州人。
翁　璨　松江人。
胡　琦　婺源人。
陳　津　長洲人。
汪　楠　婺源人。
方　瑜　歙縣人。
葉天榮　婺源人。
汪　佐　徽州人。
王　教　松江人。
薛良輔　上海人。
周　麟　吴江人。
袁　衮　蘇州人。
曹邦奇　金壇人。
江　校　徽州人。

楊啓芳　寶應人。
沈良才　泰州人。
尤存周　吴縣人。
錢邦彦　吴縣人。
鮑　冕　歙縣人。
張　鐸　應天人。
曾　銑　揚州人。
沈九錫　昆山人。
馬　章　溧陽人。
陳如綸　太倉人。
張　誥　京衛人。
萬　鳳　寧國人。
馮　焕　淮安人。
沈　瀚　吴江人。
林　春　泰州人。
沈　煉　嘉定人。

曹　察　無錫人。
胡廷玉　寧國人。
胡　松　滁州人。
張翼翔　鳳陽人。
吴　昆　吴江人。
盧　璧　應天人。
陳　潛　常熟人。
顧名儒　上海人。
汪　景　南陵人。
薛如淮　江陰人。
徐　麟　泰州人。
詹　敬　休寧人。
朱　默　太倉人。
章允賢　青陽人。
齊　傑　桐城人。
周　冕　上海人。

徐宗魯　華亭人。
陳　椿　蘇州人。
王　鑄　華亭人。
錢　嶫　通州人。
張鷚翼　上海人。
濮　漢　廣德人。
方　介　盧州人。
王　輔　江都人。
吴文亨　江陰人。
陳　鴻　吴江人。
何　澄　徽州人。
胡　雲　常州人。
潘子正　六安人。
邢大道　揚州人。
吕　高　鎮江人。
徐貢元　繁昌人。

劉　衮　鹽城人。
張　鶚　泗州人。
姚廉能　常州人。
施　仁　蘇州人。
童　吉　江陰人。
陳　璧　江都人。
謝少南　應天人。
張　遜　高郵人。
張　恕　應天人。
汪大受　婺源人。
王三錫　太倉人。
張　意　嘉定人。
施　雨　常熟人。
袁　株　興化人。
金　淳　應天人。
沈　愷　華亭人。

高　遠　應天人。
張　選　無錫人。
王　涵　太倉人。
眭　曙　丹陽人。
張廷臣　昆山人。
胡弘緒　銅陵人。
黄正色　江陰人。
蔣　雲　松江人。
姚　本　旌德人。
(邱)〔丘〕鎣　武進人。
唐　音　武進人。
汪天錫　婺源人。
潘　相　丹徒人。
相　楝　淮安人。
尹　燦　金壇人。

嘉靖十年辛卯科

趙汴等共一百三十五人，〔秖列一百三十三人〕①。

趙　汴　太倉人。　王　曙　金壇人。
桑惟喬　揚州人。　黄省曾　蘇州人。
王廷榦　涇縣人。　左　鎰　涇縣人。
姜　符　丹陽人。　張承憲　華亭人。
强　仕　無錫人。　畢　錦　歙縣人。
王汝襄　揚州人。　吴汝感　常州人。
曹　灼　太倉人。　錢　亮　鎮江人。
曹守貞　江都人。　王之夔　常熟人。
楊　潛　昆山人。　何其賢　休寧人。
顧存仁　蘇州人。　高　萼　池州人。

① 據《四庫》本補。

章　棨　常熟人。
張　訓　吴縣人。
程　賓　績溪人。
張大魯　上海人。
牛　斗　淮安人。
陸師道　蘇州人。
唐　寧　懷遠人。
葉　材　常州人。
張廷傑　旌德人。
吴中英　昆山人。
胡　容　婺源人。
嚴　寬　鎮江人。
吴　巖　廬州人。
許　河　常熟人。
閻　傅　應天人。
湯　鄞　宜興人。

王大中　太倉人。
顧　向　上海人。
曹　鼎　休寧人。
葉　漢　吴縣人。
李延孺　宜興人。
章世隆　青陽人。
張　濬　徽州人。
朱曰藩　寶應人。
殷　邁　應天人。
王　覺　武進人。
楊　宇　全椒人。
金　懋　蘇州人。
奚良輔　上海人。
華志賢　盱眙人。
余　光　應天人。
周大禮　昆山人。

楊皐　宜興人。
張全　婺源人。
鄭河　應天人。
包孝　華亭人。
俞憲　無錫人。
汪標　婺源人。
王獻麟　徽州人。
金用　休寧人。
周珮　常州人。
沈坤　山陽人。
蕭謐　寧國人。
葛清　應天人。
高士　華亭人。
馬自强　揚州人。
俞倫　定遠人。
王言　盧江人。

楊伊志　吴縣人。
張棣　全椒人。
齊汝賢　吴江人。
江東暉　婺源人。
王忬　太倉人。
張棠　江浦人。
張珍　丹陽人。
華從光　無錫人。
方旦　無錫人。
汪湘　婺源人。
高材　無錫人。
章世昭　青陽人。
童曉　應天人。
吴淄　太平人。
姚文祐　常州人。
許彦忠　句容人。

楊林　淮安人。
李人龍　松江人。
吕潛　長洲人。
祝應乾　太平人。
錢師周　松江人。
史起蟄　揚州人。
錢淵　建平人。
王廷祀　江都人。
李沛然　貴池人。
潘松　宜興人。
茅鎜　鎮江人。
錢桂　無錫人。
徐貞　蘇州人。
龔轍　華亭人。
湯盤　吴縣人。
李春芳　興化人。
徐亮　江陰人。
游震得　婺源人。
江廷藻　旌德人。
周俊民　無錫人。
張擢秀　昆山人。
錢永昌　無錫人。
宗周　興化人。
洪源　婺源人。
周尚文　亳州人。
金世龍　蘇州人。
宋溥　應天人。
褚宗禄　江都人。
李公大　泗州人。
孟津　滁州人。
余棨　婺源人。
陸用章　武進人。

王可大　吴江人，應天籍。

金　瀚　昆山人，應天籍。

湯　輔　應天人。

董士弘　常州人。

王賚汝　蘇州人。

湯　校　江陰人。

朱　鑠　徽州人。

桑　介　常熟人。

臧　鏡　儀真人。

章　序　績溪人。

顧玉柱　常熟人。

章　焕　蘇州人。

賀　恩　儀真人。

顧　進　丹徒人。

向　縞　應天人。

房　憲　懷遠人。

孫　孟　滁州人。

嘉靖十三年甲午科

鄭惟誠等共一百三十五人，〔秖列一百五人〕①。

王之省　府軍衛人。

陳　芹　羽林衛人。

① 據《四庫》本補。

張鉞　江浦人。
陳鎏　吴縣人。
鄔克忠　昆山人。
李重　嘉定人。
陸鵠　吴縣人。
勞珊　吴縣人。
皇甫濂　長洲人。
徐履祥　長洲人。
吴察　吴縣人。
趙祚　吴江人。
莊天恩　華亭人。
莫如忠　華亭人。
龔愷　上海人。
吴天壽　上海人。
李裕　華亭人。
宋賢　華亭人。
陳時萬　太醫院人。
李憲卿　昆山人。
陳諫　常熟人。
沈察　吴江人。
裘邵　吴縣人。
朱才就　吴江人。
姜堂　吴江人。
徐元善　太倉人。
顧子望　太倉人。
芮菱　宜興人。
華圻　無錫人。
華治隆　無錫人。
鄒子進　無錫人。
馮有年　無錫人。
厲深甫　無錫人。
龔庶　長洲人。

潘恩 上海人。
蔣珊 武進人。
徐津 武進人。
徐二南 江陰人。
吴節 江陰人。
李永 丹徒人。
王相 丹徒人。
盧儼 丹陽人。
王夢黿 山陽人。
陳應 鹽城人。
徐槃 江都人。
黄磐 儀徵人。
張選 高郵人。
王會 太湖人。
余意 桐城人。
畢鏓 歙縣人。

金九齡 武進人。
金九成 武進人。
陶澤 武進人。
趙大河 江陰人。
陳曙 靖江人。
沈棠 丹徒人。
丁一敬 丹陽人。
張應元 山陽人。
臧珊 山陽人。
薛應元 江都人。
張椝 儀徵人。
陳國光 儀徵人。
鄒充 興化人。
阮鶚 桐城人。
汪伊 歙縣人。
李昶 歙縣人。

鮑明道　歙縣人。
胡文孚　休寧人。
游肇紀　婺源人。
王　禮　婺源人。
潘　鏊　婺源人。
汪　廉　婺源人。
馬　錫　祁門人。
舒　遷　黟縣人。
馮　蘭　績溪人。
麻　瀛　宣城人。
周　怡　太平人。
施大觀　青陽人。
甯　璉　青陽人。
徐夢珠　繁昌人。
董子策　合肥人。
（邱）〔丘〕玳　六安人。

程　模　歙縣人。
程　燮　休寧人。
余世儒　婺源人。
方純仁　婺源人。
汪　涌　婺源人。
鄭惟誠　祁門人，解元。
吴　瓊　祁門人。
胡宗憲　績溪人。
羅雲漢　宣城人。
徐　泳　宣城人。
吴仲禮　貴池人。
章時鸞　青陽人。
谷鳳喈　當塗人。
周彦能　合肥人。
杜　璁　合肥人。
曹　本　巢縣人。

楊時秀　懷遠人。
張體乾　宿州人。
劉　佩　亳州人。
潘　理　建平人。
盛堯儒　定遠人。
盧　翰　潁州人。
王　鼎　廣德人。
王三接　太倉人。

嘉靖十六年丁酉科

王諷等共一百三十五人，〔衹列八十五人〕①。

廖文光　上元人。
陸　彬　衛籍。
彭若龍　溧陽人。
陳　遴　吴縣人。
時守中　吴縣人。
施　霖　長洲人。
甘　節　府軍右衛人。
林一鳳　江寧人。
韓叔陽　高淳人。
章士元　吴縣人。
(邱)〔丘〕鵬　長洲人。
郭　仁　長洲人。

① 據《四庫》本補。

全　美　本姓周，昆山人。
孫　偉　昆山人。
嚴　訥　常熟人。
金汝礪　常熟人。
張　楙　嘉定人。
王鑑臣　嘉定人。
申思夔　吴江人。
劉文玉　太倉人。
朱　銓　太倉人。
孫　耀　太倉人。
吴　貞　無錫人。
許　河　常熟人。
須　道　靖江人。
仲承祚　寶應人。
黄　鶚　泰州人。
李　彬　泰州人。
王　宇　昆山人。
許鵬南　昆山人。
張文光　常熟人。
程大經　常熟人。
龔有成　嘉定人。
曹巽孚　太倉人。
姜　周　太倉人。
(邱)〔丘〕履中　太倉人。
陸邦教　太倉人。
萬士亨　宜興人。
華舜欽　無錫人。
周士淹　昆山人。
顧　奎　通州人。
高履謙　寶應人。
保　嵚　通州人。
周崇儒　泰興人。

陳應遷　泰興人。
王　諷　祁門人，解元。
余　漢　歙縣人。
吳　勳　歙縣人。
葉宗春　祁門人。
胡尚志　績溪人。
程廷佐　歙縣人。
方　敏　祁門人。
汪　垍　休寧人。
俞文進　婺源人。
沈　寵　宣城人。
金　榜　宣城人。
徐元策　宣城人。
孫　鎬　太平人。
吳文奇　貴池人。
孫　滋　貴池人。

尹應奎　桐城人。
江鴻儒　婺源人。
戴章甫　休寧人。
鄭　綺　歙縣人。
王之臣　歙縣人。
王景象　歙縣人。
呂　烈　婺源人。
吳　鎬　績溪人。
程鳴鶴　休寧人。
章　炫　績溪人。
戚　慎　宣城人。
梅守德　宣城人。
崔　錦　太平人。
汪　全　南陵人。
李一元　建德人。
俞　治　蕪湖人。

孫濟美　太平人。
萬　端　合肥人。
楊伯元　臨淮人。
蔡　錞　宿州人。
武　鉞　來安人。
貢　湖　六安人。
章世仁　青陽人。
戴于飛　霍（邱）〔丘〕人。
宋　璘　來安人。

嘉靖十九年庚子科

趙鈛等共一百三十五人，〔秖列九十二人〕①。

朱　文　上元人。
阮　垔　江寧人。
顏　芳　府軍右衛人。
張　錦　句容人。
張　在　六合人。
周　儒　上元人。
路伯鏜　江寧人。
梅　恒　孝陵衛人。
高　裕　溧陽人。
沈敷德　吴江人。

① 據《四庫》本補。

湯　桓　復姓吴，吴縣人。
范惟一　華亭籍，吴縣人。
袁祖庚　長洲人。
楊　成　長洲人。
沈應元　常熟人。
陸　經　常熟人。
歸有光　昆山人。
朱秉孚　昆山人。
章宗實　昆山人。
章美中　昆山人。
張　基　吴江人。
皇甫涣　吴江人。
王　銑　吴江人。
顧子嘉　太倉人。
楊　準　宜興人。
鄭伯興　無錫人。

蔣球玉　吴縣人。
徐　岱　長洲人。
陸本枝　長洲人。
陳大訓　長洲人。
沈應魁　常熟人。
唐　愛　嘉定人。
方元儒　昆山人。
沈熙載　昆山人。
狄從周　昆山人。
沈　璐　昆山人。
陳忠言　吴江人。
龎　遠　吴江人。
周道光　太倉人。
萬士和　宜興人。
秦　涵　無錫人。
鄒應奎　無錫人。

楊　成　無錫人。
華士弘　無錫人。
成　憲　無錫人。
吴　嶽　無錫人。
袁　濱　通州人。
蔡　勣　泰州人。
周　岱　泰興人。
張　膽　高郵人。
王　業　蕭縣人。
趙　鉽　桐城人，解元。
趙　鋭　桐城人。
吴守敬　歙縣人。
俞　喬　休寧人。
汪　任　祁門人。
郭忠顯　宣城人。
焦依鑑　太平人。

秦　禾　無錫人。
李文麟　無錫人。
何　堅　江都人。
樊　灌　揚州衛人。
王陳策　泰州人。
袁夢龍　興化人。
張　習　寶應人。
程敬思　懷寧人。
謝　元　潛山人。
江　珍　歙縣人。
方若坤　祁門人。
汪邦奇　祁門人。
饒　瑫　寧國人。
曹大本　南陵人。
陳　琦　來安人。
徐　紳　建德人。

趙　相　滁州人。

萬　慶　和州人。

葉應麟　建德人。

葉志道　無爲人。

唐時卿　鳳陽人。

張　祚　定遠人。

李公度　泗州人。

胡　淳　潁州人。

李　紀　泗州人。

劉　蘭　蕪湖人。

張承芳　巢縣人。

魏九章　臨淮人。

侯　恩　壽州人。

盧　晋　潁州人。

丁　意　亳州人。

趙　瓊　涇縣人。

王　柱　涇縣人。

張　炫　涇縣人。

嘉靖二十二年癸卯科

尤瑛等共一百三十五人，〔秪列一百六人〕①。

馬汝僑　錦衣衛籍。

沈九思　上元人。

---

① 據《四庫》本補。

盛時春　上元人。
黄　甲　興武衛籍。
張　梅　句容人。
朱　纁　溧陽人。
周應祥　吴縣人。
盧應坊　吴縣人。
葛　綸　長洲人。
胡應奎　長洲人。
劉　鳳　長洲人。
陸　梓　昆山人。
李　續　更名時孚，昆山人。
丁子載　昆山人。
陳　時　昆山人。
瞿景淳　常熟人。
繆　宣　常熟人。
張　任　嘉定人。

吴士進　錦衣衛籍。
向　釁　江寧人。
狄斯彬　溧陽人。
茆世亨　溧水人。
韓　詩　吴縣人。
余惟弘　吴縣人。
陳大清　長洲人。
袁尊尼　長洲人。
蔡　焕　昆山人。
周後叔　昆山人。
趙　鏞　昆山人。
張憲臣　昆山人。
淩邦奇　昆山人。
張書紳　常熟人。
顧　柄　常熟人。
徐學詩　嘉定人。

許從龍　嘉定人。
趙中行　嘉定人。
錢用商　吴江人。
皇甫泮　吴江人。
淩雲翼　太倉人。
徐　爌　太倉人。
王道充　太倉人。
顧允揚　太倉人。
時　亨　太倉人。
尤　瑛　無錫人，解元。
秦　梁　無錫人。
祝舜齡　無錫人。
陳皋謨　江陰人。
田　鏄　江陰人。
劉光濟　靖江人。
蕭可教　江都人。

沈　積　嘉定人。
鍾　秀　吴江人。
朱　霑　吴江人。
徐　敦　太倉人。
淩汝志　蘇州人。
王世貞　太倉人。
季德甫　太倉人。
曹三暘　宜興人。
李延存　宜興人。
鄒夢桂　無錫人。
蔡　瀛　無錫人。
繆　俊　江陰人。
邵　棠　江陰人。
方　袞　江陰人。
周　鏜　宿遷人。
崔　縺　江都人。

焦烺　泰興人。
蔡劵　泰興人。
淩儒　泰州人。
成相　海門人。
江一鵬　婺源人。
俞鍊　婺源人。
殷正茂　歙縣人。
程嗣功　歙縣人。
江文式　婺源人。
胡曉　績溪人。
周紳　績溪人。
汪泓　旌德人。
施宗誼　青陽人。
蘇檢　石埭人。
衛國　合肥人。
宛嘉祥　廬江人。

何瓚　泰興人。
龔元成　高郵人。
李邦憲　海門人。
朱朴　桐城人。
吴德元　歙縣人。
洪範　婺源人。
江時鳴　婺源人。
邵齡　休寧人。
方邦慶　婺源人。
王天爵　歙縣人。
吴道立　休寧人。
何烇　南陵人。
畢鏘　石埭人。
陳節　合肥人。
柳希玭　廬江人。
劉嵛　無爲州人。

金尚貢　六安人。
柳應聘　泗州人。
田　鰲　滁州人。
查天民　涇縣人。
田　佐　鳳陽人。
張　棟　靈璧人。
謝　均　泗州人。
徐希周　涇縣人。

嘉靖二十五年丙午科

袁洪愈等共一百三十五人，〔秖列一百六人〕①。

梁　楹　府軍後衛籍。
潘　鵠　上元人。
薛　盤　府軍左衛籍。
劉安節　江寧人。
張翰翔　溧陽人。
袁洪愈　吴縣人，解元。
蔡　鋭　留守左衛籍。
李　种　金吾後衛籍。
蔣　山　太醫院籍。
王　朴　句容人。
金　鴻　六合人。
燕仲義　吴縣人。

① 據《四庫》本補。

顧　相　吴縣人。
王天爵　吴縣人。
劉　璞　長洲人。
張勉學　長洲人。
劉　畿　長洲人。
鄒　察　長洲人。
景仲賢　昆山人。
查光述　常熟人。
陳　瓚　常熟人。
郁　迪　常熟人。
洪　度　常熟人。
沈　陽　嘉定人，上海籍。
徐師曾　吴江人。
顧章志　太倉人。
周　渤　太倉人。
邵　德　無錫人。

吴　木　吴縣人。
范惟丕　吴縣人，華亭籍。
徐君楫　長洲人。
鄒懋昭　長洲人。
薛鳴謙　長洲人。
任　臨　昆山人。
葉恭焕　昆山人。
孫　樓　常熟人。
聞　璋　本姓徐，常熟人。
徐　栻　常熟人。
錢　庶　常熟人。
聞應龍　太倉人。
毛之龍　太倉人。
趙　瀚　太倉人。
吴可行　宜興人。
沈一貫　無錫人。

馬　濂　無錫人。
鄒懋昭　無錫人。
沈　奎　江陰人。
繆　垓　拼茶場人①。
陳　完　通州人。
楊守誠　江都人。
曾三省　儀徵人。
李廷桂　海門人。
劉守約　宿松人。
江一麟　婺源人。
方弘静　歙縣人。
汪朝京　黟縣人。
陳天祥　祁門人。
錢　泮　常熟人。
汪汝達　無錫人。
華文甫　無錫人。
陳　甲　江陰人。
劉　泮　江都人。
張應登　江都人。
張　淳　泰州人。
袁　巍　泰州人。
宋　俊　太湖人。
侯　朴　潛山人。
俞文遷　婺源人。
蔣　曉　歙縣人。
程　金　歙縣人。
李叔和　祁門人。
徐　甸　常熟人。

① 通作「栟茶場」,「拼」字疑誤。

程大賓　歙縣人。
吳文光　婺源人。
汪道昆　歙縣人。
羅必達　歙縣人。
項惟貞　休寧人。
李　清　宣州衛籍。
汪　槐　旌德人。
汪　鎰　南陵人。
楊仲遠　建德人。
徐學孟　廬江人。
吳國寶　無爲州人。
史　綸　潁州人。
王可立　滁州人。
查　絳　涇縣人。
朱　鍛　涇縣人。

張金衡　婺源人。
程宗洛　婺源人。
汪惟一　休寧人。
葉茂吉　婺源人。
唐汝迪　宣城人。
吳　深　寧國人。
孫　輔　南陵人。
李謙然　貴池人。
謝　乾　當塗人。
徐　鎰　廬江人。
張　諧　六安州人。
石　璽　滁州人。
魯　嵿　和州人。
章文叙　涇縣人。

嘉靖二十八年己酉科

唐一麐等共一百三十五人，〔秪列一百八人〕①。

俞　璉　衛籍。

周　珊　左衛籍。

何汝健　留守左衛籍。

皮　豹　上元人。

朱潤身　江寧人。

吕　鐸　衛籍。

趙　科　句容人。

王亮采　溧陽人。

張邦謨　溧水人。

張　藴　六合人。

張應亮　六合人。

顧曾唯　吴江人。

胡應軫　吴縣人。

殷　乾　吴縣人。

張問明　吴縣人。

唐一麐　常州人，解元。

陸象閏　常熟人。

王問臣　常熟人。

程大廉　常熟人。

陳　冠　長洲人。

① 據《四庫》本補。

張慕渠　長洲人。
陸自得　長洲人。
王繼孝　昆山人。
山　禹　昆山人。
邵圭潔　常熟人。
錢有威　常熟人。
屠　寬　吴江人，上海籍。
葉可成　吴江人。
吴邦貞　吴江人。
王一元　太倉人。
殷　旦　無錫人。
王利賓　無錫人。
杜　詩　吴縣人。
石應朝　上海人。
曹世龍　上海人。
趙與治　江陰人。

宋純仁　長洲人。
陳志道　昆山人。
王執禮　昆山人。
朱景賢　昆山人。
陸　勛　常熟人。
鄒　昆　吴江人。
吴承燾　吴江人。
張大韶　太倉人。
施陽得　無錫人。
王　鑑　無錫人。
董傳策　上海人。
瞿　寅　上海人。
徐　汶　江陰人。
鞠汝爲　靖江人。
宗　臣　興化人。
卞　曙　江都人。

丁士美　清河人。
趙　宋　興化人。
鮑宗沂　江都人。
楊　乾　通州人。
潘　麃　宿遷人。
程應元　婺源人。
李寅賓　婺源人。
吴　迪　歙縣人。
汪希武　歙縣人。
汪春時　婺源人。
王　忠　婺源人。
江文武　婺源人。
李維德　婺源人。
金幼芥　休寧人，東流籍。
麻　值　宣城人。
羅　濂　宣城人。
朱潤身　泰興人。
袁　隨　通州人。
章　淮　績溪人。
方良曙　歙縣人。
王尚禮　歙縣人。
俞一貫　婺源人。
曹仕寧　婺源人。
胡用賓　婺源人。
楊　旦　休寧人。
游醇卿　婺源人。
吴守蒙　歙縣人。
萬良金　宣城人。
孫　濬　宣城人。
徐元氣　宣城人。
梅繼勳　宣城人。
王　都　南陵人。

徐　楠　宣城人。
屠羲英　寧國人。
葉大鵬　南陵人。
方　新　青陽人。
方　懋　青陽人。
孫世禄　建德人。
徐宗奭　建德人。
端　鈛　太平府學。
邢繼先　無爲州人。
吴道東　壽州人。
王可立　來安人。
張弘道　含山人。

曹　芬　貴池人。
施堯臣　青陽人。
張思曾　青陽人。
江濯之　建德人。
檀良翰　建德人。
何　銑　太平府人。
金　甌　六安人。
張天駙　天長人。
陳　璐　來安人。
趙　睿　涇縣人。
趙世卿　涇縣人。
查　鐸　涇縣人。

嘉靖三十一年壬子科

孫溥等共一百三十五人。溥，江西人。〔秖列一百四人〕①。

楊　璧　上元人。

胡汝嘉　鷹揚衛籍。

尹繼皋　江寧人。

芮元采　溧陽人。

顧　吴　江浦人。

徐德元　吴江人。

鍾　律　吴縣人。

勞遜志　吴縣人。

劉　田　長洲人。

徐子英　昆山人。

馬汝徯　錦衣衛籍。

鄒守矩　驍騎右衛籍。

馬有騅　溧陽人。

韓　孜　六合人。

吴思道　吴江人。

沈　偉　吴江人。

馮　符　吴縣人。

張明經　長洲人。

秦允亨　昆山人。

戴文奎　昆山人。

① 據《四庫》本補。

秦　霑　昆山人。
劉　泉　常熟人。
馬　豸　江都人。
崔南陽　吴江人。
陶　鋭　吴江人。
張　節　太倉人。
張錫剛　太倉人。
周有容　宜興人。
華汝礪　無錫人。
吴　詔　無錫人。
萬言策　無錫人。
秦嘉楫　上海人。
趙　灼　上海人。
董傳教　上海人。
唐　覲　江陰人。
曹　淮　江陰人。

陸一鳳　常熟人。
朱用賓　嘉定人。
周大章　吴江人。
周兆南　吴江人。
沈　默　太倉人。
顧名世　上海人。
唐本堯　上海人。
錢鍾義　無錫人。
鄒是訓　無錫人。
施顯卿　無錫人。
杜時登　上海人。
俞文榮　上海人。
季　科　江陰人。
樓楙中　江都人。
殷三聘　江都人。
張　熇　泰興人。

戴洪恩 江都人。
薛應徵 江都人。
金汝礪 高郵人。
解 宋 興化人。
姚尚賓 海門人。
周 點 望江人。
張 澍 婺源人。
王京祥 祁門人。
謝與隆 祁門人。
吴希旦 歙縣人。
吴景明 休寧人。
王良用 歙縣人。
程廷策 休寧人。
方應貞 歙縣人。
江世卿 婺源人。
許汝驥 寧國人。

姚 韶 高郵人。
唐洪度 泰州人。
葉 清 懷寧人。
謝師訓 祁門人。
許 試 祁門人。
吴世忠 歙縣人。
汪元誠 績溪人。
程道東 歙縣人。
吕公濟 歙縣人。
江萬和 黟縣人。
程時言 休寧人。
王世光 歙縣人。
吴尚文 宣城人。
朱一柏 寧國人。
馬近奎 貴池人。
陳 瀾 貴池人。

吕一静　貴池人。
何其高　貴池人。
曹汝良　貴池人。
施敬臣　青陽人。
彭時中　石埭人。
陳見遠　石埭人。
李孟春　無爲人。
杜　桐　臨淮人。
邵夢麟　滁州人。
唐　有　含山人。
施篤臣　青陽人。
徐文山　銅陵人。
沈宗杲　石埭人。
李　霽　合肥人。
李志學　臨淮人。
黑士元　臨淮人。
姜　涌　蒙城人。
陳　銓　來安人。
常三省　泗州人。
陳爾志　壽州人。

嘉靖三十四年乙卯科

張世熙等共一百三十五人，〔袛列一百六人〕①。

① 據《四庫》本補。

周　易　孝陵衛籍。
陳時伸　太醫院籍。
鄒守益　驍騎衛籍。
劉　桂　上元人。
曹　存　句容人。
吴元恭　吴縣人。
褚元珂　長洲人。
趙世貞　長洲人。
沈大化　昆山人。
陳王道　昆山人。
葛邦典　常熟人。
何　鈁　常熟人。
錢大法　常熟人。
侯堯封　嘉定人。
沈令聞　吴江人。
吴承熙　吴江人。

楊家相　江寧人。
姚汝循　錦衣衛籍。
朱文益　衛籍。
金　鑾　衛籍。
經　儒　句容人。
顧潤澤　本姓馬，長洲人。
陸士鰲　長洲人。
周　詩　昆山人。
戴九容　昆山人。
馬致遠　昆山人。
桑大協　常熟人。
錢順時　常熟人。
李汝節　嘉定人。
陸　濬　嘉定人。
孫從龍　吴江人。
王肖徵　錦衣衛籍。

周　鐸　太倉人。
韓　湘　太倉人。
曹景暘　宜興人。
顧應龍　無錫人。
張子仁　無錫人。
王遷喬　上海人。
林　琛　江陰人。
王嘉言　江陰人。
華　岱　江都人。
趙　堪　江都人。
張　本　儀徵人。
龔　紱　高郵人。
陳應詔　泰州人。
吴邦奇　通州人。
張　柱　通州人。
蔣　建　懷寧人。

王大頤　太倉人。
周之禧　宜興人。
徐卿龍　無錫人。
劉芳聲　無錫人。
趙　焕　上海人。

黄學海　江陰人。
陳紹登　江陰人。
吴　恩　常熟人。
孫　雲　江都人。
張守中　高郵人。
陳　汲　泰州人。
唐可大　泰州人。
淩飛鸞　通州人。
顧　仕　興化人。
俞一木　休寧人。

許　佐　歙縣人。
俞一蘭　休寧人。
游　泮　婺源人。
汪堯仁　休寧人。
張子泉　休寧人。
汪可忠　歙縣人。
孫　潮　宣城人。
陳希美　宣城人。
譚文顯　太平人。
周希旦　旌德人。
陳　愛　青陽人。
佘敬中　銅陵人。
沈　淇　當塗人。
張人紀　合肥人。
秦　寵　合肥人。
楊　兆　舒城人。

江朝陽　婺源人。
淩　瑄　歙縣人。
佘一龍　休寧人。
周廷陳　績溪人。
汪容可　歙縣人。
殷登瀛　宣城人。
楊德望　宣城人。
周　恪　太平人。
俞仲章　旌德人。
管　楠　旌德人。
施宗賢　青陽人。
黄　金　蕪湖人。
儲良材　合肥人。
張世熙　舒城人，解元。
沈　桂　無爲州人。
徐必進　六安人。

謝　封　無爲州人。
杜濟時　臨淮人。
夏　周　壽州人。
王體乾　潁州人。
王作霖　全椒人。
朱　諭　涇縣人。
顧承顯　臨淮人。
于子英　蒙城人。
儲　仁　潁州人。
王　鼎　含山人。
翟　台　涇縣人。

嘉靖三十七年戊午科

佘毅中等共一百三十五人，〔衹列一百五人〕①。

李　鑌　上元人。
金　昺　江寧人。
張來鳳　府軍衛籍。
黄尚質　水軍左衛籍。
吴之儒　祁門人，江寧籍。
叢文蔚　錦衣衛籍。
李逢陽　金吾後衛籍。
鍾士榮　句容人。

---

① 據《四庫》本補。

徐守正　溧陽人。
韓邦憲　高淳人。
羅應兆　吴縣人。
吴　佐　吴縣人。
毛公瑾　長洲人。
王之陞　長洲人。
周　環　長洲人。
李　果　昆山人。
陸　竹　常熟人。
金大有　嘉定人。
水思中　吴江人。
錢汝錫　吴江人。
沈廷觀　吴江人。
周　京　吴江人。
邵　南　吴江人。
王道立　太倉人。

孫　玠　溧陽人。
朱雲鸞　江浦人。
顧　堅　吴縣人。
吴中立　長洲人。
潘　熙　長洲人。
張　炳　更名炳忠，長洲人。
李邦獻　昆山人。
何　鑛　常熟人。

沈人种　嘉定人。
皇甫汾　吴江人。
周式南　吴江人。
沈士元　吴江人。
沈鳴岐　吴江人。
王錫爵　太倉人。
周起鳳　太倉人。

張振之　太倉人。
周　圭　宜興人。
錢　瑞　宜興人。
唐　貞　無錫人。
吳　嶙　武進人。
徐廷祼　昆山人。
艾可久　上海人。
杜時騰　上海人。
趙用賢　江陰人。
范伯榮　江都人，休寧籍。
顧養謙　通州人。
錢　藻　如皋人。
魯希周　懷寧人。
劉　采　桐城人。
王之翰　祁門人。
汪　準　婺源人。

王世懋　太倉人。
陳舜謨　宜興人。
王國賓　宜興人。
趙道隆　無錫人。
王誠一　昆山人。
李從約　上海人。
諸　鐈　上海人。
黄承恩　江都人。
顧廷對　泰州人。
陳大科　通州人。
宗　傅　如皋人。
梁勉仁　懷寧人。
劉守恒　宿松人。
曹　澤　婺源人。
鮑尚伊　歙縣人。
汪如海　黟縣人。

胡良俸　休寧人。
張鳴秋　歙縣人。
許天球　婺源人。
江雲梯　黟縣人。
金世和　休寧人，東流籍。
張克家　宣城人。
饒大英　寧國人。
舒應龍　旌德人。
曹汝東　貴池人。
陳邦彦　青陽人。
楊重儒　太平人。
蔡　悉　合肥人。
徐　拱　舒城人。
高　魁　六安人。

余純然　婺源人。
徐嘉會　本姓汪，婺源人。
汪　度　休寧人。
梅一科　宣城人。
吴詔相　宣城人。
崔惟樞　太平人。
俞仲瓚　旌德人。
姜　浹　貴池人。
佘①毅中　銅陵人，解元。
吴仲文　當塗人。
萬振孫　合肥人。
張西銘　六安人。
高尚志　泗州人。
江以東　全椒人。

① 「佘」《四庫》本作「余」。

賈　巖　滁州人。
馬思齊　和州人。
費　价　全椒人。
鄭　欽　涇縣人。
孫　謀　泗州人。

嘉靖四十年辛酉科

許國等共一百三十五人，〔秖列一百五人〕①。

殷　康　江寧人，留守右衛籍。
伊在廷　江寧人，吴縣籍。
鄭宣化　龍江左衛籍。
殷　序　留守右衛籍。
馬震伯　句容人。
狄同煃　句容人。
鍾遐齡　句容人。
許根善　溧陽人。
徐時行　本姓申，吴縣人。
彭天秩　吴縣人。
殷建中　吴縣人。
陳大淳　長洲人。
金　和　長洲人。
陸　肇　長洲人。

① 據《四庫》本補。

莊日强　長洲人。
蔣夢龍　長洲人。
王炳衡　長洲人。
王執法　昆山人。
殷　濡　常熟人。
沈應科　常熟人。
周光廷　常熟人。
沈士嘉　嘉定人。
皇甫模　吴江人。
吴邦杰　吴江人。
吴邦相　吴江人。
黄體乾　宜興人。
孫一元　無錫人。
顧省身　無錫人。
朱藎臣　無錫人。
王　欽　無錫人。

王立道　長洲人。
丁元復　長洲人。
孫守道　昆山人。
張世皡　昆山人。
王　虞　常熟人。
沈汝爲　常熟人。
姚師魯　嘉定人。
陳應台　嘉定人。
盛世臣　吴江人。
吴承廉　吴江人。
吴中行　宜興人，武進籍。
華　譜　無錫人。
華啓直　無錫人。
周子義　無錫人。
施夢龍　無錫人。
郭　鈞　無錫人。

錢　貢　無錫人。
顧　述　無錫人。
徐　鏞　上海人。
俞顯卿　松江人。
吴大器　江陰人。
喜　愈　江都人。
李如華　興化人。
張　桐　泰州人。
陳大壯　通州人。
阮自崙　桐城人。
許　國　歙縣人，解元。
吴天洪　徽州人。
方可慶　婺源人。
汪廷元　休寧人。
汪學訓　歙縣人。
李彦賓　婺源人。

許騰蛟　無錫人。
張國維　無錫人。
韓謙貞　上海人。
喬　木　上海人。
林景暘　華亭人。
范鳴謙　江陰人。
金淑滋　江都人，休寧籍。
李存文　泰州人。
蘇　愚　如皋人。
胡　杲　桐城人。
李　彦　休寧人，望江籍。
殷守善　歙縣人。
游有常　婺源人。
游方著　婺源人。
游應乾　婺源人。
張應丁　績溪人。

方　鋐　歙縣人。
徐元太　宣城人。
王世能　宣城人。
王　晟　太平縣人。
汪士元　貴池人。
柯一鳳　貴池人。
桂　伊　石埭人。
李　寀　舒城人。
趙應元　六安人。
段繼明　英山人。
胡文瀚　壽州人。
郝孔昭　來安人。
蕭良幹　涇縣人。
趙善政　涇縣人。

程文著　婺源人。
程子諒　歙縣人。
萬之翼　宣城人。
汪　美　寧國人。
汪廷寄　旌德人。
王　燾　貴池人。
孫承祖　青陽人。
湯希閔　石埭人。
柏　正　舒城人。
皮汝謙　英山人。
田　莘　鳳陽人。
王　介　天長人。
翟　著　涇縣人。

嘉靖四十三年甲子科

沈位等共一百三十五人，〔祇列一百一人〕①。

焦竑　旗手衛籍。
侯全爵　鷹揚衛籍。
朱衣　錦衣衛籍。
陳善　溧陽人。
葉初春　吴縣人。
薛道生　本姓俞，吴縣人。
劉瑊　吴縣人。
顧梁材　長洲人。
盧鍔　長洲人。
張燕翼　長洲人。
李夢相　水軍衛籍。
趙經　留守衛籍。
董守緒　欽天監籍。
武尚賓　溧水人。
鄭準　吴縣人。
黄學顔　吴縣人。
朱禹臣　吴縣人。
張鳳翼　長洲人。
金應徵　長洲人。
湯聘尹　長洲人，嘉定籍。

① 據《四庫》本補。

韓國楨　長洲人。
湯欽聞　長洲人。
陳子忠　常熟人。
章有成　常熟人。
錢順德　常熟人。
陳王道　吴江人。
錢春沂　嘉定人。
王　圻　嘉定人，上海籍。
俞頣吉　宜興人。
俞　霑　宜興人。
潘應文　無錫人。
施　策　無錫人。
秦　燿　無錫人。
喬懋敬　上海人。
戴大登　上海人。
袁舜臣　江陰人。

徐三錫　長洲人。
方　範　昆山人。
周　書　常熟人。
繆元亨　常熟人。
沈　位　吴江人，解元。
毛圖南　吴江人。
陳其詩　嘉定人。
王鼎爵　太倉人。
蔣士元　宜興人。
胡　涍　無錫人。
吴汝任　無錫人。
龔　勉　無錫人。
唐　裔　無錫人。
徐汝翼　上海人。
趙　瑯　泗州人。
唐繼賢　上海人。

朱正裕　靖江人。
吴從周　江都人。
張　然　泰興人。
林　曜　泰州人。
王　部　如皋人。
方　洵　桐城人。
江來岷　歙縣人。
江文輝　婺源人。
黄雲龍　徽州人。
劉堯錫　休寧人。
閔宗舜　休寧人。
范　涞　休寧人。
江東之　歙縣人。
仇一卿　歙縣人。
崔子肖　宣城人。
姚嘉穀　宣城人。

蔣鳴琅　江陰人。
章　潤　江都人。
李子成　興化人。
蔣　科　泰州人。
宋啓文　泰州人。
陳　純　通州人。
俞指南　休寧人。
程道光　歙縣人。
許天贈　黟縣人。
方維藩　婺源人。
俞利用　婺源人。
許　榜　休寧人。
汪　謨　婺源人。
余懋學　婺源人。
張聘夫　婺源人。
徐大任　宣城人。

朱一松 寧國人。
許夢熊 南陵人。
章大望 青陽人。
王 懋 蕪湖人。
羅 曇 合肥人。
金中剛 英山人。
夏舜臣 懷遠人。
宗行可 來安人。
戚 杰 泗州人。

馮 暘 宣城人。
陳 宣 太平人。
桂 木 貴池人。
孫濟遠 太平人。
魯崇賢 蕪湖人。
許 乾 合肥人。
李繼美 鳳陽人。
王家麟 潁州人。

江南通志卷一百二十九

選舉志

舉人 五

隆慶元年丁卯科

周汝礪等共一百三十五人，[秖列一百二十人]。①

卜履吉　江寧人。　　姚文芳　錦衣衛籍。

① 據《四庫》本補。

路九同　龍江右衛籍。
金元初　江寧人。
徐一鳳　溧水人。
俞良史　吴縣人。
周應照　吴縣人。
姚純臣　吴縣人。
闞成章　長洲人。
徐顯卿　長洲人。
劉玉成　長洲人。
韓世能　長洲人。
劉　倬　長洲人。
周汝礪　昆山人，解元。
顧允元　昆山人。
許承周　昆山人。
伊景禹　昆山人。
蔣以忠　常熟人。
顧九德　錦衣衛籍。
史繼志　溧陽人。
黄四科　江浦人。
黄學思　吴縣人。
王元齡　吴縣人。
馮　笏　吴縣人。
褚九皋　長洲人。
馮時雨　長洲人。
蔣茂才　長洲人。
袁一虬　長洲人。
嵇應科　無錫人。
支可大　昆山人。
陳允升　昆山人。
高世臣　昆山人。
張厚德　嘉定人。
蔣以化　常熟人。

黄　門　常熟人。
郁　徑　常熟人。
嚴　治　常熟人。
顧大典　吴江人。
施學曾　吴江人。
宋存德　吴縣人。
張　新　太倉人。
徐士亢　上海人。
董　晋　上海人。
趙　鋭　涇縣人。
陳禹謨　宜興人。
華叔陽　無錫人。
錢　普　無錫人。
李大化　江都人。
劉時雍　泰州人。
袁九臯　通州人。

錢　岱　常熟人。
張時成　常熟人。
程蒙吉　常熟人。
葉重光　吴江人。
沈夢龍　吴江人。
蘇　鄭　太倉人。
周　紹　太倉人。
張令德　上海人。
胡文衢　江都人。
吴達聰　宜興人。
曹司宰　宜興人。
賈應璧　無錫人。
鮑　治　無錫人。
方可畏　江都人。
馬　洛　如臯人。
崔允升　海門人。

李大謙　江都人。
周必孝　泰興人。
吴仲沔　桐城人。
曹　樓　歙縣人。
胡文衢　歙縣人。
徐學易　歙縣人。
鮑良守　歙縣人。
黄堯臣　歙縣人。
胡　宥　休寧人。
王宗本　休寧人。
金大綬　休寧人。
葉時新　休寧人。
程子侃　休寧人。
余啓元　婺源人。
余震元　婺源人。
汪嘉成　婺源人。

丁盛世　江都人。
韓　選　桐城人。
周鳳翔　桐城人。
方復乾　歙縣人。
羅應鶴　歙縣人。
胡　昉　歙縣人。
黄應坤　歙縣人。
汪在前　歙縣人。
張應元　休寧人。
詹景鳳　休寧人。
曹　誥　休寧人。
王之臣　休寧人。
黄金色　休寧人。
詹　洲　婺源人。
游悦開　婺源人。
謝宗倫　祁門人。

黃日新　祁門人。
汪尚功　黟縣人。
汪景莘　休寧人。
查志文　休寧人。
詹　沂　宣城人。
沈懋學　宣城人。
朱一梓　寧國人。
孫　桴　貴池人。
施近臣　青陽人。
施天麟　青陽人。
章應奎　石埭人。
李一中　建德人。
英鳴道　建德人。
梅　淳　太平府人。
黃道年　合肥人。
王　裔　合肥人。
華　峰　鳳陽縣人。
郝　經　潁州人。
董　旦　涇縣人。
蕭　彦　涇縣人。
趙　健　涇縣人。
趙　伸　涇縣人。

隆慶四年庚午科

吴汝倫等共一百三十五人,[秖列九十六人]。①

① 據《四庫》本補。

卜　鏜　江寧籍，吴江人。
王　橋　上元人。
朱　默　溧陽人。
武尚耕　溧水人。
尤可仕　吴縣人。
張光宇　吴縣人。
范允謙　吴縣人。
王錫命　長洲人。
顧九思　長洲人。
尤錫類　長洲人。
張鼎思　長洲人。
顧夢鶴　昆山人。
馬玉麟　昆山人。
朱　衍　昆山人。
顧時化　昆山人。
蕭應宫　常熟人。

吴伯誠　江寧人。
張國輔　昆山人。
錢美中　溧陽人。
陸　科　吴縣人。
毛有爲　吴縣人。
熊文燧　吴縣人。
顧其志　長洲人。
陸　業　長洲人。
陸　檄　長洲人。
韓養蒙　長洲人。
王炳璿　昆山人。
唐應元　昆山人。
王文昌　昆山人。
陳有則　昆山人。
姚　桐　昆山人。
葛邦弼　常熟人。

衛之教　常熟人。
邢震雷　嘉定人。
葉汝華　太倉人。
曹繩武　太倉人。
楊士元　太倉人。
吴之彦　太倉人。
李伯春　上海人。
金從洋　華亭人。
張明孺　江陰人。
曹司勳　宜興人。
張守愚　宜興人。
尤可仕　無錫人。
湯執中　寶應人。
王思賢　寶應人。
徐　春　興化人。
史載德　潛山人。

沈汝貞　吴江人。
丁盛世　江都人。
江有源　太倉人。
管志道　太倉人。
曾守誠　太倉人。
潘伯翀　松江人。
張雲門　上海人。
梅光國　江陰人。
秦　丹　高郵人。
邵明德　泰興人。
吴汝倫　無錫人，解元。
丁弘道　泰州人。
管九皋　廣德人。
彭大翱　通州人。
陳應芳　泰州人。
方　揚　歙縣人。

吳際可 歙縣人。
李大謙 歙縣人。
陳 筌 休寧人。
程端容 婺源人。
汪敬修 婺源人。
黄元敬 績溪人。
陳嘉謨 宣城人。
馮 喃 宣城人。
舒應麟 旌德人。
石應岳 來安人。
羅賜祥 青陽人。
汪天宲 建德人。
馮應元 東流人。
朱孔泉 繁昌人。
儲 佶 潁州人。
趙士登 涇縣人。

凌堯倫 歙縣人。
姚時策 休寧人。
潘士藻 婺源人。
俞文道 婺源人。
俞文達 婺源人。
汪一躍 休寧人。
許國忠 宣城人。
梅守相 宣城人。
吳中英 全椒人。
吳文音 貴池人。
吳文梓 青陽人。
王應乾 東流人。
謝 裘 當塗人。
朱來遠 廬江人。
王日就 涇縣人。
章廷訓 涇縣人。

萬(歷)〔曆〕元年癸酉科

江文明等共一百三十五人，〔秖列一百二十人〕。①

薛應和 江寧人。
范思正 太醫院籍。
董肇(印)〔胤〕 江寧府人。
陳榛 句容人。
笪守心 句容人。
蔣立敬 溧陽人。
嚴丕承 江浦人。
顧起淹 吴縣人。
陳曙 吴縣人。
劉弘道 吴縣人。
傅之德 吴縣人。
周嗣哲 吴縣人。
王有功 吴江人。
陸經 長洲人。
張文奇 長洲人。
黄鐘 長洲人。
陸汴 長洲人。
范志仁 長洲人。
陸仁 長洲人。
陸士鱒 長洲人。

① 據《四庫》本補。

陳光祖　長洲人。
吳安國　長洲人。
周道行　昆山人。
袁應陽　常熟人。
陳國華　常熟人。
湯有光　常熟人。
黄時雨　常熟人。
馬　貫　吳江人。
周　策　吳江人。
趙允明　吳江人。
宋　儒　吳江人。
時偕行　嘉定人。
毛　在　太倉人。
黄履建　上海人。
朱應麒　上海人。
羅應辰　蕪湖人。

鄒龍光　長洲人。
顧夢鯉　昆山人。
李同芳　昆山人。
錢達道　常熟人。
顧雲程　常熟人。
黄用賢　常熟人。
顧曾璘　吳江人。
沈　璟　吳江人。
儲純臣　吳江人。
吳志道　吳江人。
殷　都　嘉定人。
龔錫爵　嘉定人。
吕道炯　太倉人。
張汝聰　上海人。
薛　畋　江陰人。
路雲龍　宜興人。

卜以學　宜興人。
錢　焜　宜興人。
蔡惟亨　無錫人。
孫繼皋　無錫人。
鄒迪光　無錫人。
錢如瑜　無錫人。
浦湛如　無錫人。
萬象春　無錫人。
鄒龍光　無錫人。
吴之城　無錫人。
卞　茓　江都人。
何金聲　泰州人。
單應雷　通州人。
昝學易　懷寧人。
吴敦復　宜興人。
吴達可　宜興人。
陳幼學　無錫人。
李應祥　無錫人。
鄒明良　無錫人。
朱萬齡　無錫人。
周子文　無錫人。
王問卿　無錫人。
吴之鵬　無錫人。
王國賓　無錫人。
李　枧　儀(徵)〔真〕人。
何　㓨　泰興人。
張孫繼　拼茶①場人。
吴應宿　桐城人。

① 「拼茶」，今通作「栟茶」。

江文明　婺源人，解元。
方萬山　歙縣人。
程有守　歙縣人。
程朝京　休寧人。
王廷舉　婺源人。
陳與郊　歙縣人。
蔡　鼎　宣城人。
高維岳　宣城人。
汪冀立　南陵人。
吴大駿　貴池人。
劉　輜　太平府人。
程子説　歙縣人。
程子諫　歙縣人。
邵　燕　休寧人。
汪應蛟　婺源人。
李端明　祁門人。
貢靖國　宣城人。
湯　轂　宣城人。
許成器　寧國人。
康　直　貴池人。
焦　鎬　太平府人。
陳一簡　繁昌人。

萬(歷)〔曆〕四年丙子科

顧憲成等共一百三十五人，〔秪列九十五人〕。①

① 據《四庫》本補。

沈鳳翔　上元人。
何湛之　留守左衛籍。
黄鶴鳴　上元人。
曹孝述　句容人。
吕重慶　溧陽人。
韓　棟　高淳人。
袁　年　吴縣人。
汪　禧　吴縣人。
秦大夔　吴縣人。
周　佐　長洲人。
吾從周　長洲人。
楊大潤　長洲人。
張　棟　昆山人。
張仲孝　常熟人。
葉重第　吴江人。
李士棨　嘉定人。

張後甲　鷹揚衛籍。
何淳之　留守左衛籍。
徐　言　句容人。
史繼辰　溧陽人。
章甫詔　溧水人。
毛文煒　吴縣人。
劉　誦　吴縣人。
談　經　吴縣人。
徐　申　長洲人。
袁　萃　長洲人。
查士標　長洲人。
陸　承　長洲人。
陸　枝　常熟人。
丁應時　常熟人。
鄒雲鵬　吴江人。
陸起龍　太倉人。

顧紹芳 太倉人。
陳所蘊 上海人。
唐元偉 上海人。
徐有存 江陰人。
華廷詔 無錫人。
蔣瑞卿 宜興人。
華道任 無錫人。
成心學 無錫人。
楊紹程 無錫人。
王之麟 無錫人。
程德彰 江都人。
張繼茂 泰州人。
楊同善 泰興人。
戴思聰 泰興人。
汪應嶽 宿松人。
徐尚文 歙縣人。

蕭士純 太倉人。
秦國土 上海人。
李尚衣 上海人。
顧憲成 無錫人，解元。
吴夢熊 宜興人。
張明卿 無錫人。
華國榮 無錫人。
趙一鵬 無錫人。
楊大潤 無錫人。
褚紹科 江都人。
袁世科 泰州人。
吴三畏 興化人。
朱光先 江都人。
方之綱 桐城人。
李廷柏 望江人。
羅應鴻 歙縣人。

程　文　歙縣人。
羅文安　歙縣人。
黄鶴鳴　歙縣人。
汪可進　休寧人。
余懋進　婺源人。
馮　曜　宣城人。
吴時中　宣城人。
梅守極　宣城人。
楊一奇　寧國人。
管　橘　南陵人。
徐文斗　建德人。
郭宗堯　當塗人。
吴來庭　無爲州人。
潘　良　懷遠人。
彭夢祖　全椒人。
查大期　涇縣人。

程　奎　歙縣人。
汪可覺　歙縣人。
程懋德　休寧人。
汪時躍　休寧人。
施沛如　宣城人。
蔡逢時　宣城人。
葉　煒　宣城人。
黄廷价　寧國人。
焦尚宏　太平人。
甯三聘　青陽人。
方　岱　太平府人。
汪會海　蕪湖人。
劉夢京　臨淮人。
楊嘉猷　懷遠人。
鄭一元　涇縣人。

萬〔歷〕〔曆〕七年己卯科

陸大成等共一百三十五人，〔祇列九十八人〕。①

錢　濬　上元人。
陳舜仁　上元人。
曹　楷　句容人。
戴維城　溧陽人。
錢士元　吴縣人。
吴民洪　吴縣人。
王存仁　吴縣人。
姚尚德　長洲人。
徐熙載　長洲人。
潘大行　長洲人。
許天叙　上元人。
湯有光　上元人。
馬震述　溧陽人。
余承蘭　吴縣人。
陸應芳　吴縣人。
章士雅　吴縣人。
葉宗直　吴縣人。
胡允文　長洲人。
姚光胄　長洲人。
陳應亮　長洲人。

① 據《四庫》本補。

吴之佳　長洲人。
諸壽賢　昆山人。
包　郊　昆山人。
邵　鏊　常熟人。
馬　鳳　吴縣人。
陸府修　吴江人。
陸大成　太倉人，解元。
張輔之　太倉人。
顧成忠　太倉人。
張　恒　上海人。
張國棟　上海人。
李安祥　上海人。
張修德　江陰人。
薛履祥　江陰人。
袁堯臣　江陰人。
蕭　雍　涇縣人。

顧秉謙　昆山人。
徐維濂　昆山人。
顧天埈　昆山人。
潘世榮　常熟人。
陳來儀　吴縣人。
張　槎　嘉定人。
沈昌期　太倉人。
李元佐　太倉人。
聞大道　常熟人。
戴士琳　上海人。
張齊顏　上海人。
郁文周　江陰人。
史邦載　江陰人。
劉邦徵　江陰人。
鄧汝楫　靖江人。
許有節　宜興人。

俞士章　宜興人。
盧文勳　無錫人。
侯先春　無錫人。
顧允成　無錫人。
吴之龍　無錫人。
閻士選　江都人。
盛　稔　興化人。
姚世光　通州人。
吴應明　歙縣人。
吴堯臣　休寧人。
程邦達　休寧人。
汪　諧　婺源人。
江一蔚　婺源人。
湯以柏　宣城人。
胡篤卿　太平縣人。
汪夢説　貴池人。

顧龍貞　無錫人。
韓　文　無錫人。
沈國振　無錫人。
吴　愉　無錫人。
陸雲龍　無錫人。
湯熙載　江都人。
袁應辰　興化人。
江騰蛟　通州人。
黄從學　歙縣人。
汪　焕　休寧人。
詹軫光　婺源人。
汪秉節　婺源人。
光文謨　祁門人。
沈有嚴　宣城人。
舒應鳳　旌德人。
李　蔚　貴池人。

陳一揚　青陽人。　沈國興　石埭人。
張可選　太平府人。　倪伯麟　當塗人。
夏雲魁　蕪湖人。　黄道月　合肥人。
胡　輅　舒城人。　盧　泮　無爲州人。
張養性　潁州人。　楊于庭　全椒人。
王嘉賓　來安人。　趙士喬　涇縣人。
翟廷招　涇縣人。　包大智　涇縣人。

萬(歷)〔曆〕十年壬午科

王士騏等共一百三十五人，〔秪列一百九人〕。①

沈天啓　工部籍。　黄夢麒　江陰衛籍。
張文暉　金吾後衛籍。　狄獻明　溧陽人。
吴尚伯　高淳人。　王士騏　蘇州人，解元。

① 據《四庫》本補。

浦士衡　蘇州人。
方　嶽　吴縣人，復姓施，更名大方。
沈麟祥　吴縣人。
湯一龍　長洲人。
蔣　錡　長洲人。
蔣國器　長洲人。
金士衡　長洲人。
劉　陞　長洲人。
朱世芳　昆山人。
徐應聘　昆山人。
魏尚賢　昆山人。
袁應春　常熟人。
吴　翼　吴江人。
陳良模　吴江人。
金兆登　嘉定人。
韓光曙　吴縣人。

申用嘉　吴縣人。
褚大忠　長洲人。
文從龍　長洲人。
錢龍貞　長洲人。
劉朝宰　長洲人。
王亮臣　昆山人。
顧允諧　昆山人。
顧允杰　昆山人。
陸化淳　常熟人。
吴　默　吴江人。
顧允升　吴江人。
嚴佩環　嘉定人。
李先芳　嘉定人。
江有功　太倉人。

陳一道　崇明人。
顧允貞　上海人。
胡汝諒　上海人。
王廷賓　江陰人。
徐　榜　涇縣人。
蔣應震　宜興人。
沈　學　無錫人。
華仁夫　無錫人。
劉　陞　無錫人。
徐天寵　江都人。
黄建中　興化人。
錢兆閩　通州人。
吴中明　歙縣人。
淩子任　歙縣人。
項際明　歙縣人。
楊武烈　徽州人。

朱崇時　上海人。
唐仲賢　上海人。
王尚行　上海人。
袁一驥　江陰人。
史孟麟　宜興人。
儲昌祚　宜興人。
婁希亮　無錫人。
陳文龍　無錫人。
高攀龍　無錫人。
劉廷試　儀（徵）〔真〕人。
徐來儀　興化人。
陳　訓　伍祐場人。
洪佐聖　歙縣人。
洪大德　歙縣人。
洪文衡　歙縣人。
程家相　歙縣人。

汪居貞　歙縣人。
汪文璧　休寧人。
黄如松　休寧人。
程慶遠　婺源人。
游顯烈　婺源人。
汪國瑞　黟縣人。
李先芳　歙縣人。
陳君策　桐城人。
周良情　望江人。
梅守峻　宣城人。
麻　溶　宣城人。
梅鵾祚　宣城人。
徐家慶　宣城人。
任守翰　旌德人。

邵　庶　休寧人。
張應揚　休寧人。
汪懷德　婺源人。
江起鵬　婺源人。
葉繼龍　婺源人。
胡　燈　績溪人。
汪道洋　休寧人。
聶　塘　潛山人。
劉汝芳　宣城人。
顔文選　宣城人。
梅曆祚①　宣城人。
徐夢麟　宣城人。
黄一騰　寧國人。
崔廷健　太平縣人。

① 「曆」疑爲「歷」字之誤。「祚」，《四庫》本作「祥」。

吳與點　貴池人。
潘　隧　太平府人。
姚孟景　繁昌人。
胡　輅　全椒人。
趙士際　涇縣人。
申用嘉　吳縣人。
江時中　青陽人。
郭有翼　當塗人。
蔡淑逵　合肥人。
葉永盛　涇縣人。
張應泰　涇縣人。

萬(歴)〔曆〕十三年乙酉科

周繼昌等共一百三十五人，〔秪列一百十人〕。①

李景春　上元人。
王聘賢　句容人。
顧　宇　吳縣人。
王廷貴　吳縣人。
李　鎰　府軍衛籍。
丁應泰　吳縣人。
金元德　吳縣人。
李大武　長洲人。

① 據《四庫》本補。

(邱)〔丘〕近義　長洲人。
周元暐　昆山人。
朱世節　昆山人。
顧雲鳳　常熟人。
周　琦　常熟人。
王　孝　吴江人。
桂自馨　貴池人。
施天性　青陽人。
孫惟允　青陽人。
王在晋　太倉人。
施良猷　太倉人。
徐元正　吴縣人。
杜士全　上海人。
奚時甲　上海人。
杜宗彝　上海人。
喬元印　上海人。

顧震宇　昆山人。
柴堯年　昆山人。
王承慶　昆山人。
袁光宇　常熟人。
陳格言　吴江人。
吴昌期　吴江人。
楊日森　貴池人。
江有淵　青陽人。
金宗範　東流人。
黄元勳　太倉人。
浦　忠　太倉人。
錢九思　太倉人。
徐汝冀　上海人。
李叔春　上海人。
杜獻璠　上海人。
張令聞　江陰人。

蔣啓芳　江陰人。
馮時熙　江陰人。
胡植芳　涇縣人。
劉源澄　無錫人。
堵維垣　無錫人。
許世卿　無錫人。
吴秉忠　宜興人。
鄒近光　無錫人。
錢　會　無錫人。
李大畏　江都人。
錢見道　高郵人。
杜　堦　高郵人。
閻士聰　興化人。
宋萬化　小海場人。
程子鈜　歙縣人。
方一敬　歙縣人。

夏樹芳　江陰人。
陳敏中　江陰人。
周繼昌　無錫人，解元。
唐士元　無錫人。
安希范　無錫人。
蔣弘憲　宜興人。
盧立志　宜興人。
楊應文　無錫人。
顧朝貞　無錫人。
高思時　儀（徵）〔真〕人。
詹文軫　高郵人。
宋應昌　高郵人。
冒日乾　如皋人。
程道章　歙縣人。
洪輔聖　歙縣人。
汪良貞　歙縣人。

程　寰　歙縣人。
吴一新　歙縣人。
汪士友　歙縣人。
謝應麒　休寧人。
吴建節　休寧人。
胡大輅　休寧人。
汪　讓　婺源人。
汪　侗　婺源人。
汪尚誼　婺源人。
王家賓　祁門人。
金宗範　休寧人。
石汝瑩　宿松人。
王三元　宣城人。
唐一相　宣城人。
麻三錫　宣城人。
汪文盛　寧國人。

江湛然　歙縣人。
鮑應龍　歙縣人。
金繼震　休寧人。
戴其功　休寧人。
孫慶説　休寧人。
吴繼京　休寧人。
汪學倫　婺源人。
汪一棟　婺源人。
程　峴　婺源人。
江世東　歙縣人。
淩子英　太湖人。
高登明　宣城人。
梅守和　宣城人。
唐家相　宣城人。
梅綿祚　宣城人。
朱廷欽　旌德人。

舒弘志　旌德人。　孫惟允　南陵人。

竇子偁　合肥人。　時　言　盧江人。

閻　鉥　巢縣人。　周洛都　鳳陽人。

萬(歷)〔曆〕十六年戊子科

周應秋等共一百三十五人，〔祇列一百十人〕。①

趙時振　江寧人。　紀三才　上元人。

方鶴齡　上元人。　厲昌謨　六合人。

滕養志　溧陽人。　徐文煒　溧水人。

黄永慶　吴縣人。　王會圖　吴縣人。

顧兆桂　吴縣人。　劉養謙　吴縣人。

張九苞　長洲人。　管廷節　長洲人。

王　倬　長洲人。　姚光祚　長洲人。

---

① 據《四庫》本補。

沈有行　長洲人。
顧天宿　昆山人。
翁愈祥　常熟人。
張萬齡　常熟人。
陳允恭　常熟人。
顧自植　吴江人。
沈嘉聞　吴江人。
鈕明綱　吴江人。
顧紹夔　太倉人。
淩從周　太倉人。
劉大綸　太倉人。
陳紹虞　上海人。
李中立　上海人。
施大諫　上海人。
周應秋　金壇人，解元。

顧有貞　長洲人。
陸夢履　昆山人。
朱應麟　昆山人。
何允濟　常熟人。
張世昌　常熟人。
陸從龍　常熟人。
毛以鰲　吴江人。
周應偁　吴江人。
顧啓元　嘉定人。
錢　桓　太倉人。
孫文龍　太倉人。
王臨亭　昆山人。
朱正色　上海人。
朱一德　上海人。
黄　通　江陰人。
顧　言　江陰人。

繆孝嬰　無錫人。
葉茂才　無錫人。
苗希明　無錫人。
胡熙載　無錫人。
湯兆京　宜興人。
陳人龍　江都人。
曹弘臺　江都人。
何　鏷　泰興人。
宗名世　興化人。
李奇逢　海門人。
宋應奎　通州人。
阮以臨　懷寧人。
吴宗堯　歙縣人。
黄全初　歙縣人。
程道康　歙縣人。
胡之瑗　休寧人。

錢萬善　無錫人。
張文輝　無錫人。
張納陛　宜興人。
潘守正　宜興人。
周俊卿　無錫人。
陳輔堯　江都人。
夏應芳　江都人。
劉崇正　儀(徵)〔真〕人。
姚惟一　海門人。
張世維　海門人。
何　坤　懷寧人。
何繼第　太湖人。
程道庠　歙縣人。
吴汝顯　歙縣人。
汪懋功　歙縣人。
汪先岸　休寧人。

楊士元　休寧人。
俞廷佐　婺源人。
汪秉彝　婺源人。
游朋孚　婺源人。
謝存仁　祁門人。
胡思伸　績溪人。
汪　校　績溪人。
陳天爵　太平人。
施善教　南陵人。
謝雲龍　當塗人。
趙元吉　合肥人。
錢　策　無爲州人。
戴日强　蒙城人。
田既霑　霍(邱)〔丘〕人。
賈　巖　滁州人。
王之褎　涇縣人。

潘之祥　婺源人。
汪以時　婺源人。
王國昌　婺源人。
舒志學　黟縣人。
方可權　績溪人。
胡國鑑　宣城人。
吕應元　旌德人。
李可芳　貴池人。
姚孟昱　繁昌人。
劉汝佳　無爲州人。
夏之鳳　壽州人。
田足國　霍(邱)〔丘〕人。
王文煒　潁州人。
王文爟　涇縣人。
淩子儉　歙縣人。

萬（歷）〔曆〕十九年辛卯科

汪鳴鑾等共一百三十五人，〔秖列一百人〕。①

韓國藩　江寧人。

姚履素　上元人。

笪繼良　句容人。

沈立敬　溧水人。

張應望　高淳人。

林禹門　吴縣人。

張國維　吴縣人。

許尚志　長洲人。

戴士傑　昆山人。

歸子慕　昆山人。

向德象　上元人。

鍾振音　溧陽人。

楊瑞麒　句容人。

魏成忠　高淳人。

朱邦楨　吴縣人。

毛　堪　吴縣人。

陳允堅　長洲人。

王夢周　蘇州人。

柴大履　昆山人。

管一德　常熟人。

① 據《四庫》本補。

翁憲祥　常熟人。
歸紹慶　常熟人。
顧而尹　吴江人。
沈　琦　吴江人。
沈　玧　吴江人。
張其廉　嘉定人。
闞景陽　太倉人。
陳廷諭　太倉人。
董伯起　崇明人。
趙士貞　無錫人。
劉元珍　無錫人。
馮　樸　宜興人。
吴宗奎　宜興人。
孫同倫　靖江人。
葉榮本　高郵人。
夏民懷　桐城人。

徐待聘　常熟人。
陳禹謨　常熟人。
顧而誠　吴江人。
計可獻　吴江人。
李名芳　嘉定人。
王廷臯　太倉人。
趙廷策　太倉人。
王遇賓　昆山人。
張履正　江陰人。
陸明汝　無錫人。
張履正　無錫人。
吴　亮　宜興人。
吴宗因　宜興人。
徐洪璽　江都人。
盛以進　海門人。
曹學冉　桐城人。

黄朝臣　潛山人。
洪世俊　歙縣人。
畢懋良　歙縣人。
洪養蒙　歙縣人。
張日休　休寧人。
金　文　休寧人。
汪鳴鸞　婺源人，解元。
游之光　婺源人。
方淡然　祁門人。
汪　燦　休寧人。
詹應鵬　宣城人。
張國卿　宣城人。
袁守聘　宣城人。
崔師訓　太平人。
汪冀夔　南陵人。
甯三兼　青陽人。

吴士奇　歙縣人。
汪應樞　歙縣人。
李名芳　歙縣人。
鮑齊賢　歙縣人。
汪康謡　休寧人。
金忠士　休寧人。
汪國楠　婺源人。
胡思誠　祁門人。
舒榮都　黟縣人。
張應泰　婺源人。
濮陽春　宣城人。
郭時鳴　宣城人。
麻一鳳　宣城人。
李元調　太平人。
吕三識　貴池人。
王一貞　青陽人。

江有澧　青陽人。
佘　翹　銅陵人。
金德範　建德人。
朱萬爵　當塗人。
劉　濟　合肥人。
吴光義　無爲人。
何慶元　六安人。
徐守謙　六安人。
李應傑　泗州人。
楊　南　潁州人。
王茂錫　涇縣人。
左天德　涇縣人。
徐仲立　涇縣人。
翟洪辰　涇縣人。
查三聘　涇縣人。
蕭思似　涇縣人。

萬(歷)〔曆〕二十二年甲午科

龔三益等共一百三十五人，〔衹列九十六人〕。①

周　元　江寧人。
何棟如　江寧人。
朱之蕃　錦衣衛人。
潘　楠　江寧人。

① 據《四庫》本補。

徐　煜　江寧人。
狄臣華　溧陽人。
邢振羽　高淳人。
熊師望　江浦人。
徐如珂　吴縣人。
丁文美　吴縣人。
徐　鏌　吴縣人。
周植成　長洲人。
鄭繼學　長洲人。
陳如京　昆山人。
張大受　常熟人。
陳繩武　常熟人。
侯震暘　嘉定人。
須之彦　嘉定人。
顧士琦　太倉人。
陳于廷　宜興人。

史宣政　溧陽人。
陳鳴暘　溧水人。
丁　遂　江浦人。
薛公藩　吴縣人。
趙一鶴　吴縣人。
文從鼎　長洲人。
王世仁　長洲人。
薛兆魁　長洲人。
陳應期　昆山人。
王在公　昆山人。
沈從本　常熟人。
趙士諤　吴江人。
陳舜道　嘉定人。
王汝服　太倉人。
龔三益　常州人，解元。
楊于陛　宜興人。

吴宗儀　宜興人。
吴　玄　宜興人。
華祖勤　無錫人。
蔣應謹　江陰人。
陳繼芳　江陰人。
劉學詩　儀真人。
陳廷策　儀真人。
魏應嘉　興化人。
江見龍　懷寧人。
繆正之　桐城人。
汪元功　歙縣人。
曹士鶴　歙縣人。
方時化　歙縣人。
葉逢時　歙縣人。
洪　都　歙縣人。
程再伊　休寧人。

吴道行　宜興人。
李守俊　宜興人。
何士晋　宜興人。
杜憲甫　江陰人。
袁顯卿　江陰人。
程雲鵬　儀真人。
周紹芳　泰興人。
劉永澄　寶應人。
吴良玠　桐城人。
畢顯祖　宿松人。
羅人望　歙縣人。
方有度　歙縣人。
吴國仕　歙縣人。
汪有功　歙縣人。
程光先　休寧人。
戴振先　婺源人。

何之棟　婺源人。
戴應揚　婺源人。
汪大壯　祁門人。
程郁文　祁門人。
潘夢卿　休寧人。
徐大望　宣城人。
胡亮卿　太平人。
檀之堅　建德人。
金規器　建德人。
袁德顯　青陽人。
音汝明　合肥人。
路冲①霄　懷遠人。
徐學益　宿州人。
吴尚默　涇縣人。

游漢龍　婺源人。
洪尚同　祁門人。
李之彦　祁門人。
程元瑜　歙縣人。
湯賓尹　宣城人。
仙克謹　寧國人。
丁紹軾　貴池人。
金精器　建德人。
柯　鑑　建德人。
李文郁　合肥人。
王教行　廬州人。
鍾嶽靈　天長人。
黄兆熊　滁州人。
徐鳴皋　長洲人。

① 「冲」，《四庫》本作「中」。

萬〔歷〕〔曆〕二十五年丁酉科

吕克孝等共一百四十五人，〔衹列一百十人〕。①

顧起元　江寧人。
武光賜　溧水人。
王名登　溧水人。
韓仲雍　高淳人。
陸時選　吴縣人。
伊應鎧　吴縣人。
陳仁錫　長洲人。
何琪枝　昆山人。
周元昭　昆山人。
朱文崇　昆山人。
皮光國　上元人。
徐良輔　溧水人。
陳萬善　高淳人。
張司重　高淳人。
金維基　吴縣人。
金汝嘉　長洲人。
胡光祖　長洲人。
葛錫璠　昆山人。
陸繼魁　昆山人。
陸崇禮　常熟人。

① 據《四庫》本補。

程玉潤　常熟人。
陳星樞　常熟人。
顧大章　常熟人。
吕純如　吴江人。
陳國紀　嘉定人。
倪千禩　崇明人。
吕用賓　太倉人。
吴繼芳　宜興人。
蔣如奇　宜興人。
萬象新　宜興人。
黄懋孝　無錫人。
丁天毓　宜興人。
范世貞　靖江人。
閻汝梅　江都人。
趙時用　江都人。
戴思敬　泰興人。

瞿汝説　常熟人。
許時省　常熟人。
李逢節　吴江人。
彭仲文　嘉定人。
沈紹禧　嘉定人。
黄元吉　太倉人。
吴嘉祐　太倉人。
尹科芳　宜興人。
史垂則　宜興人。
陳一教　宜興人。
秦延烝　無錫人。
吕克孝　青浦人，解元。
姚之典　江都人。
汪獻忠　江都人。
徐　霖　興化人。
何南金　泰興人。

朱一馮　泰興人。
李自華　高郵人。
袁懋真　泰州人。
范一謨　桐城人。
洪翼聖　歙縣人。
程子鏊　歙縣人。
胡士光　歙縣人。
汪之彦　歙縣人。
汪文溪　休寧人。
查應光　休寧人。
吴應試　休寧人。
程　鉉　休寧人。
程汝繼　婺源人。
汪道崇　婺源人。
汪文偉　婺源人。
倪思輝　祁門人。

陳九錫　高郵人。
桑維藩　寶應人。
范鳳翼　通州人。
章以逢　太湖人。
吴應鴻　歙縣人。
程子鐸　歙縣人。
羅希尹　歙縣人。
吴士誨　歙縣人。
汪泗論　休寧人。
吴邦相　休寧人。
黄通理　休寧人。
王經天　休寧人。
汪熙化　婺源人。
游元忭　婺源人。
李之華　祁門人。
張泰階　歙縣人。

梅士學　宣城人。
麻　深　宣城人。
方立誠　太平人。
吕春元　旌德人。
吕三兼　貴池人。
佘　萃　銅陵人。
鄭三俊　建德人。
俞　審　當塗人。
李萬化　蕪湖人。
程希道　舒城人。
傅時勉　無爲人。
楊于庭　泗州人。
萬　編　丹徒人。

劉仲斗　宣城人。
郭道林　宣城人。
汪學海　旌德人。
戴　新　南陵人。
劉光復　青陽人。
徐廷宗　建德人。
楊成喬　當塗人。
朱應鵬　當塗人。
余一德　蕪湖人。
陳弘謨　舒城人。
宋之貞　六安人。
黄元玄　六安人。
張一鑑　涇縣人。

萬〔歷〕〔曆〕二十八年庚子科

李應昌等共一百四十人，〔祇列八十六人〕。①

徐鳳翔　江寧人。
周　豐　溧陽人。
陶其情　蘇州人。
湯本寬　吴縣人。
楊先春　吴縣人。
袁　堪　吴縣人。
金翼龍　吴縣人。
淩漢翀　長洲人。
周憲時　長洲人。
姚國樞　昆山人。

陳一治　江寧人。
黄三策　六合人。
卜有徵　吴縣人。
汪啓鳳　吴縣人。
陸萬里　吴縣人。
彭汝諧　吴縣人。
張國偉　長洲人。
夏昌明　長洲人。
李應昌　昆山人，解元。
許伯衡　昆山人。

---

① 據《四庫》本補。

翁應祥　常熟人。
錢時俊　常熟人。
管日新　常熟人。
沈　驤　吴江人。
顧祖範　吴江人。
毛以煃　吴江人。
姚汝化　太倉人。
王羲民　江陰人。
袁　文　江陰人。
吴友賢　宜興人。
湯有望　宜興人。
周　鼎　宜興人。
吴宗達　宜興人。
顧應暘　無錫人。
華國才　無錫人。
張維斗　無錫人。

陸問禮　常熟人。
顧雲鴻　常熟人。
沈令名　吴江人。
錢名世　吴江人。
吴　烴　吴江人。
陳登言　崇明人。
俞　彦　太倉人。
郁庭芝　江陰人。
張紹芳　江陰人。
李象乾　宜興人。
王永圖　宜興人。
萬德鵬　宜興人。
鮑際明　無錫人。
秦延壽　無錫人。
華允謀　無錫人。
秦重泰　無錫人。

繆昌期　江陰人。
吳應鍾　懷寧人。
胡士奇　桐城人。
胡之彦　太湖人。
汪一鸞　歙縣人。
丁尚義　休寧人。
謝與甲　祁門人。
葛應秋　績溪人。
金時中　休寧人。
殷之輅　宣城人。
屠玄極　寧國人。
王　綱　太平人。
胡允範　貴池人。
桂應蟾　石埭人。
謝雲駿　太平人。
朱萬春　無爲人。

袁孟龍　草堰場人。
戴君采　桐城人。
戴耆昌　桐城人。
程　式　歙縣人。
方道通　歙縣人。
汪元哲　婺源人。
余文錫　黟縣人。
蔣文純　歙縣人。
張守道　宣城人。
徐雲鳳　宣城人。
屠玄圭　寧國人。
汪若極　旌德人。
江有章　青陽人。
葛邦才　銅陵人。
崔　涓　太平人。
趙一韓　巢縣人。

張名立　太和人。
蕭　譽　涇縣人。

萬(歷)〔曆〕三十一年癸卯科

王納諫等共一百三十五人,〔祇列九十一人〕。①

董天(印)〔胤〕　江寧人。
徐揚先　江寧人。
焦　周　旗手衛人。
吴汝璟　江寧人。
程國祥　上元人。
張士德　錦衣衛人。
王祚遠　句容人。
張　榜　句容人。
陶人群　溧陽人。
宋拱宸　溧陽人。
王可宗　溧水人。
楊公瀚　溧水人。
蔡懋廉　吴縣人,華亭籍。
陳俊林　吴縣人,上海籍。
許士揚　長洲人。
王騰程　長洲人。
朱大典　昆山人。
殷聘尹　昆山人。

① 據《四庫》本補。

周光祖　昆山人。
戴元威　常熟人。
沈正宗　吴江人。
周道隆　嘉定人。
傅冲之　嘉定人。
金秀南　太倉人。
陸獻明　太倉人。
徐　鉽　太倉人。
許際昌　宜興人。
陳景源　宜興人。
蔣允化　宜興人。
吴　亶　宜興人。
華玄禔　無錫人。
張大受　無錫人。

方士麒　昆山人。
孫養正　吴江人。
毛以焞　吴江人。
唐景亮　嘉定人。
丁文偉　嘉定人，青浦籍。
王志堅　昆山人。
李繼貞　太倉人。
張醇儒　太倉人。
湯啓燁①　宜興人。
徐儀世　宜興人。
周炳謨　無錫人。
沈應時　無錫人。
萬德絅　宜興人。
葉日新　休寧人。

① 「燁」，《四庫》本作「煜」。

貢萬程　江陰人。
成　桐　吕四場人。
史啓元　江都人。
錢嘉宜　江都人。
杜方生　泰州人。
吴正宗　桐城人。
黄願素　歙縣人。
許元翔　歙縣人。
方可觀　歙縣人。
程　策　休寧人。
施所學　婺源人。
盧　謙　盧江人。
汪文貴　休寧人。
王建和　祁門人。
沈有則　宣城人。
陳明廷　青陽人。

陶成德　清河人。
王納諫　江都人，解元。
鄭茂華　江都人。
阮應芳　高郵人。
李之達　海門人。
汪文偉　宿松人。
唐　暉　歙縣人。
汪士震　歙縣人。
汪起英　休寧人。
鄭極祥　涇縣人。
余懋孳　婺源人。
舒崇功　黟縣人。
吴汝熼　祁門人。
吴伯敬　宣城人。
李春鰲　貴池人。
佘合中　銅陵人。

何一登　東流人。

李一獻　繁昌人。

袁鳴泰　合肥人。

王繼堯　巢縣人。

戴　纓　天長人。

湯有光　潁州人。

李鵬南　全椒人。

祝可仕　當塗人。

龔承先　合肥人。

祝有年　舒城人。

王舉垣　霍(邱)〔丘〕人。

盧　敏　潁州人。

孫克振　滁州人。

江南通志卷一百三十

選舉志

舉人　六

萬（歷）〔曆〕三十四年丙午科

郟之麟等共一百三十五人，〔祇列九十七人〕。①

賈明道　江寧人。

鄭觀光　江寧人。

① 據《四庫》本補。

李　琜　江寧人。
沈應宿　江寧人。
王養蒙　高淳人。
丁明登　江浦人。
周之楨　長洲人。
韓　治　長洲人。
劉錫元　長洲人。
陳懋德　昆山人，本姓蔡。
李大昌　昆山人。
王　逢　昆山人。
陸化熙　常熟人。
徐待任　常熟人。
周宗建　吴江人。
金元嘉　吴江人。
周之謨　嘉定人。
朱貞一　嘉定人。

余大成　江寧人。
孔貞時　句容人。
陳應元　江浦人。
周印昌　吴縣人，本姓施。
汪邦柱　長洲人。
張芳春　長洲人。
夏之鼎　長洲人。
顧天寵　昆山人。
周鼎新　昆山人。

吴汝第　常熟人。
孫　森　常熟人。
孫枝芳　吴江人。
沈自銓　吴江人，改名鶴臺。
李流芳　嘉定人。
薄澮儒　太倉人。

陸文獻　太倉人。
李吴滋　太倉人。
鄒之麟　武進人，解元。
宿夢鯉　無錫人。
華敦復　無錫人。
諸士翹　無錫人。
吴貞彦　宜興人。
戚士騏　江陰人。
朱家民　江都人。
汪元徵　儀真人。
江延歷　通州人。
汪之達　懷寧人。
殷宗器　歙縣人。
鮑觀光　歙縣人。

① 「拼」，通常寫作「栟」。

馬　良　太倉人。
顧國縉　上海人。
馮士豪　無錫人。
顧與浹　無錫人。
劉常康　無錫人。
潘紹祖　宜興人。
蔣允儀　宜興人。
孫兆隆　江都人。
靳天顔　江都人。
李猶龍　如皋人。
繆　垓　拼①茶場人。
吴之俊　歙縣人。
江之遠　歙縣人。
李流芳　歙縣人。

吴士忠　歙縣人。
金汝聲　休寧人。
俞　育　婺源人。
張受孔　休寧人。
姚宗宸　旌德人。
丁時裕　南陵人。
杜冠林　貴池人。
江士登　青陽人。
施臺臣　青陽人。
周允瑞　銅陵人。
曹履吉　當塗人。
魏之屏　繁昌人。
李一公　繁昌人。
時敦中　盧江人。
王應期　六安人。
侯得友　壽州人。

程大任　休寧人。
徐文龍　休寧人。
盧永煌　黟縣人。
徐騰芳　宣城人。
劉有源　南陵人。
林有芝　貴池人。
陳明晰　青陽人。
施鳴謙　青陽人。
蘇建中　青陽人。
馮時來　建德人。
張四聰　蕪湖人。
高尚廩　繁昌人。
濮中玉　舒城人。
陸合新　巢縣人。
戴良材　鳳邑人。
張應恩　涇縣人。

查曰俞　涇縣人。

王時復　涇縣人。

衛　佳　涇縣人。

萬(歷)〔曆〕三十七年己酉科

尹嘉賓等共一百三十五人，〔祇列八十六人〕。①

顧起鳳　江寧人。

賈必選　江寧人。

王廷鑰　江寧人。

劉光奕　江寧人。

史孔吉　溧陽人。

彭遵亮　溧陽人。

武化中　溧水人。

汪元哲　六合人。

葉時憲　六合人。

胡汝淳　吴縣人。

陳于宁　吴縣人。

王心一　吴縣人。

蔣一鷺　吴縣人，更名一鴻。

俞琬綸　長洲人。

吴士俊　長洲人。

張懋舉　長洲人。

① 據《四庫》本補。

張如城　長洲人。
王鼎隆　長洲人。
許觀吉　昆山人。
張化原　昆山人。
陳世埈　昆山人。
孫朝肅　常熟人。
瞿允孚　常熟人。
金邦柱　吴江人。
馬神徵　吴江人。
沈　試　吴江人。
侯萬鍾　嘉定人。
何其偉　嘉定人。
徐憲卿　太倉人。
王彝章　宜興人。
顧一讓　宜興人。
吴洪亮　宜興人。

蔣　鑛　長洲人。
王新政　長洲人。
張魯唯　昆山人。
陳其柱　昆山人。
王復曾　昆山人，更名熙賓。
歸紹隆　常熟人。
袁德温　常熟人。
吴　銘　吴江人。
吴　焕　吴江人。
王良臣　常熟人。
唐咨禹　嘉定人。
王瑞璋　太倉人。
尹嘉賓　江陰人，解元。
曹師稷　宜興人。
毛之儁　宜興人。
儲顯祚　宜興人。

徐紹沅　宜興人。
蔣元敬　無錫人。
朱家楫　靖江人。
倪啓祚　江都人。
劉萬春　泰州人。
張元芳　通州人。
陳〔印〕〔胤〕虞　高郵人。
吴　甡　高郵人。
盛可藩　桐城人。
江秉謙　歙縣人。
畢成康　休寧人。
貢克聖　宣城人。
徐日新　宣城人。
馮汝京　宣城人。
吕會章　旌德人。
戴立大　蕪湖人。

賈允元　無錫人。
王新政　無錫人。
盧焕文　靖江人。
雷震鰲　江都人。
潘允諧　通州人。
王可進　通州人。
李化民　高郵人。
吴善謙　桐城人。
汪應元　歙縣人。
金自皞　休寧人。
李鏊元　婺源人。
唐一灝　宣城人。
徐汝正　宣城人。
王　參　太平人。
郭建邦　旌德人。
韓聞政　合肥人。

尹　渭　巢縣人。
周思訓　懷遠人。
阮崇湯　懷遠人。
余中立　定遠人。
愈成憲　泗州人。
王化振　來安人。

萬(歷)〔曆〕四十年壬子科

張瑋等共一百二十五人，〔秪列八十五人〕。①

曹可明　句容人。
孔貞運　句容人。
陳有威　句容人。
徐行恕　句容人。
虞國儒　溧陽人。
胥自修　江浦人。
林尚煜　江浦人。
林尚炫　江浦人。
武可奮　溧水人。
沈應明　吴縣人。
朱陛宣　吴縣人。
陸康稷　吴縣人。
周順昌　吴縣人。
徐道登　吴縣人。

① 據《四庫》本補。

熊秉鑑　吴縣人。
姚希孟　長洲人。
陳繼華　長洲人。
徐文衡　長洲人。
朱日燦　昆山人。
陳元欽　昆山人。
陳必謙　常熟人。
陳忠順　吴江人。
趙士許　吴江人。
何其僎　嘉定人。
吴震元　太倉人。
錢作賓　太倉人。
周延儒　宜興人。
王行可　宜興人。
陳景潞　宜興人。
吴道燁　無錫人。

王仲聖　吴縣人，更名佐聖。
褚承慈　長洲人，更名穀詒。
許成章　長洲人。
顧晋瑛　昆山人。
馬天驥　昆山人。
嚴　樾　常熟人。
宋奎光　常熟人。
趙鳴陽　吴江人。
沈　鍠　吴江人。
黄元會　太倉人。
何起鳳　太倉人。
張　瑋　武進人，解元。
任　鼎　宜興人。
徐洪祚　宜興人。
毛士龍　宜興人。
浦爾涵　無錫人。

孫元化　嘉定人。
郝景春　江都人。
白正蒙　通州人。
解學龍　興化人。
吴國禮　如皋人。
路　玠　懷寧人。
洪應紹　歙縣人。
汪秉忠　婺源人。
羅尚忠　歙縣人。
吴伯與　宣城人。
徐弘謨　宣城人。
譚學鵾　太平人。
姚士儒　貴池人。
沈希韶　蕪湖人。
高效愷　合肥人。
張克佳　無爲人。

張紹祖　江陰人。
張伯鯨　江都人。
張京詔　泰興人。
陳爰謀　興化人。
周　點　望江人。
汪日東　歙縣人。
黄安世　歙縣人。
江可容　婺源人。
湯必選　宣城人。
吴伯敷　宣城人。
楊應華　寧國人。
管一堂　南陵人。
葛　綱　蕪湖人。
許如蘭　合肥人。
祝長伸　舒城人。
聞一言　英山人。

戈尚友　臨淮人。
申大志　潁州人。
于鴻漸　亳州人。
吳元璽　涇縣人。

萬(歷)〔曆〕四十三年乙卯科

葉有聲等共一百四十八人，〔秖列九十七人〕。①

陳元慶　江寧人。
薛邦獻　江寧人。
李長華　興化人，句容籍。
黃元昭　溧陽人。
王廷泰　吳縣人。
龔元祥　吳縣人。

周汝昌　懷遠人。
劉士珩　潁州人。
雅元聲　亳州人。

蔡屏周　江寧人。
沈　向　江寧人。
錢自遇　溧陽人。
顧其國　吳縣人。
申紹芳　吳縣人。
錢公邁　吳縣人。

① 據《四庫》本補。

丁弘譽　吳縣人。
李白春　昆山人。
徐師善　昆山人。
朱大受　昆山人。
魏浣初　常熟人。
翁懋祥　常熟人。
龐承寵　吳江人。
沈同和　吳江人。
吳士顏　吳江人。
趙洪範　嘉定人。
時懋順　嘉定人。
許國榮　太倉人。
許用卿　宜興人。
吳洪裕　宜興人。
曹應秋　宜興人。
羊儀鳳　宜興人。

朱國輔　昆山人。
周　球　昆山人。
葉國華　昆山人。
陳碞如　昆山人。
龔立本　常熟人。
瞿式耜　常熟人。
吳士莘　吳江人。
錢名寓　吳江人。
崔爵疇　吳江人。
殷懋新　嘉定人。
江用世　太倉人。
葉有聲　金山衛人，解元。
張定志　宜興人。
吳　炳　宜興人。
吳正己　宜興人。
張　源　無錫人。

秦　堈　無錫人。
劉明翰　無錫人。
陳正卿　無錫人。
諸士蘭　無錫人。
王運昌　江陰人。
游　揚　江都人。
何其瑞　江都人。
包壯行　通州人。
姜士望　儀(徵)〔真〕人。
佘大美　如皋人。
王三傑　懷寧人。
姚之蘭　桐城人。
方士亮　歙縣人。
程　度　歙縣人。
畢顯謨　歙縣人。
吴孔嘉　歙縣人。

張有譽　無錫人。
邵名世　無錫人。
强兆龍　無錫人。
王嗣昌　江陰人。
李應昇　江陰人。
張　宿　江都人。
沈嗣振　高郵人。
姜山斗　通州人。
解學夔　興化人。
袁應辰　草堰場人。
江夢鶴　懷寧人。
程明冠　徽州人。
謝紹潮　歙縣人。
李秉厚　祁門人。
仇夢台　歙縣人。
汪啓泰　休寧人。

汪宗友　休寧人。
汪元兆　婺源人。
唐一澄　宣城人。
王一夔　宣城人。
徐汝驊　宣城人。
劉永麟　南陵人。
劉承泰　建德人。
湯一統　蕪湖人。
胡思靖　繁昌人。
馬光國　亳州人。
金九陞　全椒人。
黃維嶽　婺源人。
胡階慶　績溪人。
劉仲暘　宣城人。
梅敦倫　宣城人。
梅士龍　宣城人。
胡允元　貴池人。
徐紹泰　當塗人。
湯一堪　蕪湖人。
龔萃肅　合肥人。
魯國俊　全椒人。

萬(歷)〔曆〕四十六年戊午科

盛文琳等共一百四十八人，〔秖列九十四人〕。①

① 據《四庫》本補。

王芝瑞 江寧人。
梁志仁 江寧人。
陳六奇 江寧人。
李 喬 句容人。
鮑自新 溧陽人。
蔣立華 溧陽人。
徐一范 高淳人。
汪全聲 六合人。
范必試 吴縣人，青浦籍。
顧宗孟 長洲人。
金 渾 長洲人。
夏萬亨 昆山人。
周啓祥 昆山人。
王志宏 昆山人。
盛文琳 常熟人，解元。

錢輝裔 上元人。
文時策 江寧人。
楊 相 江寧人。
陳獻策 溧陽人。
彭之澤 溧陽人。
陳調鼎 高淳人。
胡承熙 江浦人。
沈士奇 吴縣人。
吴肇康 長洲人。
李淩雲 長洲人。
宋廷策 長洲人。
沈天英 昆山人，後改姓名朱天麟。
王永祚 昆山人。
華重華 昆山人。
丁孺端 常熟人。

徐懋奎　常熟人。
陳啓元　常熟人。
陸文衡　吴江人。
汪明際　嘉定人。
王　燾　太倉人。
吴國華　宜興人。
徐申懋　宜興人。
毛龍光　宜興人。
陳振豪　無錫人。
施元徵　無錫人。
戴孚佑　江陰人。
朱文鼎　江都人。
宫大壯　泰州人。
冒起宗　如皋人。
秦必達　潛山人。
江之湘　桐城人。

許士柔　常熟人。
單國祚　常熟人，松江府學。
侯峒曾　嘉定人。
周敏成　太倉人。
史鴻磐　宜興人。
萬　近　宜興人。
蔣　覲　宜興人。
張　琦　無錫人。
顧與沐　無錫人。
楊永清　江陰人。
陸奮飛　宿遷人。
顧國寶　通州人。
朱名世　海門人。
趙　璧　太湖人。
宋　兼　桐城人。
吴恭安　歙縣人。

汪從先　歙縣人。
程世培　休寧人。
程　鵠　績溪人。
洪邦祚　祁門人。
陸履周　宣城人。
吴伯韶　宣城人。
胡尹臣　旌德人。
饒震元　旌德人。
吴家周　和州人。
吴明進　青陽人。
唐　謙　當塗人。
鄭匡明　蕪湖人。
姚咨俊　舒城人。
田弘恩　英山人。
李國稱　宿州人。
馮師京　來安人。

許啓敏　歙縣人。
戴希嘉　休寧人。
汪惟效　祁門人。
汪季舒　歙縣人。
高啓聘　宣城人。
邵樸元　太平人。
王廷彝　旌德人。
馬如蛟　和州人。
陳以運　貴池人。
陳之龍　當塗人。
羅萬爵　蕪湖人。
朱宗讓　蕪湖人。
張孫振　霍山人。
高雲梯　壽州人。
吴道昌　全椒人。
胡世及　涇縣人。

天啓元年辛酉科

陳組綬等共一百五十八人，〔秖列九十二人〕。①

易震吉　上元人。

倪嘉慶　江寧人。

姚　庥　江寧人。

王　熙　江寧人。

李長敷　句容人。

史其文　溧陽人。

馮良謨　六合人。

曹用三　蘇州人。

王元居　吴縣人。

黄華（印）〔胤〕　江寧人。

謝　杞　江寧人。

顧起貞　江寧人。

楊弘道　句容人。

李　清　句容人。②

劉日珽　江浦人。

吕源明　蘇州人。

盧　侃　吴縣人。

宋學顯　吴縣人。

---

① 據《四庫》本補。

② 李清條，《四庫》本删。

湯本沛　吴縣人。
周大啓　長洲人。
徐開禧　昆山人。
許士翀　昆山人。
錢　賡　常熟人。
顧懋勳　常熟人。
顧祖奎　吴江人。
江之鰲　嘉定人。
王瑞國　太倉人。
陳組綬　武進人，解元。
吴洪昌　宜興人。
湯啓烺　宜興人。
馬世名　無錫人。
侯世芬　無錫人。
賈明佺　無錫人。
王永吉　無錫人。

蔣　燦　長洲人。
楊鳳儀　長洲人。
張魯得　昆山人。
柴印璧　昆山人。
顧化雍　常熟人。
潘有功　吴江人。
龔用圓　嘉定人。
盛世才　太倉人。
李正春　太倉人。
吴應恂　宜興人。
盧象昇　宜興人。
陳于鼎　宜興人。
顧　樞　無錫人。
華其芳　無錫人。
張象煒　無錫人。
胡士驤　無錫人。

唐錫蕃　無錫人。
華允誠　無錫人。
楊允升　通州人。
李之椿　如皋人。
戴思敏　泰興人。
方國儒　歙縣人。
朱士泰　休寧人。
胡鳴岡　績溪人。
李春芳　歙縣人。
麻三立　宣城人。
仙兆印　寧國人。
戴士憲　南陵人。
桂春甲　貴池人。
江大任　建德人。
關引之　當塗人。
後光璧　蕪湖人。

孫國華　無錫人。
王相說　泰州人。
姜玉菓　通州人。
蔡廷諫　海門人。
李自強　泰興人。
汪國安　休寧人。
余自怡　婺源人。
汪始亨　歙縣人。
陳士鎬　宣城人。
孫曰紹　宣城人。
饒　鼐　旌德人。
秦鳳儀　南陵人。
孫繼登　青陽人。
齊嵩年　太平府人。
楊芝瑞　當塗人。
程　楷　合肥人。

胡志藩　合肥人。

曹思義　無爲人。

劉士琉　潁州人。

黄中龍　和州人。

趙碩來　涇縣人。

天啓四年甲子科

周鑣等共一百四十八人，〔秖列九十四人〕。①

范叔度　江寧人。

彭敦歷　溧陽人。

李　模　吴縣人。

劉汝謤　吴縣人。

徐文堅　長洲人。

畢翼周　盧江人。

李春芳　巢縣人，改名籛。

夏大儒　來安人。

洪維翰　涇縣人。

翟　皓　涇縣人。

孫自修　江寧人。

趙之驊　溧水人。

項　煜　吴縣人。

章象鼎　吴縣人。

馮雲起　長洲人。

① 據《四庫》本補。

董欽鄰　長洲人，改名來思。
管玉音　長洲人。
顧咸受　昆山人。
周室琳　昆山人。
許孟卿　常熟人。
陳調元　常熟人。
沈元龍　吴江人。
葉紹顒　吴江人。
顧廷櫝　吴江人。
何南春　太倉人。
江昌世　太倉人。
顧燕詒　太倉人。
許啓洪　宜興人。
黄衷赤　宜興人。
路　進　宜興人。
錢振先　無錫人。

錢震翀　長洲人。
周必達　長洲人，改名玉鄰。
沈　瓚　昆山人。
王夢鼐　常熟人。
戴元獻　常熟人。
張履端　常熟人。
史遺直　吴江人。
葉紹袁　吴江人。
朱元貞　嘉定人。
黄彰德　太倉人。
張以誎　太倉人。
路文範　宜興人。
吴永齡　宜興人。
周昌儒　宜興人。
陳貞裕　宜興人。
顧　棻　無錫人。

馬世奇　無錫人。
朱時荃　無錫人。
曹　玑　江陰人。
徐　熙　江陰人。
周　鑣　金壇人，解元。
鄭元勛　江都人。
王傚道　通州人。
徐　燿　泰州人。
劉一誠　泰州人。
楊中玄　興化人。
楊應漸　懷寧人。
左光先　桐城人。
洪天擢　歙縣人。
鮑宗衡　歙縣人。
戴堯天　休寧人。
汪士芳　婺源人。

王孫蘭　無錫人。
侯祥濬　無錫人。
徐日升　江陰人。
朱士烈　江陰人。
王道隆　江都人。
王永吉　高郵人。
季士駿　通州人。
黄太玄　泰州人。
程紹儒　歙縣人，儀（徵）〔真〕籍。
雷永祚　太湖人。
殷家印　桐城人。
盛之基　桐城人。
程　雲　歙縣人。
黄　鼎　歙縣人。
畢崇道　休寧人。
汪士龍　黟縣人。

鄭元勳　歙縣人，儀(徵)〔真〕籍。
周希耀　績溪人，旌德籍。
羅鍾印①　宣城人。
錢鳳文　宣城人。
王明憲　宣城人。
舒弘慈　旌德人。
鄭三謨　建德人。
張有寵　蕪湖人。
朱芾煌　無爲人。
章　噚　定遠人。

天啓七年丁卯科

沈幾等共一百四十八人，〔秪列九十七人〕。②

許　捷　祁門人。
張國臣　宣城人。
張一鯨　宣城人。
陳皇極　宣城人。
譚希冠　旌德人。
甯應祖　青陽人。
岑維嶽　太平人。
胡守恒　舒城人。
周希賜　懷遠人。
王治隆　全椒人。

---

① 「印」，《四庫》本作「叩」。
② 據《四庫》本補。

陸　朗　江寧人。
吳懋俊　江寧人。
王觀宗　江寧人。
張明熙　句容人。
陶之邴　溧陽人。
汪全智　六合人。
沈奇瑛　六合人。
許元弼　吳縣人。
沈　幾　長洲人，解元。
汪　膺　長洲人。
黄　扉　長洲人。
沈　璿　昆山人，改名浣先。
顧　夔　昆山人。
朱德洽　昆山人。
王夢鼎　常熟人。

李一白　江寧人。
陳　珽　江寧人。
汪　偉　江寧人。
謝鼎新　歙縣人，溧陽籍。
馬成名　溧陽人。
潘世奇　六合人。
毛　寬　吳縣人。
吳嘉貞　吳縣人，六合籍。
徐　汧　長洲人。
潘國礎　長洲人。
沈肩元　長洲人。
方國祥　昆山人。
周室瑜　昆山人。
趙士春　常熟人。
繆祖命　常熟人。

沈道元　常熟人。
陸雲祥　吴江人。
吴溥德　吴江人。
吴世欽　吴江人。
申芝芳　嘉定人。
華見龍　太倉人。
張　采　太倉人。
張達孝　太倉人。
王　榜　宜興人。
任允淳　宜興人。
朱應秋　無錫人。
華廷獻　無錫人。
唐士嶸　無錫人。
顧紹祖　無錫人。
高孝志　江都人。
劉懋賢　泰州人。
王曰俞　常熟人。
吴有涯　吴江人。
趙　康　吴江人。
沈繼佑　吴江人。
戴光裕　嘉定人。
錢　增　太倉人。
張　崍　太倉人。
王志慶　太倉人。
周正儒　宜興人。
張纘曾　無錫人。
胡之竑　無錫人。
計鴻勳　無錫人。
潘庭球　無錫人。
張育葵　江陰人。
紀廷薦　泰州人。
鄭元禧　歙縣人，儀（徵）〔真〕籍。

成友謙　海門人。
楊振甲　興化人。
許　晋　興化人。
姚思孝　歙縣人，江都籍。
倪天印　桐城人。
汪康運　歙縣人。
汪運光　歙縣人，儀（徵）〔真〕籍。
郝一楷　歙縣人，繁昌籍。
李天嘉　宣城人。
錢龍文　宣城人。
劉維仁　宣城人。
皇甫信　旌德人。
陳懋達　青陽人。
胡士昌　建德人。
黄元輔　東流人。
李當泰　合肥人。

解學尹　興化人。
李長倩　興化人。
李長似　興化人。
吴道新　桐城人。
黄自泰　太湖人。
江作楫　歙縣人。
鄭應柱　歙縣人，建德籍。
程　言　歙縣人，太平籍。
楊昌祚　宣城人。
沈壽隆　宣城人。
汪承詔　寧國人。
舒弘德　旌德人。
張懋鼎　銅陵人。
金學斌　建德人。
陶開虞　合肥人。
張大受　廬江人。

王孫振　無爲人。

陳一新　天長人。

崇(正)〔禎〕三年庚午科

楊廷樞等共一百五十人，〔祇列一百三十人〕。①

楊士驥　江寧人。

凌世詔　江寧人。

錢　源　江寧人。

錢　佳　江寧人。

張　韡　溧水人。

吕一經　吴縣人。

鄭敷教　長洲人。

許元溥　長洲人。

余中純　定遠人。

王佩中　江寧人。

史永清　江寧人。

黄金榜　江寧人。

潘曾瑋　溧陽人。

徐繼善　蘇州人，本姓吴。

顧繩詒　吴縣人。

宋學朱　長洲人。

李亮邦　昆山人。

① 據《四庫》本補。

葛　鼐　昆山人。
王　棨　昆山人。
蔣　棻　常熟人。
魏　冲　常熟人。
孫朝讓　常熟人。
吴昌時　吴江人。
趙　庾　吴江人。
周　燦　吴江人。
徐履貞　嘉定人。
陸　坦　嘉定人。
吴偉業　太倉人。
張　溥　太倉人。
管正傳　太倉人。
李登雲　太倉人。
吴正心　宜興人。
徐懋曙　宜興人。

周　鑑　昆山人。
錢位坤　常熟人。
時　敏　常熟人。
嚴　栻　常熟人。
王　贊　吴江人，本姓盛。
金之鑛　吴江人。
張　起　吴江人。
施鳳儀　嘉定人。
黄錫眉　嘉定人，本姓張。
王泰際　嘉定人。
吴克孝　太倉人。
王志長　太倉人。
淩必正　太倉人。
孫　謀　宜興人。
王朝昇　宜興人。
楊廷樞　無錫人，解元。

徐調元　無錫人。
王孫蕙　無錫人。
吴其馴　無錫人。
華祖芳　無錫人。
沈鼎科　江陰人。
吴纘姬　安豐場人。
王士英　興化人。
魏應周　興化人。
朱長康　通州人。
胡長澄　高郵人。
張　豸　泰州人。
方大普　桐城人。
陳九錫　懷寧人。
吴宇安　歙縣人。
黄一鋒　休寧人。
金象乾　休寧人。
鄒兑金　無錫人。
秦世銓　無錫人。
吴　達　無錫人。
張應福　江陰人。
曹天錫　江陰人。
梁于涘　江都人。
張文瑴　興化人。
韓如愈　興化人。
程名世　歙縣人，儀（徵）〔真〕籍。
劉　炎　泰興人。
雷繽祚　太湖人。
王廷生　懷寧人。
項人龍　歙縣人。
殷周祚　歙縣人。
汪之貞　休寧人。
曹志寧　績溪人。

梅之曄　宣城人。
梅士治　宣城人。
沈壽嶽　宣城人。
後必昌　宣城人。
高爾諤　宣城人。
李　崽　貴池人。
彭慶圖　太平人。
張一如　蕪湖人。
吴士講　合肥人。
王毓貞　霍(邱)〔丘〕人。
鍾允獻　天長人。
趙　夔　涇縣人。

徐律時　宣城人。
鍾正陽　宣城人。
劉　璣　宣城人。
詹　曦　宣城人。
王　襄　太平人。
吴應笋　貴池人。
端茂杞　當塗人。
王寖大　合肥人。
宋無咎　鳳陽人。
張肇元　霍(邱)〔丘〕人。
張鳳彩　潁州人。

崇(正)〔禎〕六年癸酉科

桂仲等共一百四十八人,〔祇列九十五人〕。①

施其政 江寧人。

胡順忠 江寧人。

周鼎昌 溧陽人。

馬　御 溧陽人。

彭遵琦 溧陽人。

蔣　舒 溧陽人。

月中桂 江浦人。

顧本仁 蘇州人。

周之璵 吴縣人。

徐　籀 吴縣人。

夏時泰 江寧人。

蔡朝聖 江寧人。

楊宗簡 溧陽人。

王　徵 溧陽人。

陳名夏 溧陽人。

邢有功 高淳人。

汪國策 六合人。

黄孔昭 吴縣人。

許士招 吴縣人。

顧　炎 長洲人。

① 據《四庫》本補。

陳宗之　長洲人。

祝謙吉　常熟人。

王　佩　吴江人，改名景〔亮〕①。

陳　球　吴江人。

許自俊　嘉定人。

王之鼎　崇明人。

曾五典　太倉人。

張　法　太倉人。

曹　訥　嘉定人。

堵永錫　無錫人。

吴貞啓　無錫人。

戴　英　無錫人。

吴貞毓　無錫人。

趙玉森　無錫人。

顧咸正　昆山人。

沈聖揆　吴江人。

陸汝孝　吴江人。

楊懋官　青浦人，本姓何。

傅凝之　嘉定人。

周　鼐　太倉人，本姓胡。

歸繼登　太倉人。

黄美中　太倉人。

謝　遴　宜興人。

王行儉　無錫人。

路　邁　無錫人。

蔣　曜　無錫人。

陳貞元　無錫人。

王永積　無錫人。

① 據《四庫》本補。

堵〔印〕〔胤〕錫　無錫人。
蕭光緒　無錫人。
鄒式金　無錫人。
薛嘉祉　江陰人。
夏繼新　江陰人。
姜承宗　江都人。
吴明卿　江都人。
張之璧　通州人。
湯調鼎　清河人。
姚宗衡　歙縣人。
張光祁　歙縣人。
鮑太庚　歙縣人。
曹應鶴　歙縣人。
游有倫　婺源人。
梅士杰　宣城人。
葉嘉徵　宣城人。

錢爾登　無錫人。
成　梁　無錫人。
徐亮工　江陰人。
徐與沐　江陰人。
徐葆初　江陰人，江都籍。
孫　鼎　江都人。
儲　堪　泰州人。
許　直　如皋人。
王言亘　桐城人。
羅　炌　歙縣人。
洪　襟　歙縣人。
汪沐日　歙縣人。
汪姬生　休寧人。
康三諫　祁門人。
孫　襄　宣城人。
李一元　太平人。

王之牧　旌德人。

翟文術　涇縣人。

桂　伸　石埭人，解元。

胡　奇　建德人。

任天成　舒城人。

葛遇朝　巢縣人。

蔣思宸　鳳陽人。

陳宇虬　盱眙人。

崇(正)〔禎〕九年丙子科

章曠等共一百四十八人，〔秪列一百七人〕。①

王　潢　江寧人。

計嘉聞　江寧人。

姚惟一　南陵人。

王雲龍　涇縣人。

蘇　瓊　石埭人。

龔鼎孳　合肥人。

張弘任　巢縣人。

郝　錦　六安人。

姬之翰　泗州人。

韓　范　江寧人。

鍾　奇　上元人。

① 據《四庫》本補。

張蒼舒　江寧人。
張星煒　溧陽人。
蘇　策　江浦人。
章起經　六合人。
顧　奕　吴縣人。
李之蕃　長洲人，本姓(邱)〔丘〕。
李棟隆　長洲人。
湯有慶　長洲人。
周天璿　昆山人。
徐開裕　昆山人。
趙士錦　常熟人。
錢　訥　常熟人。
桑　柔　常熟人。
馬夢桂　常熟人。
吴　易　吴江人。
沈自南　吴江人。

黄日乾　江寧人。
夏　鼎　江浦人。
殷鉉錫　江浦人。
黄樞臣　吴縣人。
蔣之紱　吴縣人，徐州籍。
吴　适　長洲人。
張其光　長洲人。
汪　厦　長洲人，改名希汲。
馬雲舉　昆山人。
張立廉　昆山人。
蘇祖蔭　常熟人。
邵　燈　常熟人。
歸起光　常熟人。
邵世茂　常熟人。
龎　霦　吴江人。
孫兆奎　吴江人。

潘爾彪　吴江人。
章　曠　華亭人，解元。
王發祥　太倉人。
孫以敬　太倉人。
沈雲祚　太倉人。
吴瑞鳳　宜興人。
吴洪化　宜興人。
吴　璇　宜興人。
路朝陽　宜興人。
吴春枝　宜興人。
徐懋曉　宜興人。
吴　蒙　無錫人。
秦　鑣　無錫人。
姚　亘　無錫人。
王　瑶　靖江人。
吴與齊　儀（徵）〔真〕人。

嚴在明　上海人，本姓徐。
金拱敬　滁州人。
王　御　太倉人。
許國杰　太倉人，本姓吴。
周家玉　太倉人。
吴貞吉　宜興人。
史　翥　宜興人，更名夏隆。
曹茂基　宜興人。
吴　邃　宜興人。
趙天錫　宜興人。
高世泰　無錫人。
胡時亨　無錫人，更名時忠。
許　學　無錫人。
徐　沾　江陰人。
蔣　善　江都人。
沈奕琛　高郵人。

李　默　泰興人。
曹鼎臣　如皋人。
張君聖　桐城人。
胡士燦　桐城人。
洪天開　歙縣人。
朱廷瑞　歙縣人。
王約言　休寧人。
余起光　黟縣人。
戚希瑗　宣城人。
胡尚徹　宣城人。
洪啓權　寧國人。
項如皋　太平人。
朱懋華　南陵人。
胡士瑾　貴池人。
甯雲會　青陽人。
楊世學　當塗人。

陳履忠　興化人。
顔　浩　懷寧人。
盛　廣　桐城人。
淩　駉　歙縣人。
鮑爻成　歙縣人。
金象紘　休寧人。
俞居辰　婺源人。
胡靖元　黟縣人。
梅士京　宣城人。
湯纘禹　宣城人。
洪啓槐　寧國人。
盛曰瑚　太平人。
朱　儀　涇縣人。
周道顯　貴池人。
洪　振　建德人。
張畢宿　當塗人。

徐弼臣　當塗人。
張其宿　蕪湖人。
鍾元玉　天長人。
周永緒　盱眙人。

崇(正)〔禎〕十二年己卯科

湯斯祐等共一百四十八人，〔祇列一百五人〕。①

周景濂　江寧人。
朱應昇　江寧人。
王象春　江寧人。
謝廷相　江寧人。
黃　良　江寧人。
李長祚　句容人。

朱長澤　蕪湖人。
葉士彥　巢縣人。
袁　元　天長人。

玉亦臨　江寧人。
周士章　上元人。
羅　策　江寧人。
施化遠　江寧人。
方承化　江寧人。
高鵬南　句容人。

① 據《四庫》本補。

黄達士　句容人。
周自新　溧陽人。
胡有英　高淳人。
吴晋卿　吴縣人。
管正儀　吴縣人。
申詒芳　長洲人。
陸世鎏　昆山人。
李國模　昆山人。
周　磐　昆山人。
歸斯受　昆山人，本姓孫。
陸朋禮　常熟人。
顧　柄　常熟人。
陳必誠　常熟人。
陳紹文　吴江人。
陶學瞻　吴江人。
吴康侯　嘉定人。

戴文峰　句容人。
李用楫　溧水人。
葛奇祚　高淳人。
馮宁延　吴縣人。
王　節　吴縣人。
王志守　昆山人。
張季琪　昆山人。
張立環　昆山人。
李開鄴　昆山人。
徐開遠　昆山人。
李象璧　常熟人。
錢明印　常熟人。
沈德輿　吴江人。
吴晋錫　吴江人。
王霖汝　嘉定人。
王慶祚　太倉人。

毛天麒　太倉人。
華乾龍　太倉人。
王　揆　太倉人。
秦欽翼　無錫人。
戴印夔　宜興人。
羊世澤　宜興人。
顧　宸　無錫人。
龔廷祥　無錫人。
侯　曦　無錫人。
顧　柄　無錫人。
秦季鑅　無錫人。
張羽文　江陰人。
蕭松齡　靖江人。
侯　溥　靖江人。
沈奕瑋　高郵人。
張映室　儀(徵)〔真〕人。

趙自新　太倉人。
周陳侯　太倉人。
陸岱毓　太倉人。
周世臣　宜興人。
徐　行　宜興人。
秦　汧　無錫人。
吕　陽　無錫人。
馬　瑞　無錫人。
張有威　無錫人。
張　墀　無錫人。
曹　玘　江陰人。
裴春魁　江陰人。
劉　幬　靖江人。
汪　蛟　歙縣人，儀(徵)〔真〕籍。
李　黯　揚州人。
李長祚　興化人。

張之珍 通州人。
田毓蕙 泰州人。
汪必裕 懷寧人。
汪覲光 歙縣人。
汪居仁 歙縣人。
胡士燦 休寧人。
阮士鵬 歙縣人，寧國籍。
王錫祚 祁門人。
梅文明 宣城人。
陳　穩 宣城人。
萬應隆 涇縣人。
蕭雲倩 太平府人。
關世隆 無爲人。
張元枋 太和人。
朱維垣 全椒人。

陳世祥 通州人。
李樹琪 蕭縣人。
王彭年 桐城人。
洪明偉 歙縣人。
程家軾 歙縣人。
戴皆春 婺源人。
洪維翰 歙縣人，涇縣籍。
湯斯祐 宣城人，解元。
王爾揚 宣城人。
秦仁管 南陵人。
方學聖 貴池人。
東四箴 舒城人。
汪伯位 無爲人。
趙廷璧 滁州人。

崇(正)〔禎〕十五年壬午科

盧象觀等共一百四十八人,〔秪列一百六人〕。①

胥廷清 江寧人。
施鳳翼 江寧人。
汪觀 江寧人。
彭新 溧陽人。
彭旭 溧陽人。
史燧 溧陽人。
陳瑚 太倉人,蘇州籍。
汪庶 吴縣人。
徐枋 長洲人。
劉曙 長洲人。
許暢 江寧人。
劉思問 上元人。
宋之繩 溧陽人。
吴穎 溧陽人。
李源 溧陽人。
史權 溧陽人。
陸日升 蘇州人。
范公柱 長洲人。
周公軾 長洲人。
韓沐 長洲人。

① 據《四庫》本補。

郭　熊　長洲人，改名佩璆。
周　錫　昆山人。
陸嘉(印)〔胤〕　昆山人。
翁漢麐　常熟人。
孫　魯　常熟人。
陸　鎔　吴江人。
馬　儁　吴江人。
甯之翰　吴江人。
包　捷　吴江人。
陳　俶　嘉定人，本姓周。
黄淳耀　嘉定人。
李　愨　太倉人。
陳咨稷　武進人。
周正儀　宜興人。
吴龍章　宜興人。
徐徵麟　宜興人。

李　楷　長洲人。
魏文心　昆山人。
陸貽吉　常熟人，本姓嚴。
王　澧　常熟人。
瞿元錫　常熟人。
顧之俊　吴江人。
沈振朝　吴江人。
吴　溢　吴江人。
包　振　吴江人。
蘇　淵　嘉定人。
徐　攻　太倉人。
董大翮　武進人。
盧象觀　宜興人，解元。
任　雄　宜興人。
周　項　宜興人。
周奕封　宜興人。

李　廉　宜興人。
湯原清　宜興人。
鄒忠倚　無錫人。
施召徵　無錫人。
强　恂　無錫人。
董鍾諧　無錫人。
薛振葉　江陰人。
鄭爲虹　歙縣人，儀（徵）〔真〕籍。
俞　鐸　泰州人。
季來之　泰州人。
潘煜如　寶應人。
戴　祜　泰興人。
汪作霖　歙縣人。
江德中　歙縣人。
項復陽　歙縣人。
戴應昌　休寧人。

徐徵鳳　宜興人。
堵景濂　無錫人。
華淯吉　無錫人。
唐德亮　無錫人。
劉德炎　無錫人。
戚　藩　江陰人。
朱　澂　靖江人。
王玉藻　江都人。
宫偉鏐　泰州人。
張　珥　寶應人。
佘一元　如皋人。
齊維藩　桐城人。
洪明鍾　歙縣人。
洪　琮　歙縣人。
吴伯瑛　歙縣人。
汪志稷　婺源人。

曹鳴遠　婺源人。
羅漢章　歙縣人，丹徒籍。
馬　嘉　祁門人。
張聖度　宣城人。
徐文烜　青陽人。
陳邦簡　石埭人。
徐鼐臣　當塗人。
劉庭展　無爲人。
單世德　巢縣人。
梁泰來　壽州人。
金光昊　全椒人。

詹尹吉　婺源人。
羅雲逵　歙縣人，青陽籍。
程　甡　祁門人。
秦錫蕃　南陵人。
陳自勵　石埭人。
章焕美　東流人。
龔鼎英　合肥人。
方名榮　巢縣人。
閻允穀　巢縣人。
李東生　蒙城人。
華允訥　無錫人。

江南通志卷一百三十一

選舉志

舉人 七

國 朝

順治二年乙酉科

共一百四十五人。

張九徵 丹徒人，解元。 汪永瑞 吴縣人。

董文驥 常州府人。
周龍甲 山陽人。
熊敏慧 揚州府人。
王化明 蘇州府人。
杜汝用 宜興人。
徐果遠 無錫人。
路汝捷 江寧人。
左　圖 六安人。
李廷樞 江寧人。
堵廷棻 無錫人。
江之昆 池州人。
顧予升 長洲人。
陳憲冲 常州人。
李　蔚 溧水人。
朱克簡 寶應人。
巫之巒 當塗人。

汪　遠 徽州府人。
曾紹唯 太倉人。
韓　獻 六安州人。
許　襄 無錫人。
臧天格 桐城人。
楊　演 興化人。
徐騰暉 武進人。
袁秉銓 鎮江人。
周茂源 華亭人。
蔣永修 宜興人。
鮑鳳翔 無錫人。
汪　匯 六合人。
郭　礎 揚州人。
馮　且 丹徒人。
張　熤 贛榆人。
顧　玭 江都人。

李銘常　金壇人。
薛紹聲　吴縣人。
張安茂　青浦人。
聶政新　丹陽人。
狄　敬　溧陽人。
易象兑　海門人。
楊　鏞　吴縣人。
周仲球　宜興人。
蔡于宣　廬州人。
薛　耳　武進人。
王際有　鎮江人。
于雲石　金壇人。
沈　御　吴縣人。
唐懋淳　高淳人。
李廷棨　松江人。
林中桂　江都人。

繆慧遠　吴縣人。
許　焕　太倉人。
萬應皋　宿松人。
毛重倬　武進人。
史象晋　上元人。
張　寛　泰興人。
張星裔　武進人。
張愈大　巢縣人。
汪夢蒲　池州人。
唐朝鼎　常熟人。
陳其勳　池州人。
葛維屏　鎮江人。
錢祖壽　常熟人。
蔣　超　金壇人。
陳　鍹　石埭人。
鮑　蘭　徽州人。

錢世錦　盱眙人。
曹垂燦　松江人。
王自新　句容人。
郭　亮　江寧府人。
周五嘗　巢縣人。
王　鎬　含山人。
王應京　吴縣人。
鄒〔自〕①式　武進人。
彭文煒　江寧府人。
黄　永　太倉人。
徐　鼎　松江人。
沈在湄　無錫人。
秦才管　南陵人。
唐　稷　宣城人。

李　瀅　高郵人。
張方葵　淮安人。
汪浴日　六安人。
吴晋剡　宜興人。
費　達　溧陽人。
張祚先　常州人。
韓　豫　丹徒人。
朱允治　常熟人。
王天璧　桐城人。
許　瑶　常熟人。
沙衍中　長洲人。
李正蔚　盱眙人。
李　貞　上元人。
顧　仁　鎮江人。

① 據《四庫》本補。

陳　常　無錫人。
譚希閔　揚州人。
潘　芬　常州人。
丁象鼎　五河人。
趙觀乙　合肥人。
莊起賢　金壇人。
張如璿　江寧府人。
孫自成　江都人。
朱　選　江陰人。
蔣　怡　江寧府人。
宋徵輿　華亭人。
陳廷楹　鎮江人。
楊模聖　懷遠人。
孫穎禾　無錫人。
葉正蓁　全椒人。
沈搏上　常州人。

趙函乙　合肥人。
高　翱　江寧人。
李　敬　江寧人。
楊　鼎　鎮江人。
潘泗水　南陵人。
史樹駿　武進人。
周啓嶲　宜興人。
胡之駿　淮安人。
劉堯枝　宣城人。
黃中瑄　常州人。
程汝業　廬州人。
潘士璜　桐城人。
吳禔之　武進人。
陸　本　江寧人。
尹明廷　吳縣人。
蔣龍光　宜興人。

葛天驌　蕪湖人。
周　珽　溧陽人。
沈　濬　溧陽人。
范朝瑛　吴縣人。
張　炳　宜興人。
左國林　桐城人。
馮弘道　常州人。
沈昇初　蘇州人。
沈光啓　鳳陽府人。
胡禹冀　江寧府人。

順治三年丙戌科

共一百四十五人，〔祇列一百四十四人〕。①

徐可先　武進人。
過松齡　無錫人。
丁日乾　泰州人。
厲士貞　儀(徵)〔真〕人。
陳有度　通州人。
史士僎　黟縣人。
楊弘祚　盱眙人。
徐　愰　江寧府人。
謝　觀　上元人。

① 據《四庫》本補。

范　龍　長洲人。
孫知本　丹陽人。
張新標　山陽人。
束　京　鎮江人。
劉思敬　江寧府人。
高岳英　鎮江人。
周　式　太倉人。
吴之紀　吴江人。
張王治　太倉人。
顧予咸　吴縣人。
徐我達　泰州人。
黎　曜　興化人。
張　晧　宣城人。
史允琦　江寧府人。
王大礽　桐城人。
陳　适　高郵人。

于之寅　泰興人。
徐明弼　蕪湖人。
孫宗彝　高郵人。
王康侯　金壇人。
施閏章　宣城人。
顧　煜　無錫人。
朱鳳台　靖江人。
陳嘉會　揚州人。
曹鍾浩　金壇人。
翁長庸　常熟人。
黄宣泰　山陽人。
方若珽　桐城人。
林文學　揚州人。
蔣　扶　金壇人。
陳覺先　昆山人。
潘瀛選　宜興人。

吴六一 寧國人。
荆子周 丹陽人。
顧景鉉 吴縣人。
王相吕 泰州人。
營嘉藩 南陵人。
李　丹 金壇人。
孫開先 高郵人。
儲方榮 宜興人。
鄒登嵋 常州人。
彭士俊 溧陽人。
錢嘉徵 常州人。
徐國鼎 青陽人。
蔡瓊枝 無錫人。
劉惠恒 吴縣人。
鄧　旭 壽州人。
張幼學 泰州人。

張　寀 江都人。
薛　眉 武進人。
姚　椽 建德人。
王道光 金壇人。
楊廷錦 常州人。
李　籙 昆山人。
陳繩舜 句容人。
石　瑋 興化人。
顧　鏞 松江人。
方元成 桐城人。
陳德慶 溧陽人。
董上治 武進人。
陳　卓 江都人。
葉萬善 和州人。
王鳳鼎 盧江人。
董世仁 婺源人。

吴守寀　武進人。
曾振甲　常熟人。
馮達道　武進人。
范之俊　揚州人。
趙開雍　寶應人。
馬廷桂　蘇州人。
李宗孔　揚州人。
鮑鳳仞　無錫人。
袁仍獬　通州人。
龔百藥　武進人。
錢　穀　江寧府人。
劉　振　盱眙人。
卜永昇　安東人。
陳忠靖　泰州人。
王　松　常州人。
王　鏗　華亭人。

汪　燦　宣城人。
吴應震　宜興人。
錢裔僖　常熟人。
季振宜　泰興人。
繆　植　長洲人。
方亨咸　桐城人。
楊兆魯　常州人。
閻兆儀　江都人。
薛信辰　無錫人。
姚騰芳　松江人。
陸有聲　常州人。
徐致覺　六安人。
韋一鶴　蕪湖人。
周　培　丹徒人。
王　榜　寶應人。
張習孔　歙縣人。

徐謙生　常州人。
錢　召　常熟人。
曹開顯　廬州人。
李元麒　石埭人。
莊冏生　常州人。
胡宗虞　常州人。
朱殿宸　山陽人。
張子循　昆山人。
吳慶期　宜興人。
王　彬　寶應人。
李應軫　高郵人。
(邱)〔丘〕鍫　常州人。
張　標　江都人。
虞　宁　金壇人。
周建鼎　潁州人。
何　棅　崇明人。

葉　舟　江寧人。
阮鞠廷　南陵人。
季　芷　常州人。
楊廷藴　常州人。
田　芳　旌德人。
劉允謙　壽州人。
王綦隆　通州人。
翁嗣聖　常熟人。
王　言　當塗人。
周道隆　山陽人。
余國柱　昆山人。
許　庠　金壇人。
朱之翰　上元人。
馮雷鳴　金壇人。
諸保宥　昆山人。
吳調元　上元人。

須兆祉　武進人。
李　瑛　昆山人。
王世噩　鹽城人。
翁　需　常熟人。
駱士憒　六安人。
吴鼎玫　武進人。
錢孫愛　常熟人。
胡可及　淮安人。
盛　文　太倉人。

北　榜

金世濂　吴江人。

順治五年戊子科

共一百四十五人。

王熊瑞　長洲人。
孫　熿　和州人。
汪　觀　寧國人。
吕鳴純　泰興人。
程芳朝　桐城人。
劉師峻　揚州人。
張迎禊　無錫人。
儲　曾　宜興人。
戴　鉉　建德人。

袁大受 金壇人。
蔡祖庚 上元人。
詹之瑛 山陽人。
龔廷歷 武進人。
宗章埈 江都人。
楊　潔 興化人。
張　願 金壇人。
曹期嘉 南陵人。
何鄴侯 昆山人。
張　灝 鎮江人。
王廣心 松江人。
楊令哲 常州人。
王國瑋 揚州人。
李嘉印 泰州人。
陳啓潛 吴江人。
束　真 丹陽人。

盛　治 揚州人。
史鼎玉 金壇人。
閔　叙 江都人。
王　絲 合肥人。
諸　豫 昆山人。
宋之儒 江都人。
陳嘉善 江寧府人。
楊元勳 句容人。
許熙宇 金壇人。
于朋舉 金壇人。
陸求可 山陽人。
王　綱 廬州人。
路　遴 宜興人。
周　茥 吴縣人。
王大章 當塗人。
李　坤 鎮江人。

岳鍾淑　武進人。
黃如馨　常州人。
彭　黻　桐城人。
方膏茂　安慶人。
何如龍　歙縣人。
許纘會　上海人。
張如賽　當塗人。
費國瑄　常州人。
侯振世　宣城人。
陳　謨　蘇州人。
孫允恭　丹陽人。
李宗説　揚州人。
蕭嗣奇　合肥人。
荆振日　丹陽人。
陳　鉉　寶應人。
程　浹　山陽人。

卞　穎　揚州人。
宋德宜　蘇州人。
張延基　上元人。
秦　鉽　長洲人。
胡復誠　華亭人。
陳國貞　江陰人。
劉芳蘅　寧國人。
朱　瑛　蘇州人。
王　昕　武進人。
曹同統　廬州人。
王鯤化　涇縣人。
季開生　泰興人。
張日浣　泰興人。
姚世曙　松江人。
王　邁　鎮江人。
蘇汝霖　石埭人。

徐致章　六安人。
楊穀汝　太平人。
郭　藩　松江人。
吳來紱　武進人。
楊士元　江寧府人。
施維翰　華亭人。
李　煥　寧國人。
李名珮　金壇人。
黃　鐍　揚州人。
楊文正　山陽人。
周成文　宜興人。
沈大幾　蕪湖人。
張茂枝　泰興人。
李　渌　興化人。
周士琳　無錫人。
俞　釪　泰州人。

錢志進　鎮江人。
陸振芬　金山衛人。
王　濂　華亭人。
謝　扆　常州人。
賀　寬　鎮江人。
湯　樂　長洲人。
劉謙尊　常州人。
奚　斯　寧國人。
賀玉昌　鎮江人。
沈　漢　淮安人。
徐　炟　興化人。
劉再生　宣城人。
毛鍾彥　長洲人。
劉夔生　宣城人。
王仕雲　鎮江人。
桑體乾　寶應人。

黄康成　江寧人。
伍　吕　武進人。
王良旦　揚州人。
吴南岱　常州人。
竇翼鄰　合肥人。
董巽祥　武進人。
李奕隆　山陽人。
何　采　江寧人。
姚見龍　無錫人。
丁峻飛　江寧府人。
顧　贄　蘇州人。
史以遇　江都人。
張定憲　常州人。
夏　霖　常州人。
萬印鼒　丹徒人。
許允成　南陵人。

王二斗　盱眙人。
馬慶曾　常熟人。
田茂遇　華亭人。
許紹芳　宜興人。
錢化洪　吴江人。
阮　涵　懷寧人。
史承謨　金壇人。
鄭龍祥　無錫人。
林文儁　淮安人。
莊有筠　武進人。
張超方　懷寧人。
高　玫　鎮江人。
張尊瞻　太平人。
李銘心　金壇人。
朱　徵　興化人。
儲　士　金壇人。

顧景錫　太倉人。
劉彥初　揚州人。
符節鉞　鎮江人。
李巽臣　金壇人。
陸　鑑　吳縣人。
侯　杲　常州人。
吳　貞　太倉人。
徐紹芳　懷寧人。
馮　標　鎮江人。

北　榜

潘運皞　滁州人。

順治八年辛卯科

共一百四十人。

胡　允　句容人。
金國華　吳縣人。
王　澄　揚州人。
李　汴　句容人。
王　湛　鎮江人。
潘欲楫　鎮江人。
史弘謨　金壇人。
蔣廉榮　儀(徵)〔真〕人。

俞　彝　無錫人。

袁孟義　丹徒人。
金　城　淮安人。
趙熣晃　吴縣人。
馮益熺　金壇人。
張大任　宣城人。
汪有朋　歙縣人。
笪祖齡　句容人。
劉之渤　通州人。
潘　淵　句容人。
萬里侯　寶應人。
宋士顯　江陰人。
史鑑宗　金壇人。
徐　開　鎮江人。
陸夢蛟　華亭人。
王登雲　太倉人。
吴會暲　高淳人。

于祚禕　滁州人。
劉懋勛　泰州人。
許之漸　武進人。
史　泰　溧陽人。
張錫懌　上海人。
高淩雲　江都人。
王　琰　江寧府人。
趙延宅　常熟人。
史颺廷　溧陽人。
周季琬　常州人。
張元名　江都人。
倪衷復　合肥人。
陳白漢　淮安人。
曹鳳貞　太平人。
薛　垣　江陰人。
黄羲時　宜興人。

王紀　宜興人。
徐經　武進人。
張湛逢　宣城人。
蔡元禧　常州人。
陸廣　青浦人。
黄明偉　溧陽人。
趙澐　吴江人。
倪懋賞　江都人。
朱錦　上海人。
毛贇　嘉定人。
曹愉　宜興人。
施敬先　吴縣人。
蔣德埈　長洲人。
盧士登　宜興人。
王登朝　常熟人。
周而淳　江寧府人。

顧虬　昆山人。
鄭嗣武　徽州人。
章燦　常州人。
董紹邦　常州人。
蔣中和　靖江人。
蔣士璋　江寧人。
徐化民　江都人。
李臨　常熟人。
程治　山陽人。
汪宗魯　懷寧人。
王明試　金壇人。
許慥　如皋人。
胡永泰　當塗人。
王楫汝　蘇州人。
陳迪　當塗人。
倪兆熊　吴江人。

汪可準　蕪湖人。
許　書　歙縣人。
張翮飛　鹽城人。
陸壽名　長洲人。
陸鳴珂　上海人。
錢　雨　太平人。
常　典　揚州人。
王玫新　無爲州人。
吴近功　宜興人。
徐與霖　昆山人。
吴子雲　桐城人。
丁其譽　如皋人。
楊渭英　金壇人。
劉維祺　武進人。
賀寬基　丹陽人。
韓　熺　揚州人。

戴　遇　溧陽人。
符渭英　鎮江人。
梁　墹　上元人。
徐　珏　上元人。
吴　浤　無錫人。
張　郴　青浦人。
笪重光　句容人。
于嗣昌　金壇人。
惠　疇　江陰人。
戴弘烈　桐城人。
張　輔　嘉定人。
李　雅　長洲人。
趙時可　涇縣人。
徐士吉　上海人。
吴儀濤　江寧府人。
吴世澤　太倉人。

姚　舒　吳縣人。
萬　彥　宜興人。
吳伯琮　歙縣人。
吳　誾　常州人。
賈　曾　吳縣人。
夏印聯　江寧府人。
譚聖蛟　常熟人。
陸　璿　靖江人。
程天旋　通州人。
吳　悦　蘇州人。
孫仁溶　無錫人。
張有光　松江人。
周起岐　武進人。
汪　基　含山人。
陳以惟　興化人。
程　邑　上元人。

陳行禹　滁州人。
胡爾寧　績溪人。
沈　荃　松江人。
孫繼先　丹徒人。
王　尹　懷寧人。
姚文烈　桐城人。
王之明　松江人。
胡簡敬　沭陽人。
周允欽　長洲人。
朱淑熹　泰州人。
何翮羽　溧陽人。
顧賚仙　常熟人。
任國鑌　長洲人。
王　鉉　江寧人。
劉宗熹　無錫人。
孫汝緝　全椒人。

張　芳　句容人。
巢震林　常州人。
王來誥　武進人。
盛士熊　鎮江人。
王萬象　上元人。
朱宏憲　全椒人。
丁祚端　江都人。

北榜

羅承祚　歙縣人。
金　録　滁州人。
吕祚德　金壇人。
楊　晋　江寧人。
黄　琦　江陰人。
王　澄　江寧人。
李挽河　興化人。

章華國　寧國人。
吴　謐　丹陽人。
陳王陛　江都人。
李　式　定遠人。
陶延中　蕪湖人。
錢　埴　太倉人。

周曰篕　武進人。
白夢鼐　江寧人。
徐來清　江陰人。
柳映奎　丹徒人。
洪　譽　繁昌人。
艾明哲　金壇人。
徐　逸　金壇人。

王瑀 江寧人。

朱之焜 高郵人。

宋實穎 長洲人。

陸鳴時 上元人。

萬物育 高郵人。

宋德宏 長洲人。

徐愈 長洲人。

歸泓 常熟人。

順治十一年甲午科

共一百三十二人①。

朱朝幹 句容人。

程瀚 上元人。

周裳 太倉人。

單顒 華亭人。

李時震 淮安人。

汪亦緒 休寧人。

謝開寵 壽州人。

黃鼎 無錫人。

陳交泰 太平人。

洪乘軒 涇縣人。

稽永福 無錫人。

陸元文 長洲人。

---

① 「一百三十二人」，《四庫》本作「一百三十三人」。

姚文燮　桐城人。
鄧種麟　江陰人。
吴琬玉　歙縣人。
萬錦雯　宜興人。
許明章　舒城人。
梅　清　宣城人。
倪　适　安慶人。
陳禋祉　常州人。
秦松齡　無錫人。
鄒祇謨　武進人。
朱大乾　全椒人。
孫發祥①
湯懋簡　宜興人。
屠　尚　武進人。

汪　琬　長洲人。
閻允蕃　巢縣人。
顧　麟　常熟人。
儲　賡　常州人。
李鏞金　鎮江人。
王芝藻　溧水人。
徐　斌　昆山人。
董　含　華亭人。
鮑　濟　歙縣人。
屠紹貞　寧國人。
周文郁　壽州人。
郭士璟　江都人。
檀光熿　建德人。
周道泰　江寧府人。

① 此人里籍原闕。

荆　柯　鎮江人。
李同亨　宜興人。
陳　漁　鎮江人。
顧昌時　松江人。
韓日起　揚州人。
黃如瑾　溧陽人。
吴佩鳴　常州人。
孫中象　桐城人。
蔣叔貞　盧州人。
劉　蘋　鳳陽人。
吴　岳　吴江人。
徐袞字　淮安人。
檀志嶽　望江人。
蔡文柄　松江人。
江　皋　桐城人。
侯燈生　宣城人。

張秉哲　安慶人。
史紀夏　宜興人。
袁　晋　宿松人。
章采嶽　當塗人。
黃雲鶴　宣城人。
崔　瑶　寧國人。
季春雷　寶應人。
汪　燦　揚州人。
楊永齡　泗州人。
戴其文　建平人。
曹鼎臣　常州人。
張其善　含山人。
路中駿　太湖人。
王作礪　上元人。
杜繼美　盱眙人。
顧瀛秀　昆山人。

張雲孫　松江人。
華振鷺　常州人。
高士貞　合肥人。
吴景運　常州人。
汪學泗　全椒人。
胡　圭　祁門人。
潘滋樹　盱眙人。
劉維烈　武進人。
鄧士傑　江寧府人。
闞　選　嘉定人。
孫中麟　安慶人。
荆　拯　鎮江人。
胡公著　績溪人。
淩鶚遠　宜興人。
楊　熼　寶應人。
何天駿　南陵人。
徐階鳳　宜興人。
惲　驌　武進人。
孫之英　滁州人。
宋祖年　松江人。
何　訥　昆山人。
陸　昌　溧陽人。
丁　宣　宣城人。
謝蘭英　當塗人。
張慶孫　嘉定人。
王顯德　高郵人。
顧　岱　嘉定人。
曾曰唯　太平人。
袁弦佩　蕪湖人。
周　漁　興化人。
張名世　無爲州人。
華章志　無錫人。

謝　清　江寧府人。
吴貞度　宜興人。
朱　典　吴縣人。
黄鍾全　無錫人。
路　序　宜興人。
孫晋錫　常熟人。
史　樸　江寧府人。
屠德隆　常州人。
蔣　寅　丹徒人。
陳　宿　溧水人。
張時英　寧國人。
(邱)〔丘〕園卜　睢寧人。
許光震　泰州人。
阮美典　山陽人。
陸一龍　嘉定人。

潘堯彩　上海人。
吴來備　武進人。
陳伯龍　泰州人。
王履昌　常熟人。
楊臣鄰　桐城人。
趙　炳　長洲人。
莫大勳　常州人。
周炳文　無錫人。
王廷藩　六安人。
錢　賓　常熟人。
趙崇學　涇縣人。
孫星祚　青陽人。
鄔　昕　丹陽人。
華元慶　無錫人。

北榜

陸廷福 常熟人。
申紘祚 長洲人。
沈世奕 吴縣人。
陳 炡 丹徒人。
張淵懿 青浦人。
徐 寅 高淳人。
劉 忭 潁州人。
夏長泰 松江人。
王容德 高郵人。
趙師鼎 巢縣人。
徐元珙 武進人。
朱前詒 無爲州人。
方兆及 桐城人。
莊名弼 武進人。
董 衡 吴江人。
孫承恩 常熟人。
謝石公 武進人。
季昌齡 泰興人。
吴國對 全椒人。
馮善世 松江人。
陸 舜 泰州人。
昂紹善 合肥人。
劉維正 武進人。
盛于亮 海門人。
胡永亨 舒城人。
黄雲史 武進人。
楊 方 潛山人。

順治十四年丁酉科

原一百二十五人，內除欽黜八人，凡一百一十七人。

蔣欽宸　鎮江人。
項時亨　歙縣人。
陳熊耳　高郵人。
葉　甲　鳳陽人。
董粤固　溧陽人。
王淳中　無錫人。
汪溥勳　歙縣人。
沈晋初　長洲人。
徐　馮　徽州人。
王國相　歙縣人。
羅蒼期　歙縣人。
孫長發　宣城人。
陸　燦　常熟人。
錢　威　吴江人。
陳英略　金壇人。
曹　漢　太倉人。
馬振飛　通州人。
史繼佚　建平人。
王兆陞　通州人。
謝金章　鎮江人。
張仲馨　鎮江人。
宗　書　興化人。
詹養沉　婺源人。
張〔印〕〔胤〕昌　全椒人。

潘之彪　鎮江人。
楊爾時　泰州人。
陳溯潢　常熟人。
俞振奇　長洲人。
朱雲錦　昆山人。
璩　寀　桐城人。
杜　瑜　太平人。
李　煜　邳州人。
于元潢　江都人。
馬世俊　溧陽人。
方　域　上元人。
吕　鍠　嘉定人。
林大節　江浦人。
洪　玗　歙縣人。
趙　巽　溧陽人。
張文運　徽州人。

程　桔　江寧人。
夏　沅　丹徒人。
湯　聘　溧水人。
楊才瑰　淮安人。
周　官　上海人。
何　炳　松江人。
劉師漢　廬州人。
許　鳳　宜興人。
王克鞏　山陽人。
彭　標　蕪湖人。
唐子瞻　青浦人。
萬世俊　宜興人。
韓揆策　潁州人。
李　樞　青浦人。
吴樹聲　江寧人。
任　塾　懷寧人。

楊兆皋　江寧人。
顧元齡　蘇州人。
許〔印〕〔胤〕芳　邳州人。
周　篆　溧陽人。
郁　裴　長洲人。
史　奭　江都人。
吳珂鳴　常州人。
葉映榴　上海人。
方　舟　合肥人。
吳維駿　涇縣人。
吳兆騫　吳江人。
張明薦　丹徒人。
朱扶上　泰州人。
吳蘭友　吴江人。
徐元美　江都人。
吳長庚　無錫人。

莫春芳　松江人。
周光啓　太平人。
汪　度　休寧人。
潘麒甡　溧陽人。
潘毓桂　常州人。
洪世紱　涇縣人。
鮑懋經　歙縣人。
謝　鈺　高郵人。
王又汧　華亭人。
黄　樞　金山衛人。
陳　珍　高淳人。
薛蓋臣　鹽城人。
夏良玉　江陰人。
袁　炳　宜興人。
鄒象雍　蘇州人。
黄　升　興化人。

詹有望 宣城人。
鄒玉成 鎮江人。
季 貞 泰興人。
華廷樾 無錫人。
陳志紀 泰州人。
蔣 核 蘇州人。
趙景福 江都人。
姚其章 上元人。
徐與喬 蘇州人。
何亮工 安慶人。
張玉書 丹徒人。
方 戩 桐城人。
莊印堡 吴江人。
秦廣之 常州人。
江同海 懷寧人。
吴運新 貴池人。

葉方藹 昆山人。
王 綍 合肥人。
陳輔世 揚州人。
程鵬翀 歙縣人。
沈鵬舉 宣城人。
蔣 繒 蘇州人。
黄 中 舒城人。
史鶴齡 溧陽人。
洪 濟 巢縣人。
鮑亦祚 常州人。
楊大鯤 武進人。
夏印光 江寧府人。
金國用 蘇州人。
汪嘉桂 歙縣人。
叢中蘊 如皋人。
施秉文 青陽人。

鄭爲光　江都人。
楊廷章　吴縣人。

北榜

陸慶曾　松江人。
金光房　全椒人。
繆　彤　吴縣人。
張一鵠　松江人。
任繩隗　宜興人。
周　擷　吴縣人。
潘隱如　吴縣人。
范雲威　更名必英，長洲人。
王　佶　長洲人。
孫　暘　嘉定人。
周　肇　太倉人。
李嘉猷　嘉定人。

金懷玉　江都人。
沈志斌　吴縣人。
李　嘉　金壇人。
陸　簏　青浦人。
江　蕃　婺源人。
吴　芹　吴縣人。
張士紳　松江人。
陸　淇　武進人。
錢天予　上元人。
孫宷臣　高郵人。
陸其賢　嘉定人。
彭　瓏　太倉人。
黄與堅　太倉人。
計　東　吴江人。

順治十七年庚子科

共六十三人。

申　穟　蘇州人。
蔣扶暉　宜興人。
許國璠　山陽人。
朱　英　上元人。
董　俞　金山衛人。
董元愷　長洲人。
吴之頤　太倉人。
孫　奏　高淳人。
湯彭年　揚州人。
周繼高　常州人。
李　鎧　山陽人。
王能駅　泰州人。
郭士琦　揚州人。
張　鵬　丹徒人。
盛符升　昆山人。
龔　玉　江都人。
王立極　太倉人。
荆克捷　鎮江人。
錢特簡　溧陽人。
戴　芳　桐城人。
朱　玉　青浦人。
沈龍翔　昆山人。
施　熙　常州人。
姚文熊　桐城人。

徐時浚　靖江人。
徐汝聰　常州人。
宋慶遠　松江人。
孫　謙　高淳人。
趙起英　江陰人。
路　迅　宜興人。
殷元裕　嘉定人。
阮　彝　江寧人。
高以位　揚州人。
黄　裳　寧國人。
岳宏譽　武進人。
崔　華　太倉人。
徐振采　和州人。
張爲煥　昆山人。
張祖籙　武進人。
劉　繹　南陵人。

岑　鶴　建平人。
徐誥武　金壇人。
程夢簡　丹徒人。
林毓蓮　和州人。
盛　彩　靖江人。
朱廷獻　上海人。
郝　鉉　沛縣人。
謝廷爵　江都人。
張　檉　江都人。
孫閎達　通州人。
周同文　望江人。
管　捷　吴縣人。
蕭秉晋　溧水人。
諸嗣郢　松江人。
李　鑰　揚州人。
查會生　寧國人。

劉欽鄰　揚州人。

蔣　埴　蘇州人。

朱　懀　上海人。

丁繩之　宣城人。

北　榜

張國城　舒城人。

孫繹武　無錫人。

鄭麒光　無錫人，復姓季①。

陳玉堪　武進人。

蔣以敏　江都人。

翁與之　常熟人。

王錫士　常州人。

劉梁嵩　江都人。

史　唐　溧陽人。

徐乾學　昆山人。

沈柱生　宣城人。

黃大呂　武進人。

① 「季」，《四庫》本作「李」。

江南通志卷一百三十二

選舉志

舉人 八

康熙二年癸卯科

共七十八人。

馬晋錫 六安人。
胡士著 江寧人。
張 喆 華亭人。

佘作鼎 全椒人。
吴本立 常州人。
諸定遠 昆山人。

張　瑾　江都人。
秦　弘　常州人。
曹有光　績溪人。
顧奕榮　長洲人。
邢開雍　當塗人。
韓　戈　揚州人。
龍　光　望江人。
吴一蜚　長洲人。
鄭橋生　邳州人。
喬　萊　寶應人。
魏康孫　繁昌人。
阮士鵾　江寧人。
陶虞飃　全椒人。
張　琴　泰州人。
任光世　舒城人。
朱　陶　江都人。

汪　虬　繁昌人。
劉　楷　南陵人。
張　英　安慶人。
侯麟勳　無錫人。
丁　熙　無錫人。
程文彝　松江人。
劉　鑣　鎮江人。
賈良璧　高郵人。
歸允肅　常熟人。
秦鉅倫　常州人。
鄒　嶧　山陽人。
謝文運　溧水人。
張其翰　無錫人。
楊　務　興化人。
荆衍穀　丹陽人。
田龔商　安東人。

王廷謀　涇縣人。
胡開生　涇縣人。
淩印華　五河人。
倪長犀　贛榆人。
劉謙吉　淮安人。
張　琦　潁州人。
顧嗣旦　蘇州人。
鮑允隆　常州人。
宗　範　如皋人。
李欽式　金壇人。
顧　書　常熟人。
白彦良　武進人。
丁人傑　通州人。
劉始恢　山陽人。
汪士裕　江都人。
陳　菁　江寧人。

殷　鼎　高郵人。
周爰訪　吴江人。
于棟如　金壇人。
沈　攀　吴江人。
史繼鰌　江都人。
顧　梅　太倉人。
盛　彰　靖江人。
王項齡　華亭人。
賈其音　高郵人。
吴　山　金壇人。
王家相　徽州人。
管父才　崇明人。
王履同　無爲州人。
裴天錫　江陰人。
任文煒　溧水人。
陸　坤　長洲人。

陳　哲　廣德人。

周邦鼎　吴縣人。

劉長發　揚州人。

章世德　池州人。

北　榜

陳鼎元　通州人。

陳啓貞　儀（徵）〔真〕人。

黄礽緒　崇明人。

張世綬　松江人。

李　銘　溧水人。

楊　珂　武進人。

劉賓廷　長洲人。

趙廷珪　常熟人。

汪懋麟　江都人。

梁于淇　南陵人。

張　楷　江都人。

王　賓　揚州人。

朱　虹　吴江人。

何朝宗　通州人。

曹　禾　江陰人。

張光第　江陰人。

吴元龍　松江人。

汪德新　歙縣人。

李元圃　海門人。

越　闓　本姓江，江都人。

康熙五年丙午科

共六十三人。

儲方慶　宜興人。

吴　苑　歙縣人。

董　闇　吴江人。

徐焕龍　宜興人。

王曰會　溧陽人。

任　昌　溧陽人。

王家棟　金壇人。

項亮臣　歙縣人。

高文思　潛山人。

陶　敬　江寧府人。

賈延懿　太倉人。

黄其代　江寧府人。

顧芳菁　吴縣人。

程式琦　揚州人。

儲善慶　常州人。

儲　振　宜興人。

魏麟徵　溧陽人。

唐　勳　潁州人。

荆元鑨　丹陽人。

孫　炅　太倉人。

龍雲澍　當塗人。

逍　統　溧水人。

彭士若　儀(徵)〔真〕人。

林　翹　太平人。

謝玉成　祁門人。
張玉履　泰興人。
施　翊　寧國人。
項龍章　徽州人。
汪浩然　歙縣人。
詹　宇　寧國人。
錢瀛登　丹徒人。
羅秉倫　江寧人。
盧肇坊　淮安人。
張　星　鎮江人。
于漢翔　金壇人。
陳二酉　長洲人。
支　憲　蘇州人。
張循陔　揚州人。
陸在新　長洲人。
余　恭　休寧人。

史逸孫　鎮江人。
高爾公　武進人。
李鳴鳳　南陵人。
徐石芝　通州人。
王　掞　太倉人。
梁浩之　揚州人。
顧　智　丹徒人。
周如璋　丹徒人。
繆錦宣　吴縣人。
徐羽儀　淮安人。
金維寧　上海人。
夏　聲　六安人。
梁湘之　揚州人。
王兆熊　淮安人。
田　鉉　泰州人。
許承家　江都人。

趙國權　江陰人。
吳　標　崇明人。
楊言書　常州人。
湯原振　常州人。

北榜

李　錦　江都人。
張問達　江都人。
程　濬　儀（徵）〔真〕人。
馬鳴鑾　昆山人。
沈支炳　武進人。
施則曾　無錫人。
王　渼　常熟人。
張玉裁　丹徒人。
史逸嗣　金壇人。
王錫眉　金壇人。

戎正中　句容人。
梅　錥　宣城人。
莊　搢　武進人。

丁　瑮　長洲人。
葉　燮　吳江人。
許維楫　武進人。
顧貞觀　無錫人。
蔣　伊　常熟人。
吳守棨　武進人。
章耿光　江陰人。
程邦傅　歙縣人。
朱鴛鷺　泰興人。

康熙八年己酉科

共七十三人。

牛奎渚　揚州人。
許孫荃　合肥人。
黄　立　太倉人。
張　寅　寶應人。
李天印　昆山人。
陳　琮　高郵人。
江允汭　通州人。
周世祥　吴縣人。
陸　虬　吴縣人。
姚宗仁　繁昌人。
張新杼　山陽人。
戴京生　泰興人。

張我抱　揚州人。
江之泗　桐城人。
錢三錫　太倉人。
任振世　舒城人。
畢天庚　蕪湖人。
過于飛　長洲人。
朱世奕　靖江人。
趙申喬　常州人。
貢　璪　上元人。
江同淇　安慶人。
鍾于序　溧陽人。
黄迪先　歙縣人。

孟安世 安慶人。
王元臣 青浦人。
徐鳳喈 金壇人。
邵亮工 徽州人。
汪　陶 休寧人。
陳天錫 蘇州人。
吳　瞻 長洲人。
葉蔭生 揚州人。
許繼梃 武進人。
張嵩齡 吳縣人。
何金蘭 丹徒人。
荆洪楊 丹徒人。
李廷弼 貴池人。
吳履聲 江寧人。
金相玉 高郵人。
錢世熹 五河人。

葉　炳 江寧人。
朱廷鉉 江陰人。
徐紹孫 泰州人。
儲善閎 宜興人。
程　孟 歙縣人。
王原祁 太倉人。
張　惇 寧國人。
宋　鳳 蘇州人。
顔象淳 丹陽人。
仇瑞麟 宜興人。
沈復昆 丹徒人。
佴　璿 揚州人。
王　愷 丹徒人。
張　祚 如皋人。
薛渭英 江陰人。
王　度 高郵人。

郭　昂　寶應人。
孟亮揆　蘇州人。
劉大匡　懷寧人。
陳　瑄　高郵人。
曹于京　鎮江人。
徐天署　常州人。
何琴雅　宜興人。
蔣　彪　儀（徵）〔真〕人。
劉彦曉　潁州人。

北　榜

惲啓巽　武進人。
劉芳世　江都人。
鮑鼎銓　無錫人。
朱　雲　吴縣人。
顧昌祚　上海人。

陳昂霄　吴縣人。
季象雷　揚州人。
吴文鎔　常州人。
吴　琇　溧陽人。
王孫駿　泰州人。
卞士弘　丹徒人。
李毓英　全椒人。
林　鍾　無錫人。

吴廷燮　徐州人。
王　錚　金壇人。
宫夢仁　泰州人。
吴應協　宜興人。
顧需枚　昆山人。

吳兆龍　宜興人。
李　葉　改名枏，興化人。
徐人鳳　武進人。
於同麟　潁州人。
錢　瓚　常熟人。
施文標　常熟人。
張　集　青浦人。
徐秉義　昆山人。
陸士炳　常熟人。
周之貞　武進人。
顧　汧　長洲人。

共六十三人。

康熙十一年壬子科

陸　興　宜興人。
王之瑚　丹徒人。
王　康　寶應人。
顧　焯　嘉定人。
張　守　上海人。
芮　超　當塗人。
成康保　寶應人。
程　瑞　蘇州人。
夏乾御　昆山人。
王一經　泰州人。
包　咸　吴江人。
吳元臣　常州人。

王司龍　江都人。
吴世杰　揚州人。
楊　绿　宣城人。
項亦鑾　吴縣人。
尚印調　山陽人。
吴師洛　如皋人。
吴世基　無爲州人。
王緝基　青浦人。
范　繦　婁縣人。
崔學古　寧國人。
張啓印　上海人。
程　遠　靖江人。
王吉武　太倉人。
陳悦旦　高淳人。

顧〔洪〕①善　昆山人。
周　昉　吴江人。
梁士建　懷寧人。
孫朝慶　宜興人。
彭定求　長洲人。
韓　竹　天長人。
華　勤　無錫人。
張發祖　丹陽人。
史秉直　江寧人。
錢二白　常州人。
陸象明　太倉人，本姓周。
吴　蘭　歙縣人。
顧　峵　常州人。
魏壽期　太平人。

① 據《四庫》本補。

金大成　蘇州人。
周　烈　廣德人。
陳維城　巢縣人。
陳啓文　興化人。
吳之騄　儀（徵）〔真〕人。
歐陽旭　鎮江人。
張　睿　淮安人。
何綏來　青浦人。
郯金書　無錫人。
尤　何　吳縣人。
王允持　無錫人。
丁宗閔　當塗人。

北　榜

韓　菼　長洲人。
翁叔元　常熟人，永平衛籍。

梅子魁　合肥人。
施邦彦　崇明人。
盛樹廉　江陰人。
徐世濂　昆山人。
徐　陟　合肥人。
王鳳孫　溧陽人。
黃學懃　南陵人。
王廷楝　儀（徵）〔真〕人。
吳　玶　宜興人。
馬　翀　無錫人。
夏迪忱　廣德人。

茅薦馨　宣城人。
姚士基　桐城人。

張仕可　鎮江人。

康熙十四年乙卯科

共六十三人。

施震銓　蘇州人。
何允謙　江寧人。
許　坦　淮安人。
王緝植　昆山人。
徐元灝　吴江人。
錢士鋐　吴江人。
（邱）〔丘〕時成　六安人。
彭會淇　溧陽人。
吴　鷴　黟縣人。
王國彦　涇縣人。
沈旭初　昆山人。

張弘仔　宜興人，燕山衛籍。

岳鰲圖　武進人。
葛　筠　丹陽人。
劉開國　沭陽人。
何　寛　山陽人。
張震林　宣城人。
錢安世　武進人。
顧　藻　崇明人。
王　英　高郵人。
沈　藻　華亭人。
錢　壘　蘇州人。
吴　澄　吴縣人。

潘邦彦 溧陽人。
李岳頒 吳縣人。
華 黄 常州人。
荆元實 鎮江人。
趙世鐸 常熟人。
胡文煥 太平人。
劉洛中 淮安人。
陸德元 蘇州人。
顧 琛 嘉定人。
蔣陳錫 常熟人。
徐 匡 嘉定人。
王祈鞏 蘇州人。
陸 圻 昆山人。
張道源 蘇州人。
楊 垣 松江人。
許嗣隆 如皋人。

費 著 壽州人。
張 豹 安東人。
黄亮可 太倉人。
李湞仁 揚州人。
沈 業 華亭人。
劉嗣季 泰興人。
湯采尹 宣城人。
惠 潤 江陰人。
陳公球 江寧人。
戴本長 婺源人。
顧九金 揚州人。
封 鄰 泰興人。
蕭雲起 揚州人。
尤 珍 長洲人。
汪 燮 江寧人。
陳于豫 天長人。

樊敬一　丹徒人。
羊　球　靖江人。
徐炳燕　宜興人。
周在亶　宜興人。
趙林玖　武進人。

北榜

王雲鳳　昆山人。
閔　瑋　上海人。
蘇翔鳳　常熟人。
葉舒崇　吴江人。
阮爾詢　宣城人。
于馮宰　金壇人。
吴　諶　長洲人。
陸以恬　太倉人，承德縣籍。

蔣　曜　江都人。
朱文龍　嘉定人。
保　珽　通州人。
宋際運　高郵人。

劉　凡　潁州人。
劉肇沛　潁州人。
王際康　南陵人。
許承宣　江都人。
董佩笈　武進人。
顧曾頤　吴縣人，本姓沈。
葉　渟　昆山人。

康熙十六年丁巳科

共八十七人，俱貢監生。

潘麒生　溧陽人。
柴鳳藻　昆山人。
張孟球　蘇州人。
王　抑　太倉人。
張如錦　長洲人。
蔣　勳　長洲人。
宋志梁　婁縣人。
唐　泓　太倉人。
劉　愈　山陽人。
湯正垣　江都人。
魯　瀾　揚州人。
陳時泰　溧陽人。
馮　哲　金壇人。
胡年穎[1]
汪晋徵　休寧人。
彭寧求　長洲人。
李之珩　廬州人。
楊　崘　太倉人。
張　斗　江寧人。
吕仲吕　淮安人。

① 此人里籍原闕。

方　伸　南陵人。
方宣嚴　江寧人。
馮從雲　上元人。
申　賡①
李儒琛　高郵人。
蔣文瀾　吴縣人。
陳時震　江都人。
葛長祚　高淳人。
周世俊　宜興人。
劉國瀓　寶應人。
孫　皋
孔毓貞　太平人。
吴　嶽
張　緒　長洲人。

黄安國　崇明人。
吴有斐　武進人。
何康錫　華亭人。
葛雲藹　昆山人。
范　灦　江寧人。
金長庚　虹縣人。
柴　淹　太倉人。
王　治　天長人。
耿世際
姚士藟　安慶人。
黄　珂　六安人。
沈宗叙　婁縣人。
艾汝成　上海人。
秦　淵　長洲人。

① 此人及本頁耿世際、孫皋、吴嶽諸人名下里籍原闕。

胡　昆　涇縣人。
周宜振　無錫人。
吴之騋①
夏九叙　江都人。
汪　治　揚州人。
柯玉章　貴池人。
陸　韜
惲　華　武進人。
陳永思　昆山人。
張　友　宣城人。
汪　灝　蘇州人。
潘乘龍　涇縣人。
張敦臨　吴縣人。
郝之瑄　潁州人。

萬丹詔　宜興人。
盧　英　江都人。
胡岑齡　涇縣人。
雀　銑　寧國人。
汪廷簡　旌德人。
韋鍾藻
陸祖修　青浦人。
陸　琰　上海人。
徐　炯　昆山人。
申朝棟　長洲人。
錢　選　懷寧人。
陸肇昌　泰興人。
杜　雯　淮安人。
李遥轂　昆山人。

① 吴之騋及本頁韋鍾藻、陸韜名下里籍原闕。

胡　溶　寧國人。
顧　燇　長洲人。
宋元徵　廬江人。
江朝宗　上元人。
林　倬　泗州人。
叢克敬　江寧人。

北榜

王喆生　昆山人，青浦籍，解元。。
胡維正　休寧人。
倪　燦　上元人。
徐經遠　昆山人。
翁大中　常熟人。
申　珂　吴縣人。

湯　梁　長洲人。
秦之俊　江都人。
徐　雯　蘇州人。
吴階芝[1]
張嘉麟　蘇州人。
吴世恒　長洲人。
徐樹穀　昆山人。
儲右文　宜興人。
戴夢麟　揚州人。
孫　卓　宣城人。
王　治　天長人。

---

① 吴階芝名下里籍原闕。

張登第　順天籍，長洲人。
宋　宓　順天籍，長洲人。

康熙十七年戊午科

共七十三人。

宋　衡　廬江人。
江　筆　桐城人。
王　錦　山陽人。
虞　吉　宿松人。
張之昜　泰州人。
鍾文銘　宣城人。
陸　燧　松江人。
鄧紹焕　虹縣人。
鮑　薦　繁昌人。
畢天植　蕪湖人。

顧用霖　順天籍，長洲人。

潘應恒　上元人。
朱人特　泰興人。
董德其　嘉定人。
趙匡世　昆山人。
鄒　溶　吴縣人。
談　煜　宜興人。
曾金吉　太倉人。
朱而琦　昆山人。
陳嘉璧　華亭人。
朱雲渭　宜興人。

張顯祖　泰興人。
郁世焜　吴江人。
張振鳳　嘉定人。
汪尚銘　涇縣人。
張元嘉　揚州人。
史作弼　江寧人。
汪　舟　歙縣人。
曹泰會　上海人。
駱士鵬　丹徒人。
吴　楷　崇明人。
魏曰祁　興化人。
劉　準　潁州人。
吴永福　江陰人。
沈曾琦　吴縣人。
徐元貞　江寧府人。
曹　直　常州人。

王師旦　青浦人。
趙　俞　嘉定人。
吴　晟　嘉定人。
鮑鼎相　歙縣人。
楊大鶴　武進人。
昂天翮　合肥人。
吴侯度　歙縣人。
王令樹　泰興人。
夏雲來　吴縣人。
汪士楚　儀(徵)〔真〕人。
王鼎臣　高郵人。
盛安義　靖江人。
章廷表　全椒人。
許　銓　江都人。
任觀瀛　蕭縣人。
楊繼祖　金山衛人。

阮無忝　安慶人。
錢蜚熊　常熟人。
吳　穀　丹徒人。
周　漣　常州人。
張　瑗　祁門人。
張　霖　長洲人。
荆孝錫　丹陽人。
葛宗易　太平人。
王昌祚　高郵人。
高　位　常熟人。
李虎文　鎮江人。

北榜

李孚青　合肥人。
劉　承　潁州人。
曹泰曾　上海人。

于時相　金壇人。
周奇略　常州人。
譚正矩　太平人。
孫　謀　武進人。
周蕃孫　安東人。
金　釪　全椒人。
曹新標　泰興人。
危映璧　池州人。
周　藻　上元人。
何　牧　崇明人。
孫致彌　嘉定人。
阮　樫　上元人。
惲東生　武進人。

張恕可　丹徒人。　沈朝初　吴縣人。

康熙二十年辛酉科

共六十三人。

胡任輿　上元人，狀元①。　崔　揚　海門人。
張孝揚　吴縣人。　汪　薇　歙縣人。
陸肯堂　長洲人。　徐純修　青陽人。
萬廷詔　宜興人。　李符瑞　盱眙人。
薛景瑄　無錫人。　陳鳴皋　通州人。
趙昌祚　句容人。　謝舉安　無爲州人。
王功遜　建平人。　黄暉烈　武進人。
金　鉉　上元人。　王孫捷　泰州人。
華宗源　無錫人。　霍雲集　蕪湖人。

① 「狀元」，原文如此。按胡氏爲康熙三十三年狀元，本卷收録範圍系舉人，不必注此項信息。

吳戬穀　吳縣人。
黄夢麟　溧陽人。
黄元鍍　和州人。
章永祚　貴池人。
湯汝諧　宜興人。
張超彦　潛山人。
石爲崧　如皋人。
霍秉仁　丹徒人。
姚弘緒　婁縣人。
趙天潤　江陰人。
程　淞　徽州人。
馮　瑞　松江人。
史廷良　溧陽人。
姚田修　長洲人。
吳　荃　丹陽人。
陸遐昌　泰興人。

朱廷錦　江陰人。
梅　庚　宣城人。
劉弘謨　安慶人。
尤其旋　桐城人。
俞文虎　蘇州人。
蔡　鏞　金壇人。
高天驥　揚州人。
江清徵　徽州人。
吳　瑋　武進人。
陳　璡　高郵人。
俞兼善　揚州人。
孫　振　常州人。
周翼旦　太湖人。
朱緒濂　蘇州人。
儲　掄　宜興人。
喬衛聖　揚州人。

劉國定　武進人。
鹿　祐　穎州人。
余光全　潛山人。
錢廷銓　太倉人。
王　襄　宣城人。
程　儀　靖江人。
鄒何求　寶應人。

北　榜

陶自悅　武進人。
郁迴蘭　吴縣人。
金居敬　長洲人。
徐永寧　武進人。
劉　淙　常熟人。
徐　賓　華亭人。
金奇玉　昆山人。

高　璜　江陰人。
戚　懿　金山衛人。
馮　昕　金壇人。
趙　律　溧水人。
高　洪　無錫人。
金一蘭　當塗人。

史　夔　溧陽人。
莊清度　武進人。
朱之敦　吴縣人。
姚　蘋　長洲人。
周　藻　常熟人。
路　垓　華亭人。

康熙二十三年甲子科

共七十三人。

潘宗洛　宜興人。
馬　曾　靖江人。
毛　真　武進人。
戴有祺　金山衛人。
吴鴻章　丹徒人。
陸遇隆　上元人。
劉金聲　靖江人。
趙申初　蘇州人。
朱太復　無爲州人。
王作舟　宣城人。
趙廷璟　常熟人。
戴華簪　巢縣人。
劉孟蕘　靖江人。
金祖彬　吴江人。
李國宋　興化人。
丁腹松　海門人。
尹際昌　廬州人。
魏曰郁　興化人。
魏一川　長洲人。
汪振蒞　旌德人。
曹新里　江寧人。
吴羽翽　武進人。
甯世紀　潁州人。
李紳文　潁州人。

張　淵　婁縣人。
馬文煜　宜興人。
李登瀛　華亭人。
張廷和　吴江人。
徐勿休　無錫人。
荆毓昆　丹陽人。
宋景琇　長洲人，本姓陳。
邊　修　常州人。
甘　超　蕪湖人。
房蘭若　揚州人。
錢天定　常熟人。
史逸堂　金壇人。
季　愈　寶應人。
葉弘綬　昆山人。
瞿　佩　天長人。
李敦倫　海門人。
汪　楠　安慶人。
陸　毅　太倉人。
淩嘉藻　歙縣人。
吴　標　上元人。
孫自箴　武進人。
方從孝　休寧人。
趙嗣晋　廣德人。
張祖鎬　常州人。
錢　鵬　安慶人。
王時憲　蘇州人。
趙錫仁　江陰人。
薛元敏　江陰人。
黄承初　舒城人。
汪必遠　貴池人。
周日接　嘉定人。
江廣譽　安慶人。

程文正　江都人。
程紹伊　江寧人。
郁士選　宜興人。
楊學溥　金壇人。
許肇起　淮安人。
陳星霖　五河人。
侯文禧　無錫人。
范　翯　吳縣人。
王　溥　定遠人。

北榜

高　曜　婁縣人。
陶元淳　常熟人。
施是培　婁縣人。
瞿孝春　常熟人。
蔣金式　武進人。

汪澤灝　宣城人。
吳寧謐　淮安人。
孫光祚　寧國人。
湯傳榘　長洲人。
張龍瑞　無錫人。
徐潁績　天長人。
方之鐸　貴池人。
張　旦　歙縣人。
陳學洙　長洲人。
朱　旂　無錫人。
宋大業　長洲人。
劉令謨　武進人。
潘從律　溧陽人。

姚　釗　婁縣人。

仲以嘉　寶應人。

陳于荊　天長人。

吳一德　無錫人。

邵　觀　(太)〔大〕①興籍，長洲人。

徐樹聲　昆山人。

徐樹屏　昆山人。

共六十三人。

康熙二十六年丁卯科

張兆鵬　吳縣人。

吳謀公　宣城人。

王兆弼　蕪湖人。

王奕清　太倉人。

方　邃　壽州人。

楊汝穀　懷寧人。

蔡王貞　長洲人。

吳世珍　建平人。

薛士仁　武進人。

趙鳳詔　武進人。

金秉哲　江陰人。

張永申　上海人。

① 據《四庫》本改。

何　炯　長洲人。
吳震生　常熟人。
趙申季　武進人。
崔　峻　武進人。
朱　宸　寶應人。
史呂言　宜興人。
呂俊民　溧陽人。
潘軼美　松江人。
莊廷偉　武進人。
郁　煒　太倉人。
王　貞　華亭人。
周邦屏　吳縣人。
呂攀龍　建平人。
周德瀜　嘉定人。
吳晋趾　武進人。
孫　掄　揚州人。

王　傑　高淳人。
張孝時　吳縣人。
王　蕙　高郵人。
趙建中　上元人。
文神駿　蘇州人。
高克謩　揚州人。
吳世壽　高郵人。
夏　翔　合肥人。
嚴　煜　吳江人。
李德峻　泰興人。
方之鏞　貴池人。
徐樹敏　昆山人。
劉國宸　寶應人。
徐樹本　昆山人。
羅士修　宿松人。
丁　森　寧國人。

狄　億　溧陽人。
張逸少　丹徒人。
王孔祚　太平人。
錢　旆　安慶人。
經天衮　徐州人。
吳孟龍　徽州人。
管　忱　長洲人。
李天祜　揚州人。
吳元詒　松江人。
王士造　興化人。

北榜

唐孫華　太倉人。
張王奭　華亭人。
繆繼讓　昆山人。
唐鴻舉　歙縣人。

沈聖願　沛縣人。
金一鳴　太平人。
安　嘉　常州人。
周玉甲　崇明人。
歸　梁　嘉定人。
王原博　太倉人。
甯濟美　潁州人。
蔣文淳　蘇州人。
駱鳴騶　江寧府人。

張尚瑗　吳江人。
王　原　青浦人。
史　伸　江都人。
徐樹庸　昆山人。

吳暻 太倉人。 李炳石 興化人。
沈博 江寧人。 顧楷仁 長洲人。
任奕鑾 懷寧人。 喬崇烈 寶應人。

康熙二十九年庚午科

共六十三人。

劉輝祖 安慶人。 蔣家駒 丹陽人。
王元位 吳縣人。 儲欣 宜興人。
王褱 合肥人。 裴之仙 丹徒人。
楊艮 溧陽人。 成永健 鹽城人。
張大受 嘉定人。 陳春明 常熟人。
陸建運 太倉人。 吳源懋 句容人。
吳昺 全椒人。 施雲錦 無錫人。
楊茲 六安人。 朱元英 上元人。
王世濟 無錫人。 馮址 鎮江人。

董　麒　長洲人。
于　采　金壇人。
姚士黌　安慶人。
姜兆錫　丹陽人。
吴茂陵　潁州人。
王昌學　句容人。
黄元成　廬江人。
孫維祺　廬江人。
陳　萇　吴江人。
馮　瑄　江寧人。
聶　恒　松江人。
吴琦起　武進人。
管學淮　長洲人。
陳　璋　長洲人。
錢晋玨　長洲人。
張遇隆　安慶人。

佘　敬　和州人。
汪　倓　吴縣人。
張　煌　寧國人。
高世傑　句容人。
顧三典　長洲人。
徐必泰　太平人。
岑　岳　建平人。
黄遐昌　寧國人。
王　鎬　上海人。
萬　勳　宣城人。
許志進　淮安人。
陳　璟　宣城人。
陳　衎　通州人。
李　蟠　徐州人。
李廷樞　無錫人。
楊名時　江陰人。

宣　芸　句容人。
姚孔錞　安慶人。
湯　偉　宣城人。
張　臺　長洲人。
周景岷　吴江人。
劉貞吉　上海人。
李生雲　廬江人。

北　榜

俞化鵬　壽州人。
程本節　合肥人。
陶爾禭　青浦人。
張　昺　金山衛人。
姜　遴　華亭人。
張　鴻　上海人。
吴一元　本姓王，無錫人。

張聖啓　通州人。
羅光忻　江寧人。
程　湜　儀(徵)〔真〕人。
張德純　青浦人。
董之燧　天長人。
邵　衡　溧水人。

惠周惕　吴縣人。
潘秉晋　溧陽人。
宋恭貽　鹽城人。
張虞惇　華亭人。
王　誥　江都人。
鮑　開　常熟人。
駱民新　和州人。

康熙三十二年癸酉科

共六十三人。

盛　度　靖江人。
陸廷璧　嘉定人。
陸緝宗　昆山人。
陸孫續　常熟人。
杜光先　泰州人。
張永銓　上海人。
吴景高　武進人。
王　孚　高淳人。
鄭世馨　儀（徵）〔真〕人。
沈世求　吴江人。
洪有倬　青陽人。
薛祖順　武進人。
吴德修　江都人。
王之垣　昆山人。
王寧長　金壇人。
費洪學　吴江人。
於景熹　嘉定人。
金　鏗　江寧府人。
楊開沅　山陽人。
程　湄　江都人。
宋漢章　本姓裴，華亭人。
陳　杰　高郵人。
史　勵　金壇人。
郁　瑞　江寧人。

張御衣　壽州人。
王三錫　南陵人。
顧兹智　長洲人。
蔣　暠　鎮江人。
何如栻　丹徒人。
儲若愚　宜興人。
姜大焕　昆山人。
顧開陸　長洲人。
董際昌　涇縣人。
唐麟翔　泰州人。
朱　濡　江都人。
諸　枚　無錫人。
朱　冀　吴縣人。
荆龍章　鎮江人。
陸　錦　崇明人。
施謙吉　無錫人。

秦巽權　無錫人。
張　默　高郵人。
史　泓　揚州人。
查廷獻　太湖人。
沈大雅　蘇州人。
周定範　武進人。
宋堯英　昆山人。
林弘宗　合肥人。
張　洙　泰州人。
程　焕　揚州人。
鄭　覲　武進人。
錢　珂　青浦人。
鄒慎瞻　武進人。
徐鳴鸞　太平人。
梅以燕　宣城人。
湯　倬　宣城人。

楊　樸　太平人。
歸顧盧　常熟人。
劉念椿　松江人。
左　藻　桐城人。

北榜

劉　巖　江浦人。
徐聞濩　武進人。
萬晉豐　宜興人。
唐廷仕　上海人。
叢　澍　江寧人。
吴廷揆　華亭人。
趙徵介　常熟人。

康熙三十五年丙子科

共八十三人。

張　霙　揚州人。
劉　演　常州人。
李日躋　潁州人。

廖鳳徵　婁縣人。
李　曙　婁縣人。
章鏡承　吴縣人。
姚士陛　桐城人。
顧圖河　江都人。
汪　繹　常熟人。
楊文鐸　江都人。

朱士履　上元人。
鄭　懋　靖江人。
何　煜　長洲人。
曹友夏　金壇人。
張仕驤　宣城人。
曹　遴　泰興人。
袁　熹　本姓焦，金山衛人。
周　松　吴江人。
尹迪哲　霍（邱）〔丘〕人。
魏嘉琬　儀（徵）〔真〕人。
汪國璿　無爲州人。
章禮朝　貴池人。
張廷玉　桐城人。
徐　琛　吴縣人。
湯士蛟　宣城人。

陳　均　江陰人。
吴　崇　宜興人。
荆圖南　丹陽人。
徐大中　上海人。
陳光表　儀（徵）〔真〕人。
魯　直　全椒人。
郭　鉽　揚州人。
吴邦基　全椒人。
蔡　垡　上元人。
汪升英　休寧人。
陳嘉猷　溧陽人。
王昭被　太倉人。
鄧光遠　蕪湖人。
姜朝勳　丹陽人。
徐學柄　上海人。

張思默　丹徒人。
于偉績　金壇人。
蔡維城　青浦人。
(邱)〔丘〕邁　山陽人。
程　琛　池州人。
鄭　駰　長洲人。
謝方琦　宜興人。
趙友沆　常熟人。
程繩武　太平人。
黄朝元　常熟人。
吴本周　高淳人。
王　翼　無錫人。
吴庸勳　吴江人。
方願仁　揚州人。
張舜緒　山陽人。
龔晋錫　常熟人。
巫楨孫　廣德人。
陳　發　長洲人。
梅琢成　寧國人。
張廷超　句容人。
倪典學　山陽人。
葉　佳　江寧人。
宫懋言　泰州人。
阮應商　山陽人。
毛　俊　太倉人。
馬卿寀　江陰人。
宫建章　鳳陽人。
顧惟訥　婁縣人。
徐　上　江寧人。
楊慶復　桐城人。
李　佺　懷遠人。
金　樾　江浦人。

楊騰飛　當塗人。
吳蔚起　歙縣人。
陳二典　婁縣人。
林　謙　和州人。
陸祖望　武進人。
虞景星　鎮江人。
王譽處　泰州人。
張　棠　婁縣人。
董基寅　江寧人。
李浣玉　淮安人。
孫兆奎　興化人。

北　榜

昝茹穎　懷寧人。
顧秉直　長洲人。
趙友夔　常熟人。

王世興　句容人。
申朝楨　吳縣人。
許迎年　揚州人。
吳顧瞻　婁縣人。
王　焜　長洲人。
陳沂震　吳江人。
王　謌　太倉人。
胡柏齡　太平人。
王志援　建平人。
張必新　高淳人。

錢志彤　丹徒人。
俞　梅　泰州人。
翁振翼　常熟人。

汪士鋐　吴縣人。

王　晦　嘉定人。

周　彝　吴縣人。

宋聚業　吴縣人。

管昂發　長洲人。

廖賡謨　華亭人。

王元蘅　上元人，原籍溧水。

陸秉鑑　吴縣人。

王　蓍　太倉人。

湯啓聲　江都人。

沈曾純　吴縣人。

王辛元　江陰人。

江爲龍　桐城人。

祝萬選　本姓錢，武進人。

江南通志卷一百三十三

選舉志

舉人　九

康熙三十八年己卯科

共九十三人。

方苞　桐城人。　　史普　溧陽人。

周畿　宜興人。　　馬尹　常熟人。

韓孝嗣　長洲人。　　秦學洙　蘇州人。

周　翥　太倉人。
林　鏡　婁縣人。
甯世藻　潁州人。
汪國儀　和州人。
曾　倬　常熟人。
王履仁　江都人。
夏　瑜　當塗人。
錢名世　武進人。
周　恒　溧陽人。
杜定京　蘇州人。
顏　敏　鹽城人。
汪　份　長洲人。
須　洲　武進人。
陶正芳　揚州人。
張　翥　江都人。
張　部　鳳陽人。

王　鑛　鹽城人。
陳錫爵　青浦人。
何如梓　鎮江人。
張鍾岳　宜興人。
張　綏　華亭人。
王懋訥　寶應人。
沈從隆　長洲人。
許　穀　常熟人。
趙啓賢　太湖人。
周振緒　華亭人。
鄧　輝　上元人。
顧　陞　無錫人。
鄒　增　山陽人。
潘　旂　宜興人。
劉肇锳　揚州人。
姚孔鈛　安慶人。

張秉亮 上元人。
吳兆選 桐城人。
張鳴皋 丹徒人。
崔德峻 太平人。
嚴德垕 蘇州人。
汪　琳 常熟人。
游杏苑 壽州人。
周　昶 桐城人。
朱周士 昆山人。
蔣錫震 宜興人。
郁士超 宜興人。
蘇鍾嵋 石埭人。
諸　晋 青浦人。
徐永宣 武進人。
吳瞻淇 歙縣人。
蔣　麟 婁縣人。

王時中 上元人。
單雲瑞 常熟人。
王圖炳 華亭人。
高建才 金壇人。
李滋霖 懷遠人。
陳程鵬 華亭人。
黄秉銓 溧陽人。
俞庭棟 蘇州人。
金　彝 休寧人。
孔毓璣 江陰人。
秦源寬 無錫人。
謝　陞 南陵人。
陳人文 溧陽人。
范光晨 江陰人。
楊飛熊 宜興人。
蔡御乾 蘇州人。

蔡一楷　休寧人。
劉京鎬　靖江人。
秦樹績　常州人。
錢　濬　太倉人。
張學庠　蘇州人。
倪文輝　崇明人。
戈　輯　常州人。
吴廷炯　江寧府人。
江　源　如皋人。
施宏任　無錫人。
李舒春　宜興人。
徐　斌　上元人。

程　彦　武進人。
盧階升　長洲人。
何光遠　桐城人。
沈元煉　溧陽人。
(邱)〔丘〕聞衣　山陽人。
程　喈① 歙縣人。
李生渤　盧江人。
孔幼儀　高淳人。
周永祺　常州人。
賈　珩　高郵人。
岑鳳池　建平人。

①「喈」,《四庫》本作「皆」。

北榜

王守烈 常熟人。

狄 字 溧陽人。

賀洪道 丹陽人。

蔣廷錫 常熟人。

顧嗣立 長洲人。

趙熊詔 武進人。

廖賡融 婁縣人。

費士龍 溧陽人。

韓孝基 長洲人。

唐執玉 武進人。

魏嘉謀 繁昌人。

劉師恕 寶應人。

史貽直 溧陽人。

嚴 密 長洲人。

張三第 長洲人。

胡承謀 涇縣人。

莊 擢 武進人。

張 翮 上海人。

劉 墀 武進人。

賀秉源 丹陽人。①

① 「賀秉源」條據《四庫》本補。

康熙四十一年壬午科

共八十三人。

吴楚奇　鳳陽人。
李茂才　婺源人。
陳起春　溧陽人。
張維煦　華亭人。
胡伯炯　績溪人。
吴　樞　太倉人。
王　麟　和州人。
徐　駿　蘇州人。
張公望　含山人。
喬兆棟　寶應人。
周金簡　常州人。
彭　隅　溧陽人。
袁天衢　靖江人。
馮　昺　蘇州人。
王式丹　寶應人。
金碩佺　休寧人。
劉植敬　昆山人。
張有石　含山人。
喬　儆　揚州人。
劉嘉本　江陰人。
柯天健　南陵人。
黄運開　崇明人。
李射斗　無錫人。
金　森　吴縣人。

吳之瑄 常熟人。
沈 儼 鹽城人。
繆 詵 常州人。
嚴 容 句容人。
張自超 高淳人。
過崧孫 和州人。
朱基慶 靖江人。
王 霖 上元人。
許攀桂 宜興人。
褚 愈 長洲人。
楚重光 當塗人。
王 粵 江寧人。
曹思義 無錫人。
錢 瀓 太倉人。
朱 琬 無錫人。
陶立忠 鹽城人。

張 梁 婁縣人。
朱國蘭 休寧人。
王 爵 江都人。
蔡學洙 江寧人。
曹士奇 懷寧人。
陳 絜 石埭人。
劉應襃 鳳陽人。
馬 益 常熟人。
王應珮 望江人。
周 憲 淮安人。
鄭禄天 無錫人。
陳 蔚 懷寧人。
潘寀鼎 溧陽人。
荆雲駿 丹陽人。
楊 淮 泰州人。
包爾純 上海人。

楊企震　武進人。
周天成　上元人。
張覲光　嘉定人。
范仁沛　江寧府人。
楊　潭　蕪湖人。
成　申　寶應人。
汪以忠　廬江人。
劉方泓　靖江人。
劉朝講　高淳人。
賈邦楨　高郵人。
章玉樹　江陰人。
黃振鷺　溧陽人。
陳元度　江都人。
趙炳文　吴江人。

程　璲　池州人。
陸應龍　溧陽人。
朱　纘　揚州人。
黃師瓊　蘇州人。
林殿楨　江浦人。
許　進　桐城人。
張睿思　長洲人。
徐嘉璟　宜興人。
吴作舟　潁州人。
郭芑傳　長洲人。
汪　鈞　長洲人。
陳永謨　天長人。
張聖教　崇明人。

北榜

時圯授　嘉定人。
雲中官　廣德州人。
朱廷宁　靖江人。
卞咸和　江都人。
朱　書　宿松人。
張澤嫈　婁縣人。
嵇曾筠　無錫人。
錢榮世　武進人。
李　楝　興化人。
湯大輅　江陰人。
李無逸　句容人。
王嘉猷　本姓蔣，武進人。
劉　洽　武進人。
曹志宏　歙縣人。
蔡　嵩　上海人。
施　燾　無錫人。
吴　早　全椒人。
王文師　儀（徵）〔真〕人。
龔銓安　武進人。
王允文　長洲人。
程永禮　常熟人。
王德修　長洲人。
朱　鉉　長洲人。

欽　賜①

何　焯　長洲人。

康熙四十四年乙酉科

共九十六人。

趙　音　無錫人。

孫宗緒　興化人。

汪洄民　六合人。

華　謙　金山衛人。

金時芳　江都人。

張儲穀　寶應人。

吴資生　蘇州人。

俞景炤　蘇州人。

錢　倬　吴江人。

孫達和　吴江人。

徐陶璋　昆山人。

周　楨　句容人。

李炳旦　興化人。

宣　魯　安慶人。

① 《四庫》本脱此二字。

陸方濤　吴江人。
李長庚　武進人。
陸榮源　松江人。
李　蒸　興化人。
方一韓　壽州人。
杭　蕃　泰州人。
陳厚耀　泰州人。
張觀瀾　江陰人。
蔣　漣　常熟人。
朱金山　靖江人。
王　澍　金壇人。
金殿詔　江都人。
孫秉均　徽州人。
後天祐　寧國人。
吴紹方　桐城人。
王作賓　合肥人。

蔣　進　高郵人。
盧　香　如皋人。
余光耿　婺源人。
吴士玉　吴縣人。
繆曰藻　吴縣人。
沈作霖　吴江人。
陶元運　通州人。
吴　崧　歙縣人。
何其偉　武進人。
徐天瑞　吴江人。
王圖炟　華亭人。
劉　炳　鹽城人。
劉秉鉉　無錫人。
陳　埓　蘇州人。
蔣學海　長洲人。
劉金章　靖江人。

王奕鴻　太倉人。
汪　越　寧國人。
李玉鋐　揚州府學，通州人。
張　鉞　山陽人。
李仁齡　建德人。
鞠孫樓　婁縣人。
翟一枝　涇縣人。
夏申書　揚州人。
陸允斌　崇明人。
程　塏　安東人。
洪　澤　歙縣人。
盧　翀　黟縣人。
楊　曦　當塗人。
程　鏊　安東人。
張　鵬　興化人。
阮體元　宣城人。

吳　驄　安慶人。
方景詡　昆山人。
路　衡　常州人。
潘建功　山陽人。
徐作膺　興化人。
盧　廣　潁州人。
郁　芬　松江人。
陸賜書　長洲人。
潘寧引　溧陽人。
張　越　太倉人。
汪守鑾　徽州人。
戴兆佳　建平人。
汪　璥　休寧人。
何隆遇　桐城人。
鄒奕鳳　長洲人。
程有則　蘇州人。

叢方菡　如皋人。
孫　基　鳳陽人。
秦芝田　無錫人。
張希聖　旌德人。
張　霽　祁門人。
徐學海　吴縣人。
胡　壂　建德人。
劉志垣　潁州人。
茆振旃　宣城人。

北　榜

楊祖楫　武進人。
孫　順　吴江人。
秦道然　無錫人。
沈廷藻　溧陽人。
王圖熹　婁縣人。

洪　瀛　繁昌人。
蔣　洞　常熟人。
胡　昆　貴池人。
張景崧　吴縣人。
張　球　六安人。
桂　翔　石埭人。
王希曾　崇明人。
涂學詩　江寧人。
劉方沛　靖江人。
楊錫恒　華亭人。
徐　振　青浦人。
俞　儀　長洲人。
黄　越　上元人。
齊方起　桐城人。

張鵬翮　武進人。
沈天寶　吴江人。
張　機　丹徒人。
蔣芳洲　武進人。
莊　楷　武進人。
繆　沅　泰州人。
吴交淵　金壇人。
王玉璿　大興籍，上元人。

康熙四十七年戊子科

共八十六人。

惠士奇　蘇州人。
鄭　楝　吴縣人。

吴　翊　太倉人。
李　暘　婁縣人。
李嗣發　吴縣人。
戴名世　桐城人。①
張起麟　華亭人。
陳王謨　吴江人。
張　鏞　無錫人。
張　鈺　大興籍，江寧人。

儲高文　常州人。
鄭文徵　涇縣人。

① 《四庫》本删戴名世。

姚士勷　旌德人。
劉信嘉　淮安人。
周　偉　懷寧人。
葛舒英　蕪湖人。
吳　澍　宜興人。
劉　燾　南陵人。
高　琰　巢縣人。
黃　容　溧陽人。
方應翼　宿松人。
楊夢琰　丹徒人。
張　衮　上海人。
濮陽慎行　宣城人。
龔相玉　昆山人。
錢人龍　武進人。
馬受曾　溧陽人。
邢大用　江陰人。

洪　濯　歙縣人。
王景獻　昆山人。
王懋竑　揚州人。
王如芳　武進人。
郭森桂　蘇州人。
袁載錫　青浦人。
趙鯉詔　常州人。
喻覲采　鳳陽人。
黃體先　歙縣人。
王　瑋　蘇州人。
朱　永　昆山人。
吳弘增　徐州人。
宗九齡　常熟人。
徐旦齡　崇明人。
馮　洪　鎮江人。
狄貽孫　江寧人。

史鴻勳　溧陽人。
黄　瓚　休寧人。
曹鑑臨　婁縣人。
狄鹿祥　溧陽人。
徐景義　泰州人。
張書紳　上海人。
馮汝軾　吴縣人。
汪　誠　歙縣人。
陳昌會　江寧人。
羅大衍　宿松人。
汪鶴皋　江陰人。
王圖煒　婁縣人。
申　瑋　吴縣人。
孫念祖　全椒人。
陳自牧　石埭人。
惲鶴生　常州人。

沈　鎬　望江人。
王鳳池　太倉人。
管　植　吴縣人。
陳以剛　天長人。
嚴禹沛　常熟人。
汪起鳳　青陽人。
倪　溥　吴江人。
梅鼎臣　歙縣人。
謝紹仁　銅陵人。
丁　善　淮安人。
張曰偉　揚州人。
趙志增　泗州人。
王　鉉　蘇州人。
方　伯　潁州人。
陸懋恩　上海人。
卜俊民　常州人。

陳　棨　華亭人。
劉成鐸　太平人。
吴觀周　無爲州人。
徐穀少　懷寧人。
(邱)〔丘〕振鷺　武進人。
程　崟　歙縣人。
陳暠鑑　桐城人。
董　明　涇縣人。
劉中從　寶應人。

北　榜

儲在文　宜興人。
張　照　婁縣人。
陶貞一　常熟人。
楊玉崙　武進人。
方　覲　江都人。

蔣繼軾　揚州人。
黄宇度　武進人。
史　隨　溧陽人。
沈　傅　巢縣人。
詹　曠　寧國人。
張若霈　安慶人。
徐　源　太倉人。
趙成穮　吴縣人。
馮　鍇　婁縣人。

朱青選　泰興人。
駱壽朋　婁縣人。
史惇化　溧陽人。
夏慎樞　丹徒人。
潘葆光　本姓徐，吴江人。

沈時宜　武進人。
顧祖鎮　吴縣人。
金敦度　休寧人。
張六造　長(州)〔洲〕①人。
潘允敏　溧陽人。
胡如焕　上海人。
沈　鐘　武進人。
劉甫生　武進人。

康熙五十年辛卯科

共一百十三人。

劉　捷　江寧人。
朱　鑑　上海人。

方式濟　上元人。
章彭齡　江寧人。
路仍起　宜興人。
葉均禧　昆山人。
莊　漢　江都人。
唐紹祖　江都人。
張奎光　武進人。
邵錦江　大興籍，長洲人。
戴　琮　華亭人。
沈兆崧　昆山人。

① 據《四庫》本改。

洪立進　歙縣人。
鄭　重　高郵人。
王圖焯　華亭人。
蔡茂臣　儀(徵)〔真〕人。
吳　泌　歙縣人。
徐起巖　丹徒人。
李文銳　長洲人。
汪淑京　昆山人。
陳　哲　銅陵人。
俞　焯　泰州人。
曹永祺　揚州人。
張長庠　繁昌人。
張書紳　涇縣人。
陸昆曾　華亭人。
徐宗軾　吳縣人。
程大英　徽州人。
吳　銳　當塗人。
許道章　揚州人。
蘇國梁　合肥人。
何德振　婁縣人。
洪聯斗　懷寧人。
黄固窮　溧陽人。
費　本　溧陽人。
卜兆龍　武進人。
鮑　準　江浦人。
蔣　杲　長洲人。
丁鵬九　建平人。
汪必昌　黟縣人。
王貽穀　儀(徵)〔真〕人。
庾　玠　太平人。
徐天球　長洲人。
李　鱓　興化人。

王箴輿　寶應人。
史　賡　常州人。
程光奎　吴縣人。
夏時鎮　江陰人。
郭嗣齡　江都人。
歐陽荔　鎮江人。
劉之涝　泰州人。
席　玗　吴縣人。
顧之樽　長洲人。
吴允誠　上元人。
夏廷宜　江寧人。
王遵扆　太倉人。
王奕仁　松江人。
程邦定　懷寧人。
王雲倬　吴江人。
毛　琇　宜興人。

殷文焕　江寧人。
張昌裕　江都人。
仲蜀巖　泰州人。
王懋諶　寶應人。
劉崧年　寧國人。
王　淏　盱眙人。
方士模　徽州人。
劉師寬　寶應人。
高廷亮　松江人。
程芳聲　歙縣人。
曹騰進　婺源人。
儲之盤　宜興人。
吴安國　歙縣人。
盛大謨　金山衛人。
施大智　崇明人。
秦之鴻　無錫人。

陸　衢　上元人。
王　瞻　太倉人。
王　爌　華亭人。
金世紓　江浦人。
蔣　雯　宜興人。
王文沂　蘇州人。
李秉鑰　興化人。
張良弼　常州人。
于兆鰲　金壇人。
金聖基　昆山人。
劉以傳　靖江人。
梅　玠　寧國人。
顧飛鯤　松江人。
孫嘉彰　寧國人。
施　諧　崇明人。
顧維植　無錫人。

華覲光　無錫人。
顧　增　松江人。
姜朝俊　丹陽人。
唐繹祖　江都人。
朱　范　吴江人。
吴　苑　吴縣人。
朱世勳　常州人。
華　湘　蘇州人。
燕　詒　上元人。
吴雲客　武進人。
周麟瑞　太倉人。
張一枝　和州人。
張鳴夏　本姓路，華亭人。
錢利涉　溧陽人。
張應造　吴縣人。
何焕如　淮安人。

徐　蓋　常州人。
汪玉珩　江都人。
邵一珩　吴縣人。
宋　照　長洲人。
馬士龍　長洲人。
吴兆龍　涇縣人。
王天嶠　興化人。

北榜

蔣汾功　武進人。
曹　鳴　金壇人。
彭　阯　溧陽人。
陳潛修　宿遷人。
周毓麟　江都人。
周宜穀　無錫人。
盧棟隆　宜興人。

余　信　和州人。
金暎月　滁州人。
于　坦　鎮江人。
張來求　蘇州人。
時方濟　潁州人。
陸　翼　松江人。

楊飛熊　山陽人。
左　宰　桐城人。
季騮光　無錫人。
胡　宏　青浦人。
劉師向　寶應人。
王時鴻　華亭人。
何應鰲　當塗人。

季弘煥 武進人。
田廣運 泰州人。
杜 詔 無錫人。
吴錫爵 武進人。
蔡印楞 武進人。
楊士徽 武進人。
程夢星 江都人。
錢 鋐 無錫人。
陳鴻熙 吴縣人。
胡宸方 涇縣人。
劉元燦 嘉定人。
楊 湝 江都人。

康熙五十二年癸巳科

共一百三人。

秦靖然 無錫人。
馮 栻 武進人。
徐 依 武進人。
劉於義 武進人。
沈士端 吴江人。
王世琛 長洲人。
陸 均 吴縣人。
汪正鈞 儀(徵)〔真〕人。
周 驌 婁縣人。
劉文虎 武進人。
儲雄文 宜興人。
邵 泰 大興籍,長洲人。

許遡中 江都人。
王 綱 沛縣人。
吴覲光 山陽人。
朱天榮 江都人。
任蘭枝 溧陽人。
王允汲 青陽人。
劉 楨 蘇州人。
章運開 常州人。
徐來鳳 金壇人。
倪承桂 吴縣人。
宗五雲 宜興人。
田大璽 鳳陽人。
秦朱干 吴縣人。
胡承讚 涇縣人。
徐 遲 宿遷人。
殷 翼 桐城人。

張弘俊 山陽人。
沙廷相 江寧人。
吴啓昆 江寧府人。
于金鱗 泰興人。
王 政 吴江人。
楊守約 無錫人。
顧 鐸 常州人。
李 衡 揚州人。
張廷璨 桐城人。
錢孫武 常熟人。
朱 霖 太倉人。
劉其琇 繁昌人。
淩 燽 定遠人。
劉 薰 靖江人。
吴端升 武進人。
瞿 泰 松江人。

王朝幹　長洲人。
徐千仞　潛山人。
袁　濬　武進人。
(邱)〔丘〕鏞　淮安人。
周　琬　江都人。
金　鑣　潁上人。
周廷燮　吴縣人。
錢芳朝　江寧人。
王希正　昆山人。
蔡　桐　江寧人。
閔　望　上海人。
童啓亨　無爲州人。
何之琰　建德人。
馬　嚴　上海人。
洪世圻　吴縣人。

戈　鍹　泰州人。
邵成楨　青浦人。
劉　沛　寧國人。
費元衡　蘇州人。
程御龍　歙縣人。
宗元瀧　建平人。
許　建　宜興人。
儲　遜　常州人。
石　琮　如皋人。
張廷璐　桐城人。
儲龍光　宜興人。
戴師敦　常熟人。
李　錦　長洲人。
王汝興　高淳人。
李國綱　巢縣人。

繆汪(筕)〔筏〕① 溧陽人。
王跂武 昆山人。
馬伏授 江寧人。
霍重光 當塗人。
朱 濾 寧國人。
劉 浩 揚州人。
仲 樞 蘇州人。
艾之騤 江寧人。
周學易 昆山人。
孫秉政 太平人。
郭長春 江都籍，上元人。
王 坦 華亭人。
鄭起元 祁門人。
宋 喆 長洲人。
夏之芳 高郵人。
伍 超 儀(徵)〔真〕人。
高元昆 江都人。
張鴻儒 安東人。
顧方開 長洲人。
陶正中 無錫人。
張 迪 丹徒人。
黄昌遇 江寧人。
王 櫓 武進人。
鄒世楠 吴縣人。
申 霖 吴縣人。
林夢麟 丹徒人。
楊 演 六安州人。
施晋秀 崇明人。

① 據《四庫》本改。

劉宏　淮安人。
江炳　旌德人。
成祖猷　揚州人。
(邱)〔丘〕鎮　淮安人。
彭景澤　長洲人。
沈時懋　吴江人。
王兆麟　句容人。

北榜

蔣恭棐　長洲人。
曹儀　太倉人。
秦培　昆山人。
吴彦遵　太倉人。
徐修仁　長洲人。
陶之倬　桐城人。
張熤　婁縣人。

管恒　吴縣人。
蘇鼎鄴　如皋人。
牛天申　上元人。
李基弘　高郵人。
李天虞　石埭人。
蔣濟川　江寧人。
郭耕禮　江都人，陝西籍。

沈默　泰州人。
吴襄　青陽人。
潘光灯　江都人。
楊椿　武進人。
姚孔鈞　桐城人。
董佩璁　武進人。
王賚　無錫人。

葉長揚　吴縣人。
顧　仔　安東人。
楊繩武　吴縣人。
陸宸鎔　常熟人。
姚培和　婁縣人。
錢弘孝　上元人。
宋　京　本姓段，改名西銘，武進人。

康熙五十三年甲午科

共一百三人。

方文炳　豐縣人。
于師瑗　鎮江人。
吴　旭　武進人。
任懋華　蕭縣人。
王步青　金壇人。

陸榮程　華亭人。
王時濟　華亭人。
吴　書　婁縣人。
王敬銘　嘉定人。
黄永耀　榜姓張，上元人。
秦景曾　武進人。
邵錦書　大興籍，長洲人。

程　文　江寧人。
胡兆寧　祁門人。
金　淑　長洲人。
吴　概　興化人。
尹正鼐　溧水人。

劉　機　長洲人。
季運隆　邳州人。
郭彭齡　揚州人。
夏裕姒　丹徒人。
儲鬱文　宜興人。①
顧　景　無錫人。
施　鍔　太倉人。
陸　晟　青浦人。
胡　第　江寧人。
趙　閲　武進人。
姜昌茂　淮安人。
徐允年　含山人。
湯昭茲　武進人。
尤秉元　長洲人。

蘇　歙　休寧人。
施　濂　吴縣人。
趙秉衡　興化人。
宋志道　本姓陳，金山衛人。
陳三欽　吴縣人。
張世綸　常州人。
蔣繼修　揚州人。
金洪銓　嘉定人。
儲　建　宜興人。
孫　曒　上元人。
葉　棠　華亭人。
吴　韶　和州人。
劉　校　寶應人。

① 《四庫》本「儲鬱文」下接「陳三欽」，此下至「朱毓芳」，下欄人名相差一行。

張寶三　江都人。
習　寯　蘇州人。
汪會貞　休寧人。
王廷諭　六合人。
金以瓚　全椒人。
于存栻　鎮江人。
郝　彬　蕭縣人。
張修五　上元人。
李祖旦　潁州人。
王　楨　婁縣人。
吳汝幹　長洲人。
曹一鳴　青陽人。
邵　抒　山陽人。
李　焯　江陰人。
莊敦厚　常熟人。
王珠淵　松江人。
曹充周　金山衛人。
黃恂孺　江寧人。
陳　書　青浦人。
彭以謨　溧陽人。
江　利　徽州人。
王錫吉　江都人。
李　鄴　武進人。
汪枝蕃　廬州人。
吳　蕙　涇縣人。
吳飛九　丹徒人。
虞道澄　無錫人。
徐起鳳　宜興人。
沈芳藹　金山衛人。
陳桂恩　常熟人。
張元禮　丹陽人。
宋嗣炎　廬江人。

江筆化　如皋人。
張俊臨　長洲人。
董　鉞　上海人。
葛其祥　宣城人。
吴公濠　儀（徵）〔真〕人。
操　珍　潛山人。
錢元錫　無錫人。
鈕　僅　崇明人。
姚培益　婁縣人。
王邦鼐　高郵人。
楊純伯　高淳人。
黄炳先　歙縣人。
莊柏承①　常州人。
孫　元　上元人。

陳　惠　吴江人。
孫輝宗　南陵人。
錢　巖　吴江人。
屈　漣　常熟人。
殷承爵　江寧人。
姚弘統　松江人。
徐　溹　興化人。
吴　嶺　寧國人。
李文烜　儀（徵）〔真〕人。
郭耀祖　華亭人。
楊世俠　長洲人。
高玉行　江陰人。
路學濟　常州人。
李　乾　武進人。

① 《四庫》本作「黄柏承」。

梁承祐　揚州人。
郭鼎臣　上元人。
朱毓芳　江寧人。

北榜

張　琬　高淳人。
湯萬炳　長洲人。
孫　恒　松江人。
李振宗　昆山人。
鄒　銘　本姓秦，吴縣籍，無錫人。
張夢徵　華亭人。
陳　朝　溧陽人。
張弘敏　丹徒人。
陸天御　吴縣人。
王俊臣　上海人。
王　玵　太倉人。

唐德咸　蘇州人。
施良印　寧國人。
劉　阮　懷寧人。

汪應銓　常熟人。
徐　模　長洲人。
王師曾　婁縣人。
程世綏　徽州人。
徐　衡　昆山人。
儲大文　宜興人。
鄒光濤　武進人。
徐毅武　金壇人。
錢河琦　常州人。
劉　舒　常熟人。
許鼎鉉　婁縣人。

于　枋　金壇人。
張符驤　泰州人。
潘御炳　山陽人。
翁　禄　常熟人。
吕延泰　武進人。
邵　臨　大興籍，長洲人。
邵錦堂　大興籍，長洲人。

康熙五十六年丁酉科

共九十九人。

嚴文在　建平人。
朱之珽　寶應人。
吴　泰　山陽人。
孫　騏　興化人。
杭　越　常州人。

韓御李　長洲人。
楊　城　華亭人。
王旦復　太倉人。
王文元　武進人。
胡夢熊　武進人。
林世泰　本姓邵，大興籍，常熟人。
邵錦濤　大興籍，長洲人。

光成采　桐城人。
汪有基　無爲州人。
王家相　泰州人。
鮑斐英　山陽人。
朱　埴　句容人。

柳　彬　江都人。
夏時和　昆山人。
林　鶴　婁縣人。
焦起洙　江寧人。
蔣繼聃　江都人。
陳志泰　江都人。
洪必學　休寧人。
湯　球　通州人。
李進瑋　揚州人。
鈕　滄　崇明人。
蔡廷獻　吴江人。
張繼志　金壇人。
江啓迪　丹徒人。
吴祖留　常州人。
曹　鎮　金壇人。
畢玉履　石埭人。

馮致芳　嘉定人。
閔金璇　宿松人。
潘其燦　吴江人。
秦上達　當塗人。
郭　泓　江都人。
伍　起　儀(徵)〔真〕人。
劉運鮒　南陵人。
浦　湘　蘇州人。
陳　桂　青浦人。
黄懷祖　溧陽人。
張勤光　吴縣人。
鍾　晋　太平人。
柯爰發　上元人。
馬之新　巢縣人。
顧秉均　本姓黄，金山人。
荆德珩　丹陽人。

戈象雍　廣德人。
成　天　婁縣人。
唐綏祖　揚州人。
胡　詩　涇縣人。
宮煥文　泰州人。
楊　純　蘇州人。
孫紹祖　全椒人。
馮漢煒　金壇人。
儲掌文　宜興人。
易模曾　含山人。
田有伊　江都人。
朱惇敏　泰興人。
(邱)〔丘〕最　淮安人。
張光裕　丹徒人。
王圖永　華亭人。
章　錦　江陰人。

殷嗣濂　丹徒人。
錢　華　鎮江人。
周永圖　嘉定人。
程　震　上元人，本姓陳。
周龍官　山陽人。
尹　聘　嘉定人。
周夢麟　巢縣人。
鄒鳳城　無錫人。
朱　陵　徽州人。
汪　湜　寶應人。
劉有慤　無爲州人。
史曾唯　宜興人。
周欽濂　六合人。
熊　熨　吴縣人。
施德濟　崇明人。
吴霈著　全椒人。

張禮問　上元人。
汪　安　華亭人。
王安國　高郵人。
(邱)〔丘〕熹　淮安人。
余憲邦　昆山人。
章繼緒　青浦人。
夏　暟　六合人。
楊振翰　懷寧人。
方政益　太倉人。
宋　貽　溧陽人。
張思詠　宣城人。
吳雲路　武進人。
焦以敬　婁縣人。

北　榜

鄒登恒　無錫人。
戴　珽　當塗人。
繆曰芑　吳縣人。
顧　贄　無錫人。
李　琯　高郵人。
蔣繼曾　江都人。
周維綸　贛榆人。
季起鳳　江陰人。
程　書　寧國人。
顧　樅　昆山人。
真乾行　鎮江人。
吳泰麗　青陽人。
高元崙　江都人。
汪士圻　吳縣人。

胡宗緒 桐城人。
戴廷隆 休寧人。
鄒士夔 無錫人。
陸 縉 嘉定人。
張經遠 上海人。
程世繩 休寧人。
張賽臣 上海人。
朱永祺 無錫人。
姚培衷 華亭人。
王學洙 上海人。
江之訓 吴縣人。
李 圻 江都人。
楊以寧 上元人。
靳可大 武進人。
周 德 武進人。

張揆芳 嘉定人。
程景渭 懷寧人。
金門詔 江都人。
沈承烈 華亭人。
劉 復 武進人。
張澤緒 婁縣人。
謝朋庚 江都人。
徐 寧 上海人。
王 調 太倉人。
陳人龍 無錫人。
楊士凝 武進人。
倪張漢 上元人。
丁 銘 武進人。
黄 雲 武進人。

康熙五十九年庚子科

共九十九人。

施陛錦　長洲人。
鄧　鈺　六安人。
洪肇楙　儀（徵）〔真〕人。
金　增　江浦人。
周　炳　鎮江人。
莊　柱　武進人。
吴　釗　常熟人。
歸宣光　常熟人。
任立己　高郵人。
徐世溶　昆山人。

姜潁新　如皋人。
張捷三　江寧人。
吴其儀　武進人。
張之琰　太平人。
胡承璘　涇縣人。
余元（㨗）〔捷〕①　儀（徵）〔真〕人。
許　同　宜興人。
顧起倫　無錫人。
吴　淞　儀（徵）〔真〕人。
朱　紅　江都人。

① 據《四庫》本改。

吴慶祺　青陽人。
趙知希　涇縣人。
楊維斗　太湖人。
顧景張　吴江人。
王士鳳　桐城人。
蔣之葵　江都人。
張正瑗　安慶人。
吴爲瀚　儀（徵）〔真〕人。
莊秉中　武進人。
王式耜　宿松人。
吴　枚　儀（徵）〔真〕人。
童殿元　上元人。
陳世忠　臨淮人。
端　寅　太平人。
孫倪城　蘇州人。
黄粹然　溧陽人。

王龍江　上海人。
華希閔　無錫人。
何夢篆　江寧人。
鄧　栻　亳州人。
程允元　徽州人。
王熙載　吴縣人。
吴　發　吴江人。
馬曰湘　儀（徵）〔真〕人。
唐景佳　婁縣人。
程盛修　泰州人。
陳　倓　儀（徵）〔真〕人。
趙日新　常熟人。
張　平　鳳陽人。
薄履青　江寧人。
高允中　通州人。
姚士儀　旌德人。

張　紳　嘉定人。
邵景雍　本姓陳，上元人。
吴　圻　武進人。
舒學旦　黟縣人。
胡蛟齡　寧國人。
劉正宲　儀（徵）〔真〕人。
畢　登　常熟人。
程錫琮　六安人。
張維績　邳州人。
張祖雲　儀（徵）〔真〕人。
魯之貞　太湖人。
何　染　丹徒人。
秦伯龍　無錫人。
唐繼祖　江都人。
顧棟高　無錫人。
李　崇　江寧人。

徐　植　武進人。
胡正履　歙縣人。
莊紹平　武進人。
吴兆雯　青陽人。
任芝發　溧陽人。
王亦式　上元人。
方夢駟　揚州人。
鈕纕生　吴江人。
虞持揖　鎮江人。
陸　瑜　青浦人。
胡永建　句容人。
黄錫成　溧陽人。
王　卓　嘉定人。
吴顓孫　江都人。
楊方綰　丹陽人。
李杜詩　崇明人。

李　銓　鳳陽人。
王　鋐　丹陽人。
江　澐　當塗人。
黎東昂　江寧人。
陳其凝　江寧人。
張起蛟　鎮江人。
陸兆獅　無錫人。
任　銑　旌德人。

北榜

奚　源　當塗人。
許廷鑅　長洲人。
李重華　吴縣人。
沈起元　太倉人。
彭月孫　溧陽人。
于　柟　金壇人。

梁　琳　南陵人。
翟　偓　涇縣人。
吴鍾粤　上元人。
任時懋　長洲人。
顧自任　吴縣人。
程　霖　休寧人。
謝　彬　溧水人。

胡　振　金壇人。
黄之雋　華亭人。
楊維漢　江都人。
朱仕過　華亭人。
陶繩武　武進人。
張　綸　武進人。

戴有禧　常熟人。
廖維新　華亭人。
李四載　泰州人。
朱鳴皋　貴池人。
朱　崧　吴縣人。
鄒士隨　無錫人。
淩式模　上海人，本姓强。
莊　檽　武進人。
張兆昌　華亭人，本姓蔡。
王　俊　太倉人。
馬大紀　江寧人。
壯　純　武進人。
唐孝本　武進人。
倪師孟　浙江籍，吴江人。

王之麟　常熟人。
張　潮　山陽人。
邵大椿　吴縣人。
殷夢高　無錫人。
馮懋華　太倉人，本姓沈。
丁　斌　常熟人。
張澤珹　青浦人。
鄒一桂　無錫人。
唐　洙　無錫人。
馬楊青　上元人。
許元凱　武進人。
惲宗洵　武進人。
李　鋮　吴縣人。

江南通志卷一百三十四

選舉志

舉人 十

雍正元年癸卯恩科

共一百二十九人。

王晉原 泰州人。劉登五 江寧人。

萬大本 武進人。曹宇涵 金壇人。

費夢魁 江寧府人。孫天佑 當塗人。

張鵬翀　嘉定人。
方　騫　歙縣人。
陳祖范　昭文人。
黄飛龍　常熟人。
姚　紉　吴江人。
陳夢文　江都人。
胡與高　黟縣人。
錢人麟　武進人。
王一槐　宣城人。
曹家擁　金壇人。
胡金蘭　松江人。
孫　戴　高郵人。
葉舒榮　歙縣人。
翁　伊　通州人。
萬　橚　宜興人。
蔡　謹　上元人。

程之銘　江寧人。
薛　周　常州人。
潘思榘　武進人。
蕭　昌　泰興人。
徐　鐸　淮安人。
曹守垣　金壇人。
汪作楫　婺源人。
王繩曾　無錫人。
李東懷　句容人。
徐觀魯　常熟人。
李　音　儀徵人。
方于珣　南陵人。
史貽儉　溧陽人。
徐鳳彩　丹陽人。
于隆光　江都人。
金正秋　休寧人。

錢志遥　江都人。
王紹正　貴池人。
蕭　澈　懷寧人。
顧月化　揚州人。
彭昌言　懷寧人。
蔡　綺　蘇州人。
邵蘭一　宜興人。
勞世沅　安慶人。
汪中鵬　昆山人。
郭　沅　江都人。
胡以熊　如皋人。
王庭諍　全椒人。
楊紹曾　武進人。
徐宗元　江寧人。
王天焕　婺源人。
鮑　源　江浦人。

唐進賢　含山人。
蔣之蘭　揚州人。
周　熺　無錫人。
蕭學書　寧國人。
徐名臣　銅陵人。
張景祁　長洲人。
劉　夐　江寧人。
袁　銑　崇明人。
程　錦　歙縣人。
徐自新　贛榆人。
陳　纘　泰州人。
任啓運　荆溪人。
林嘉客　高郵人。
成敬恕　寶應人。
葉嘉桂　歙縣人。
陳士醇　吴江人。

史應兆　江都人。
過炳蚪　無錫人。
李　譽　含山人。
朱季衛　宜興人。
倪爾琰　淮安人。
姚培仁　華亭人。
吴　承　武進人。
張於朝　寶應人。
高　崋　合肥人。
王　筠　含山人。
徐彦超　吴縣人。
狄豸祥　溧陽人。
陸　翥　宜興人。
馮　昶　丹徒人。
崔遜迥　通州人。
金澤茂　全椒人。

王丕烈　青浦人。
李彝兹　揚州人。
吉　士　松江人。
沈　濤　江陰人。
顧惟舟　豐縣人。
朱　珏　江都人。
吴　翺　青陽人。
汪　波　江寧人。
蘇國棨　合肥人。
馬振民　沭陽人。
姜日章　丹陽人。
張大鈞　宜興人。
唐　瑄　青浦人。
吴明試　貴池人。
莊松承　常州人。
吴善會　涇縣人。

顧名 興化人。
黃蘭谷 休寧人。
鄭材 和州人。
王朝選 上元人。
潘偉 徽州人。
湯顯忠 江陰人。
陸宏緒 蘇州人。
王兆佐 黟縣人。
儲元升 常州人。
解樽 興化人。
丁思顯 高郵人。
顧超 崇明人。
薛錫社 吴縣人。
王殿顯 金壇人。

陸嵩 太倉人。
王鴻睿 山陽人。
徐戊 常熟人。
張基尌 和州人。
沈楹 上元人。
倪學詩 當塗人。
史貽簡 溧陽人。
鄒都 寶應人。
于鵬 上海人。
侯嗣達 無錫人。
宋玉琮 吴縣人。
徐文靖 當塗人。
薛紱 安東人。

北榜

黄　簡　武進人。
華恒泰　無錫人。
史曾期　宜興人。
于　辰　金壇人。
繆　集　泰州人。
張國綱　常熟人。
沈　淑　常熟人。
陸慶元　無錫人。
胡香山　如皋人。
張尹耀　吴江人。
董　霈　贛榆人。
潘　果　無錫人。
顧廷桓　長洲人。
王文充　儀徵人。
王　峻　常熟人。
戴　瀚　上元人。
史大鯤　宜興人。
徐　昆　武進人。
徐　軒　上元人。
張泰基　太倉人。
曹廷襄　當塗人。
朱　鎮　青浦人。
張亦瑛　吴縣人，本姓方。
曾善繹　常熟人。
周頤元　宜興人。
莊樹嘉　武進人。
劉中樞　金壇人。
喬　汧　寶應人。
曾敦復　常熟人。
蔡應龍　金壇人。

林令旭　婁縣人。
徐常柱　武進人。
盧豪然　宜興人。
邵錦潮　大興籍，長洲人。
陳仕任　吴江人。
羅人傑　儀徵人。
陳　符　江寧人。
張若震　桐城人。①

共九十九人。

雍正二年補行癸卯正科

吴　紱　常州人。
金　愷　蘇州人。
胡啓淳　寧國人。
徐元肅　上元人。
許祖耀　宜興人。
謝有煇　長洲人。
張特進　江都人。
程　恂　休寧人。
錢本誠　太倉人。
趙國藺　含山人。
陸岡齡　太倉人。
金士震　常州人。

① 録修本、《四庫》本俱删張若震。

莊　臨　常州人。
馮　頎　金壇人。
唐　濂　長洲人。
吴　鏊　常熟人。
湯　諧　武進人。
史流馨　鎮江人。
張　夔　儀徵人。
王孝緝　蘇州人。
黄兆熊　溧陽人。
顧　昌　華亭人。
鄒　岳　淮安人。
林樹宗　儀徵人。
孫　中　高郵人。
顧　預　嘉定人。
陳　岳　華亭人。
陳志洛　徽州人。

孫朝甲　宣城人。
楊方達　武進人。
程　班　松江人。
吴　超　宜興人。
卞　枚　儀徵人。
陶正靖　常熟人。
過秉鈞　無錫人。
葉居仁　涇縣人。
湯亨咸　宜興人。
周大璋　安慶人。
周　霈　吴縣人。
王化久　如皋人。
江毓玘　丹徒人。
章　台　涇縣人。
孫濩孫　高郵人。
秦宫璧　武進人。

方　愉　儀徵人。
吴雲垗　上元人。
張紹家　滁州人。
李仙植　儀徵人。
彭　楠　溧陽人。
賈　霖　無錫人。
黄斐然　溧陽人。
何本思　儀徵人。
潘景燾　儀徵人。
胡　楠　含山人。
徐桂聯　蘇州人。
洪之霨　歙縣人。
秦勇均　無錫人。
鄧世杰　蕪湖人。
范　芝　宜興人。
顧維鑄　無錫人。

杜　枝　金山衛人。
張　釗　吴縣人。
沈　雅　高郵人。
汪雲楝　寶應人。
王雲鶴　天長人。
鄭　瑜　婺源人。
潘渭熊　溧陽人。
何如樞　丹徒人。
金　銘　太倉人。
張若潭　安慶人。
王　遇　歙縣人。
孫承祖　全椒人。
楊居丙　江浦人。
毛既豐　上元人。
葉　承　青浦人。
劉　謙　江都人。

林廷標　當塗人。
繆　琬　泰州人。
胡承琰　涇縣人。
馮元欽　長洲人。
丁弘遠　潛山人。
金士仁　歙縣人。
吴弘文　婁縣人。
周龍章　上元人。
王瀛仙　上元人。
吴　濤　青陽人。
韓孝潔　長洲人。
楊自怡　常州人。

北　榜

朱良裘　上海人。
李錫秦　金山衛人。
錢　基　無錫人。

許　集　吴縣人。
薛龍濟　江陰人。
張陳典　嘉定人。
宫建極　懷遠人。
曹輯五　常州人。
劉方藹　宣城人。
梅裕長　宣城人。
葛爲衮　和州人。
胡慰高　上元人。
潘世芳　如皋人。
劉應淮　潁州人。

劉　浰　寶應人。
姚　焜　桐城人。
周　欽　宜興人。

徐　聖　昆山人。
葉　滋　松江人。
黄　宫　武進人。
喬　汲　寶應人。
陳　綗　宿遷人。
徐世瀚　昆山人。
仲鼎龍　泰州人。
方正玢　桐城人。
葉一泓　吴縣人。
于大猷　金壇人。
趙永孝　常熟人。
韓光曾　長洲人。
彭　鳳　溧陽人。
馮元鏞　吴縣人。
邵錦旂　大興籍，長洲人。

王　英　常熟人。
孫元珍　吴江人。
楊長泰　武進人。
沈元陽　長洲人，本姓謝。
李廷友　婁縣人。
金應元　上海人。
趙錫孝　常熟人。
柏　謙　崇明人。
姚　湘　桐城人。
張紹懿　華亭人。
史　瑗　溧陽人。
王廣成　金壇人。
顧維鈁　無錫人。
蔣學淳　武進人。

雍正四年丙午科

共一百四人。

黄　淮　銅陵人。
吴端培　宜興人。
顧　駿　宜興人。
錢尚善　常熟人。
朱士鈺　全椒人。
葉　�　歙縣人。
宋　辰　溧陽人。
汪宸扆　儀徵人。
孫煒文　上元人。
曾聞勇　廬州人。
王命申　常熟人。
葉　誠　婁縣人。
陳　晋　揚州人。
瞿娟兹　武進人。
趙　浚　吴江人。
陳　福　太倉人。
淩士錫　太倉人。
樊紹仕　丹徒人。
湯新俞　太平人。
王　洛　安慶人。
張廷樾　常州人。
陸熿開　常熟人。
唐冠賢　含山人。
胡汝華　歙縣人。

汪　衡　無爲州人。
徐　壎　長洲人。
蔡德晋　無錫人。
李榮裕　廬江人。
胡承詵　涇縣人。
周天式　蘇州人。
梁觀我　揚州人。
奚弘成　常州人。
潘震洛　江寧人。
朱　岳　當塗人。
金廷梅　休寧人。
王　翼　鎮江人。
楊大濆　江寧人。
唐　雲　宿松人。
秦　甸　無錫人。
馮震青　武進人。

葉弘遇　吴江人。
屈　軼　懷遠人。
劉敬祖　南陵人。
周　溥　太平人。
蔡曰珩　上海人。
李幹齡　建德人。
程之銓　江寧人。
蔣展成　常州人。
胡擇先　涇縣人。
胡承澤　桐城人。
王德欽　寧國人。
徐宏全　金山衛人。
繆　梓　泰州人。
吴天馥　無錫人。
戴逢旦　徽州人。
鄧世熹　蕪湖人。

華　栻　常州人。
沈志雍　常熟人。
王祖庚　婁縣人。
陸超凡　常州人。
徐　源　吴江人。
汪蓉照　休寧人。
何樹蕚　丹徒人。
瞿士鑑　常熟人。
褚　禄　青浦人。
張思武　揚州人。
繆　錦　江陰人。
陳　憲　六安人。
史步高　江都人。
袁　涵　婁縣人。
秦大吕　無錫人。
王鉅章　上元人。

王述濬　太倉人。
錢振玉　常熟人。
侯瑞隆　嘉定人。
夏廷芝　高郵人。
丁　益　上元人。
徐　煜　金壇人。
韓鼎佐　天長人。
楊陳洪　武進人。
彭啓豐　蘇州人。
韓　曾　長洲人。
黄士升　休寧人。
馬彭年　溧陽人。
蔣　翻　江都人。
儲元益　宜興人。
鮑　斌　舒城人。
朱思誠　池州人。

陳惠疇　鹽城人。
秦莘田　無錫人。
蔣　燾　吴縣人。
吴金鑑　武進人。
蔡　錦　溧水人。
郝鳴皋　丹陽人。
楊又林　無錫人。
紀　騮　徽州人。

北榜

毛之玉　太倉人。
楊廷棟　宣城人。
程運青　華亭人。
林　燾　儀徵人。
吴華孫　歙縣人。
繆敦仁　吴縣人。
姚孔鋠　桐城人。

杜　蘭　貴池人。
夏之蓉　高郵人。
吴鏡源　江寧人。
鄭文熊　涇縣人。
鮑日烈　歙縣人。
吕從律　江寧人。
孟　銓　安慶人。
魏元嶟　儀徵人。

謝　晋　常熟人。
曹一士　青浦人。
沈　虹　長洲人。
徐　昪　上元人，改名孝常。
孫　荀　通州人。
張　桐　桐城人。
蕭葨弘　常熟人。

蔣　楷　常熟人。
胡正蒙　歙縣人。
馬宏琦　通州人。
胡廷樞　婁縣人。
韓彦曾　長洲人。
張仲熊　當塗人。
屈成霖　常熟人。
葉　銘　武進人。

雍正七年己酉科

共一百四人。

沈戊開　金山人。
江方澤　桐城人。
蕭　濬　太湖人。
羅克昌　高郵人。

華弘憲　無錫人。
王興吾　華亭人。
蔣　欗　常熟人。
錢廷璽　吴縣人。
吴元安　上元人。
譚玉鶴　常熟人。
范士裔　上海人。

宋應麟　丹徒人。
何士玉　婺源人。
李肇域　興化人。
阮學浩　山陽人。

翁　裕　休寧人。
張　尹　桐城人。
瞿慶來　武進人。
董坤正　溧陽人。
胡天衡　婺源人。
潘永季　常州人。
劉育杰　泰州人。
儲　燧　宜興人。
葉沃若　寧國人。
佘　鎮　常熟人。
姜本渭　元和人。
陳　鵬　新陽人。
李明德　金壇人。
王　沂　安慶人。
丁渭源　蕪湖人。
曹之銓　如皋人。

孫　略　全椒人。
王　業　吴縣人。
沈慰祖　吴縣人。
張重培　江都人。
于　梗　鎮江人。
吴　鋐　全椒人。
王以式　上元人。
沈　謙　長洲人。
路　覲　宜興人。
張楷厚　長洲人。
章士鳳　江陰人。
華希閎　金匱人。
李　沅　長洲人。
陳堯叟　長洲人。
吴文玢　吴縣人。
荆德羽　丹陽人。

楊遇春　崇明人。
程有成　金山衛人。
唐心恭　山陽人。
盧畏盈　松江人。
朱　坤　休寧人。
張秉衡　豐縣人。
席祐智　昭文人。
曹洛禋　當塗人。
王九鵬　泰州人。
施天培　崇明人。
雷文涵　揚州人。
鄒　倫　興化人。
馮起濤　鎮江人。
曹學詩　歙縣人。
程樹本　太平人。
張師良　長洲人。

呂迒興　旌德人。
麗汝礪　吴江人。
蔡　誠　寧國人。
顧　鎔　如皋人。
徐兆熊　江都人。
徐　沆　常州人。
劉　科　武進人。
宋宏塗　廬江人。
姜世楫　鎮江人。
高玉駒　蘇州人。
何鵬九　丹徒人。
王定國　江寧人。
淩應龍　上海人。
陳元鰲　興化人。
鈕首善　震澤人。
于敏中　金壇人。

陸坤貞　蘇州人。
田實發　合肥人。
朱　瑄　徐州人。
王以秀　上元人。
程　楷　黟縣人。
蔣之萇　江都人。
朱　觀　江寧人。
王鳳翥　淮安人。
吳　卓　常州人。
黄正學　揚州人。
沈　鍾　福泉人。
蔣元益　長洲人。
陳心忠　海門人。
陳聚井　江寧人。
劉大佑　蘇州人。
劉　携　南陵人。

紀　昂　南陵人。
卜松源　陽湖人。
王熊飛　山陽人。
吳金翼　歙縣人。
查錫韓　休寧人。
唐虞傑　常州人。
張自漢　江陰人。
莊棨徵　武進人。
浦起龍　金匱人。
薛　彩　江陰人。
曹　錞　金壇人。
陸鳳珠　奉賢人。
趙秉義　江都人。
瞿　楠　上海人。
龔　鏡　江寧人。
鄭　郊　儀徵人。

北榜

萬松齡　宜興人。
戴廷掄　元和人。
李治運　吴江人。
吴士珣　吴縣人。
孫赤中　武進人。
吴喬齡　吴縣人。
周範蓮　長洲人。
段之縉　武進人。
史鳳輝　荆溪人。
李　珩　通州人。
許宏聲　陽湖人。
蔣　梅　常熟人。
張秉乾　江都人。
方元醴　桐城人。
陸瀛亮　上海人。

蔡隱修　華亭人。
彭　暉　溧陽人。
張若溎　桐城人。
朱　桓　宜興人。
汪起謚　歙縣人。
陳　瑢　長洲人。
侯陳齡　金匱人。
莊學愈　武進人。
史太青　溧陽人。
華鍾和　華亭人。
程閏生　長洲人。
陸元善　吴縣人。
張　機　桐城人。
彭　英　吴縣人。
王以昌　江寧人。

秦　琦　金匱人。

戴汝棻　江都人。

雍正十年壬子科

共一百十四人。

郭長源　江都人。

張嗣石　宜興人。

吴　美　丹陽人。

顧　遷　無錫人。

胡玉成　上元人。

曹澤咸　宜興人。

周曰萬　金匱人。

邱　柱　山陽人。

張　敘　鎮洋人。

江周開　池州人。

陳一飛　陽湖人。

張光祺　丹徒人。

傅家驄　靈壁人。

謝于蕃　元和人。

張　蔚　和州人。

王德裕　興化人。

王廷琬　金壇人。

諸　堂　嘉定人。

方　簡　懷遠人。

季芳馨　泰興人。

黄曰濬　陽湖人。

祁星熙　靖江人。

艾恩蔭　上元人。
薛復亨　陽湖人。
吴培源　金匱人。
陳錫陸　溧陽人。
江元璐　上元人。
成原大　寶應人。
湯　鶴　江都人。
沈驚遠　吴縣人。
吕　煓　溧陽人。
倪日覲　淮安人。
徐觀光　婁縣人。
沈　湖　金山人。
儲傳泰　宜興人。
吴太空　金匱人。
唐　恕　泰州人。
程仁秩　江都人。

錢大年　通州人。
金　禾　全椒人。
吴祖修　武進人。
洪　純　歙縣人。
楊澐森　休寧人。
王天裕　上元人。
周永禧　金匱人。
錢枝桂　太倉人。
張　鯤　亳州人。
張延祺　無爲州人。
夏元超　江陰人。
胡　愷　鎮洋人。
徐神生　昭文人。
葛鳳翔　昆山人。
江　漢　望江人。
阮學濬　淮安人。

童　均　江寧人。
俞雲耕　新陽人。
史嗣彪　金壇人。
葉長溥　徽州人。
李　素　寶山人。
蔣如荃　無爲州人。
儲鼎泰　荆溪人。
管復暠　武進人。
費謙宜　震澤人。
薛敬憲　無錫人。
王康佐　句容人。
高名世　通州人。
王嘉會　上元人。
楊廷楷　寧國府人。
張鈞鰲　丹陽人。
魏子嵩　句容人。

荆宸近　丹陽人。
鄭　燮　興化人。
儲晋觀　宜興人。
龔　逵　陽湖人。
華音垂　金匱人。
周　渭　婁縣人。
耿肇雍　寧國府人。
趙平章　震澤人。
章佑昌　蘇州人。
莊經畬　常州人。
汪文在　武進人。
楊有定　石埭人。
申體乾　吴縣人。
吴　豐　山陽人。
王芥園　丹徒人。
蔣之崧　江都人。

時鈞轍　嘉定人。
劉育椝　泰州人。
于　楠　豐縣人。
丁來成　武進人。
戴長年　徽州人。
馬榮祖　儀徵人。
徐　燕　南陵人。
萬青選　丹陽人。
顧龍光　金匱人。
王廷鈞　鎮江人。
董昌祠　婺源人。
盧　佐　無錫人。
丁　濰　山陽人。
胡　蘭　安慶人。

程　瓆　儀徵人。
于卜熊　鎮江人。
俞掄文　涇縣人。
曹培選　上海人。
紀承祖　南陵人。
吕　鴻　金壇人。
鄧　浩　金壇人。
汪連梯　黟縣人。
吴秉恕　上元人。
項　樟　淮安人。
卞梓貞　丹徒人。
程肇倫　太平府人。
孫　鳴　昭文人。
秦雲會　金匱人。

北榜

鄒秉綱　金匱人。
趙青藜　涇縣人。
葛祖亮　江寧人。
許　潮　昭文人。
劉廷鐏　和州人。
顔維益　金匱人。
李　澍　通州人。
錢　清　丹陽人。
孫　衍　陽湖人。
方道章　上元人。
奚文灝　江陰人。
沈景瀾　元和人。
宋邦綏　長洲人。
張若靄　桐城人。
鄒承垣　無錫人。
黄　卷　江陰人。
王　宬　鎮洋人。
程思齊　休寧人。
沈裕雲　震澤人。
任端書　溧陽人。
沈文鎬　崇明人。
錢以銓　常熟人。
錢山先　陽湖人。
王　孚　上元人。
鄒　紳　武進人。

雍正十三年乙卯科

共一百四人。

吳鎮兖　休寧人。
張　馥　桐城人。
楊新發　合肥人。
虞欽元　金壇人。
胡　基　建德人。
徐　寅　常熟人。
張正庭　望江人。
史孝翼　金壇人。
王雲萬　金匱人。
王箴傳　寶應人。
史震林　金壇人。
陸國賓　華亭人。
張　瑚　桐城人。
郭肇鐄　全椒人。
葉望久　涇縣人。
馮元溥　鎮江府人。
趙貴樸　昭文人。
葉禘昌　安慶府人。
陸　鑣　無錫人。
陳　巽　合肥人。
張毓華　震澤人。
鄔弘熹　六合人。
楊小赤　靖江人。
徐汝瓚　無錫人。

胡世科　涇縣人。
淩應蘭　松江府人。
楊大灝　上元人。
萬　卓　武進人。
程隆家　歙縣人。
周芬斗　桐城人。
任震行　宜興人。
王所掄　荆溪人。
姚青燈　旌德人。
汪　蘭　上元人。
狄　珩　溧陽人。
駱天俊　宣城人。
趙　敬　南匯人。
沈宗湘　吴江人。
桂朝獻　石埭人。
韓　芝　常熟人。

汪昌國　寧國府人。
胡承壂　寧國府人。
林　鐸　丹徒人。
陳尚友　休寧人。
華　紘　金匱人。
孫循徽　安慶府人。
任　翔　荆溪人。
瞿純申　武進人。
陳　登　銅陵人。
吴　鼒　無錫人。
盧　寅　無爲州人。
楊廷柱　宣城人。
徐家龍　靖江人。
葛　煒　新陽人。
景長春　高郵人。
崇　鏸　天長人。

史貽謨　溧陽人。
趙　琮　鎮江府人。
朱見乾　如皋人。
于雲錦　金壇人。
聞　棠　鎮洋人。
彭一奎　溧陽人。
韓慶曾　元和人。
崔于擢　海門人。
胡　準　桐城人。
汪　琦　徽州府人。
秦蕙田　金匱人。
胡夢曾　揚州府人。
方興固　儀徵人。
陳士玉　廣德人。
趙　燮　江寧府人。
冒　嶟　如皋人。

徐裕焜　昆山人。
湯　懋　丹陽人。
朱士俊　徽州府人。
鄒　烈　無錫人。
吴　熙　金匱人。
狄無逸　溧陽人。
王　樞　興化人。
陶　鏞　蕪湖人。
于令儀　長洲人。
張曰典　桐城人。
丁泗吉　銅山人。
胡履安　江寧人。
王會朝　合肥人。
江上青　黟縣人。
陳惟極　望江人。
汪　枋　太平府人。

繆遵義　吳縣人。
張　淳　太平府人。
吳斯鈞　上元人。
莊大中　元和人。
張必剛　潛山人。
張錫純　宿州人。
徐　銳　荆溪人。
洪　遜　徽州府人。

北　榜

周金紳　金匱人。
葉　昱　嘉定人。
孫　黌　高郵人。
湯永祚　長洲人。
馮元邁　吳縣人。
楊述曾　陽湖人。
錢　鋆　常熟人。

程鍾元　休寧人。
汪猶龍　涇縣人。
張　鑾　徽州府人。
張若泌　桐城人。
陸　嗣　吳縣人。
李　伸　高淳人。
吳永雯　婁縣人。
錢鳴盛　丹陽人。
宗　沅　常熟人。
周懷濟　溧陽人。
張泰開　金匱人。
劉大賓　桐城人。
莊學申　吳縣人。
蔣豸文　荆溪人。
鄒永綏　無錫人。

張允肅 丹徒人。
錢 度 武進人。
程景伊 武進人。
張曾㯋 長洲人。
任奎書 溧陽人。
伍 佺 江寧人。
王世樞 寶山人。
張一鳴 長洲人。
湯大紳 陽湖人。

乾隆元年丙辰恩科

共一百五十六人。

梅 理 宣城人。
施 淇 儀徵人。
王其章 吴縣人。

王述裕 太倉人。
金 鑑 江陰人。
吴龍見 武進人。
陳浮梅 泰州人。
洪本仁 江都人。
王愷伯 長洲人。
欒芳梅 泰興人。
李 榕 沭陽人。
張學舉 如臯人。

黎 濯 江寧府人。
蔣志昂 無爲州人。
時鈞班 寶山人。

莊　成　陽湖人。
吳日藻　婺源人。
魯　晋　安慶府人。
孫斯位　贛榆人。
喬弘烈　上海人。
張維翰　上元人。
曹復元　金山人。
周芬佩　桐城人。
蔣　栻　常州府人。
毛　詩　含山人。
顧禮讓　吴江人。
何紹江　寧國府人。
莊學和　蘇州府人。
吳　湘　常州府人。
王師旦　安慶府人。
陳鳳鳴　懷寧人。

沈德馨　蕪湖人。
何夢元　桐城人。
郭　玉　當塗人。
黄克業　如皋人。
李　元　太平府人。
趙秉忠　興化人。
吳　鑾　上元人。
馬　雯　無錫人。
王鶴齡　婁縣人。
邵齊烈　昭文人。
韓明鋑　潛山人。
田　壘　潛山人。
明玉鼎　通州人。
王　延　丹徒人。
汪之郊　黟縣人。
于　烜　金壇人。

張　絅　溧陽人。
何熙載　丹徒人。
任　和　舒城人。
周　冕　潛山人。
王大嵩　當塗人。
鄒　越　全椒人。
夏慎言　當塗人。
管景賢　陽湖人。
王元璡　金壇人。
施天行　寧國府人。
方世俊　上元人。
胡禮全　桃源人。
盧　璟　丹徒人。
夏之藻　高郵州人。
趙　振　全椒人。
蔣　乾　上元人。

秦　倬　寶山人。
張若需　桐城人。
胡世法　含山人。
葉　華　潛山人。
俞爾昌　松江府人。
朱濯章　全椒人。
張　麟　桐城人。
謝　發　常熟人。
程穆衡　鎮洋人。
李　炯　元和人。
錢兆鳳　無錫人。
吴名敦　青陽人。
吴元澤　桐城人。
鄭　濤　揚州府人。
任志尹　蘇州府人。
朱士怡　全椒人。

王朝獻　通州人。
賀鳴諧　六合人。
葛元亨　高郵州人。
王承超　涇縣人。
黄　槐　上海人。
吴至慎　震澤人。
王興洛　無錫人。
陸鴻言　震澤人。
盛　業　懷寧人。
錢之青　震澤人。
莊　采　歙縣人。
趙宗堡　震澤人。
談思永　長洲人。
秦雄褒　無錫人。
沈文明　崇明人。
丁贊虞　陽湖人。

黄一源　通州人。
徐　桂　靈璧人。
張重淑　江都人。
董　正　廬州府人。
淩世昌　通州人。
蔡賓王　儀徵人。
尤　霖　常州府人。
王應超　徽州府人。
倪弘受　句容人。
郭寅亮　上元人。
吴中最　陽湖人。
盛大典　陽湖人。
濮　岑　滁州人。
洪　漣　歙縣人。
吴　直　桐城人。
楊岳田　常州府人。

彭尚祁　長洲人。
范毓士　金山衛人。
荆定遠　丹陽人。
王　荃　新陽人。
鄧弘文　如皋人。
袁錫夔　六合人。
宋　芝　合肥人。
何　藻　望江人。
鄭逢原　建德人。
金鳳綸　嘉定人。
張若霽　安慶府人。
孫　震　昭文人。
麗廷驥　吴縣人。
于文駿　鎮江府人。
陳　燿　寶山人。
郭錦春　高郵州人。

張若本　安慶府人。
王三鑑　上元人。
茅　竩　高郵州人。
吴國俠　南陵人。
莊汝明　常州府人。
孫右祥　當塗人。
李德溢　蘇州府人。
黄大椿　吴縣人。
陳大本　泰興人。
周光豸　天長人。
吴日華　武進人。
江觀瀾　歙縣人。
葉　潤　合肥人。
王喬齡　高郵州人。
張若霍　桐城人。
柴韓廉　昆山人。

楊師坦　天長人。
劉　穀　寧國府人。
趙文洲　句容人。
徐渭瑛　江寧人。
程　倫　蕪湖人。
盛尚璉　和州人。
張紹洙　潁州人。
葉錦林　江寧府人。
方人鶚　儀徵人。
王大位　上元人。
褚　書　鳳陽人。

北榜

姚　範　桐城人。
楊天櫟　無錫人。
楊朝官　金匱人。
周日藻　蘇州人。

左文錦　桐城人。
唐倚衡　江都人。
周繼濂　甘泉人。
趙希文　涇縣人。
沈景熹　震澤人。
吴　鵬　山陽人。
楊世承　懷寧人。
張　未　常熟人。
巫　慧　和州人。
張懷金　丹徒人。
王亦新　太平府人。
王位珍　無錫人。
張仙翰　合肥人。
狄蘭谷　溧陽人。
馬洪瑞　通州人。

楊紹恒　安慶人。
黄怡祖　上元人。
吴天林　武進人。
范承光　如臯人。
劉　沛　鹽城人。
嚴一清　江都人。
杭　潮　宜興人。
蔣壽昌　陽湖人。

潘御星　寶應人。
何錫疇　吴縣人。
潘鳳舉　寶應人。
秦東烈　武進人。
蔡强一　鳳陽人。
侯申東　阜寧人。
林德楷　婁縣人。